高职高专市场营销专业系列规划教材

商务谈判

——原理·策略·禁忌

Business Negotiation

主　审　严世清
主　编　戴　军
副主编　刘陆梅　刘章文　狄建勇　侯云辉　单敏飞

西安交通大学出版社
XI'AN JIAOTONG UNIVERSITY PRESS

内容提要

本书采用任务驱动型课程理论开发商务谈判课程教学，实施案例和任务教学互动的架构，并且结合各个实训项目，穿插技能训练形式，对学习者的能力进行训练，体现了商务谈判课程改革的特色和趋势。

本书分为三大模块：第一模块“商务谈判原理”，第二模块“商务谈判策略”，第三模块“商务谈判禁忌”。从准备阶段、开局阶段、磋商阶段、成交阶段这几个任务模块展开。

本书具有如下特色和价值：

1. 本书在编写时做到：选题注重实用性，内容注重系统性，表达注重简练性，案例注重经典性，全书以培养学习者的实战技能为主要指导思想；

2. 站在学习者的角度，而不是学者的角度进行编写，突出换位思考；

3. 重在实用，存商务谈判的精华，去相关琐碎和熟知的信息；

4. 严格按照每个任务、每个子任务（课题、策略、禁忌）操作，非常便于学习；

5. 任务实施模块可以帮助学习者进一步达到学以致用的目的。

本书既可以作为高职高专院校各专业的教材使用，也可以作为本科院校相关管理类专业的教材使用，还可以作为从事商务谈判事业的相关人员的参考用书和各企事业单位的培训用书。

前言

Foreword

“商务谈判”是一门建立在经济学、社会学、心理学、行为科学和现代管理理论等学科基础之上的一门基础科学，是主要研究以谈判为中心的企业相关活动及其规律性的交叉性学科，属于管理学范畴。其概括了现代商务谈判的理论和实践，总结了一系列指导谈判活动的战略、策略和方法，具有极强的实际应用价值，因此受到企业界和其他社会各界的广泛重视。

“商务谈判”是管理课程体系中的专业基础课程，又是工商管理类、经济学类各专业通开的核心课程，还是其他专业的学生扩展知识领域、构建完整知识结构的重要选修课程。本教材就是为商务谈判课程而编写的。全书紧扣课程特点，突出实用性。

本教材特色：实行任务驱动型，每个任务中又包括“知识（技能）框架图”、“知识目标”、“技能目标”、“任务导入”、“任务分析”、“主要知识和技能”、“任务实施”、“拓展性阅读”、“综合案例”、“任务小结”和“复习思考题”。全书课程体系别具特色，强调前沿、实战、系统、原创等原则，注重知识与实践相结合，具体讲授与总结凝练相结合。

通过本课程的教学，使学生比较全面系统地掌握商务谈判的基本理论、基本知识、基本方法、基本策略，确立学生的商务谈判中心意识，树立商务谈判观念，初步培养学生运用商务谈判理论发现、分析和解决现实问题的能力，力图使学生理论联系实际，掌握并提高商务谈判运作的操作技能，拓展学生的视野，活化学生的思维，为进一步学习相关专业的其他课程打下基础。

本书系苏州工业园区服务外包职业学院、苏州大学、温州科技职业学院、浙江东方职业技术学院、渭南师范学院、江苏盱眙技师学院、河北工程技术高等专科学校、西安欧亚学院、镇江高等专科学校的相关同志共同努力的结果，由苏州工业园区服务外包职业学院戴军同志任主编。具体分工如下：戴军与刘陆梅（浙江东方职业技术学院）共同编写任务 2；刘章文（温州科技职业学院）编写任务 1、5、9；刘陆梅编写任务 3、6、7；狄建勇（江苏盱眙技师学院）编写任务 4、8；戴军与单敏飞（河北工程技术高等专科学校）共同编写任务 12；戴军与侯云辉（渭南师范学院）共同编写任务10、11、13。本书由戴军同志策划统稿并完成全部章节的相关修改、整理工作，高谦（西安欧亚学院）、陶薇（镇江高等专科学院）两位同志也参与了部分章节的整理工作；最后请苏州大学副院长、苏州工业园区服务外包职业学院副院长、党委书记、博士生导师严世清教授担任主审。

本书在编写过程中，参考了许多专家和学者的研究成果，在此表示真诚谢意！另外，由于本书编者水平有限，书中难免存在疏漏和不足，敬请各位读者批评指正。

各位授课教师若需课件请与出版社编辑同志联系。

编者

2011 年 3 月

目录

Contents

模块二　策略篇/087

模块三 禁忌篇/137

模块一

原 理 篇

任务1 商务谈判概述

知识（技能）框架图

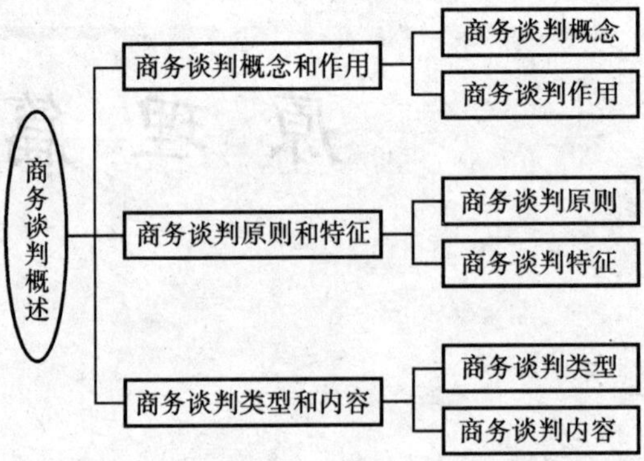

知识目标

- 了解商务谈判的概念，准确把握商务谈判的特征
- 了解商务谈判的类型及商务谈判的内容
- 理解商务谈判的原则

技能目标

- 能够区分谈判与商务谈判
- 能够比较各原则内容的不同及掌握各商务谈判原则的要点

任务导入

20世纪90年代中期，中美贸易摩擦频繁。如美国对华的经济制裁，中国知识产权保护、市场准入，中美贸易逆差，美国对中国出口美国的产品实施反倾销调查等，摩擦接连不断。美国对中国的压力仍在不断升级，动辄挥舞其"特殊301条款"的大棒，以贸易报复相威胁。美国在"特殊301条款"中规定，美国贸易代表有权将没有对美国的知识产权给予充分有效的保护和未对持有知识产权的美国人给予公平的市场准入的国家列为重点国家。1994年6月30日，美国再次将我国列为重点国家，对所谓中国侵犯知识产权的行为进行调查，并扬言，在6个月里一经调查属实，就将实行贸易报复。自美国将中国列入"重点观察国家"之后，中美两国就知识产权保护问题展开谈判。美国贸易代表坎特甚至指责中国"至今不愿采取必要措施保护

美国的知识产权”,美国将这场争端同中国要求恢复关贸总协定的地位联系起来,宣称,如果中国不在版权上满足美国的要求,美国就很难支持中国复关。美国同时开出了许多干涉我国立法、司法和内政等的条款要求中国做出让步:要求中国立即关闭29个工厂;一周打击两次侵权行为,并向美国报告,直到美国满意为止;修改民法,对涉外案件的一审期改为6个月,修改诉讼费的收取办法,把按比例收取变为收取固定费用;取消涉外商标代理;国家版权局对国家机关使用计算机软件进行调查,调查结果面向美国政府、报社、侦探所等机构公布;立即授予各知识产权行政部门搜查、没收、销毁授权产品和设备的权利等。

任务分析

其实,中美两国在是否保护知识产权的问题上是没有根本分歧的,问题是美国对中国保护知识产权方面所做的努力和所取得的进展熟视无睹,片面夸大中国个别企业侵犯知识产权方面的问题。我方应充分收集资料,积极准备与美方的贸易战。

主要知识和技能

课题1.1 商务谈判概念和作用

课题1.1.1 商务谈判概念

现代社会充满了谈判,谈判逐渐渗透到社会经济生活的各个领域。生活在社会中的每一个人都在自觉或不自觉地进行着一场又一场的谈判,大到参与涉及国际关系处理的谈判,小到与家人或同事之间日常琐事的协商。可以说,只要人类之间有交往,就会有谈判。谈判已成为越来越多的人需要掌握的一种能力。随着国际分工和专业化的发展,谈判在维持人类合作中所起的作用将会越来越大。

1. 谈判的内涵

(1)谈判的产生

谈判的历史非常悠久,早在原始社会末期,当一个原始社会的人牵着一头牛与另一个原始人交换鸡蛋时,双方就要通过讨价还价才能确定两种商品的交换比率,即一头牛换多少个鸡蛋。到了奴隶社会和封建社会,随着私有制的确立和私有财产的增多,交换的商品种类和地理范围逐渐扩大,当然这些之间的交换也少不了谈判。人类为什么要谈判?

①社会资源是有限的,不能满足每个人的需要。

②人有逐利最大化的需求,但由于资源的有限性,利益冲突不可避免,需要谈判加以解决。

③市场经济的私有产权属性决定了有商品交换就有谈判。

【重要知识1-1】

谈　判
谈判(negotiation)是人们为了协调彼此之间的关系,满足各自的需要,通过协商而争取达到意见一致的行为和过程。简单地说,谈判就是一种沟通,通过信息交流消除分歧,共同让步达成一致意见,从而使各自获得自己的利益。

(2)谈判的理解

①谈判的目的性。谈判各方均有各自的需求、愿望或利益目标,所以谈判是一种目的性很强的活动。在谈判的过程中要明确谈判目的,为什么而谈,谈什么。基本上人们参与谈判通常都是为了实现某种目的或满足某种需要。

②谈判的协商性。谈判是一种交流、沟通和说服的过程,是一个双方或多方互动的过程。这个过程,既是一个信息交换与信息共享的过程,也是一个说服与被说服的过程。谈判的基本手段就是说服。谈判的核心任务就是企图说服对方理解、允许或接受己方所提出的观点、所维护的基本利益以及所采取的行为方式。

③谈判的互惠性。谈判双方或各方是平等互惠的,但利益常常是不均等的。谈判各方在具体谈判进程中的主体地位是平等的,利益是互惠的。如果一方只想达到自己的目的,而不考虑对方的利益,那么就不可能达成一致。谈判就是要实现双赢。但是,由于谈判各方拥有的地位、实力的悬殊和运用策略、技巧的差异,谈判的结果必然是不对等的,各方取得的利益也绝对不会一样多,需求满足的程度也绝对不会一样。

2. 商务谈判的内涵

商务谈判作为一种主要的谈判类型,既具有一般谈判的质的规定性,又具有商务活动的本质特征。

【重要知识 1-2】

商务谈判
商务谈判,是指有关商务活动双方或多方为了达到各自的目的,就一项涉及双方利益的标的物的交易条件,通过沟通和协商,最后达成各方都能接受的协议的过程。 商务,是指商品经济领域中一切有形与无形资产的买卖及其各种为社会服务的业务,以及其他由货币度量的相关事宜。

(1)商务谈判的理解

①商务谈判的主体是相互独立的利益主体。商务活动中谈判的主体必须是独立的利益主体或其代表,只有在谈判主体的利益相互独立的条件下,他们才会为了实现自己的利益而进行磋商。例如,一宗产品购销业务的谈判,购货方和销货方都有自己独立的经济利益需求。而上级领导向下级布置工作等,就不是商务谈判。

②商务谈判的目的是为了获得经济利益。即当事人之间交谈的目的一清二楚,双方谈判的目的就是为了满足自身的某种经济利益,而一方做出的让步也通常是经济利益方面的让步。经济利益是谈判双方的核心利益,也是谈判目的之所在。

③商务谈判的核心议题是价格。以经济利益为核心必然决定了谈判的中心议题是价格问题。因为价格的高低直接关系到实际所能获得的经济利益的大小。除价格之外的其他交易条件,如产品的质量、数量、交货方式与支付方式等与价格条件存在着密不可分的关系,这些条件都可以通过价格的变化表现出来。例如,一辆一等品的自行车售价 850 元,同样牌子规格的二等品自行车售价为 600 元,价格的核心作用就体现出来了。又如,购买一盒磁带花 5 元钱,购买三盒总价 12 元,价格差就把数量差折算表现出来了。

④商务谈判是当事人进行协商调整、妥协让步的过程。即商务谈判是双方互动操作的过程。谈判双方都有自己的需要,而一方需要的满足又是以另一方的需要能否满足为前提的。

因此双方都要做出一定的让步，在不同程度上修改其期望达到的目标，并准备降低某些要求，以便满足对方的期望和要求。

【案例 1-1】

某小型机械厂为一大型设备企业提供配件，在价格问题上双方相持不下。卖方出价每个配件 8 元，理由是低于此价将面临亏损；买方只给 7 元，理由是如果成本降不下来，产品的市场竞争力将受到影响。问题的解决上升到双方老总层面，各自经过冷静分析后，不约而同地一致认为，一方离开配件，就面临整机设备不可能出厂的境况，因为没有替代厂家；而另一方所生产的配件则没有其他市场需要，企业将全面停产。权衡利弊，双方都必须妥协让步，结果以 7.6 元的价格成交。

⑤商务谈判是互惠互利、双赢的。如果谈判不是互惠互利的，一方只想从另一方索取利益，只想满足自己的需要，则这种谈判缺少最起码的基础，谈判的双方也不可能真正坐到一起。谈判的双赢并不意味着绝对的公平均等，有些谈判者从中获得的好处多，而另一方从中获得的好处少。这是因为谈判双方所拥有的实力与技巧的差异，导致了这种不平等的结果。谈判结果都能保证双方的基本利益。

⑥商务谈判是产生法律后果的法律行为。谈判双方通过论证自己的观点，反驳对方，说服对方，再经过文字记录，最终达成谈判协议。从这个意义上说，商务谈判的过程实际上也是订立合约的过程，这个合约是双方意志的体现，是双方责、权、利的依据，是追究法律责任的要约。

【重要知识 1-3】

谈判主体：是指参与谈判活动的谈判者。作为谈判一方的谈判主体，可以只有一个人，也可以由若干人组成。

谈判客体：即谈判的标的，有时也称谈判对象。商务谈判客体包括的种类比较多，有普通的商品或货物、劳务、服务、国际工程项目、专利及相关文字资料、商务信息等。

谈判议题：是指谈判中谈判双方共同关心的并希望解决的问题。比如价格、品质、交货方式、支付方式、保险、索赔、仲裁方式等。

(2)商务谈判的评判标准

各方参加谈判是想借此来满足各自的某些需要，每一个谈判者都希望谈判能够取得理想的结果。那么什么样的谈判才可以称之为成功的谈判？如何来衡量商务谈判的成功与否呢？

理想的谈判应该确保双方都能从中获得利益，得到满足，而不仅仅是谋求某一方的利益和满足。谈判是一项互惠的合作。从这个意义上讲，可以把评价商务谈判是否成功的标准归纳为以下三个方面。

①谈判目标的实现程度。谈判目标不仅把谈判者的需要具体化，通过某些量化的指标来体现，而且，目标还是驱动谈判者行为的基本动力，引导着谈判者的行为。商务谈判的目标是与经济利益直接相关的，是指谈判者预期从谈判中获得的经济利益。谈判目标包括努力争取的最高目标和必须确保的最低目标。为了追求最高目标，把对方逼得无利可图甚至谈判破裂，就不可能实现预期的谈判目标。同样，为了达成协议而未能守住最低目标，预期的谈判目标也是无法实现的。因此，成功的谈判应该是既达成了协议，又尽可能接近已方预先制订的最高目标，也尽可能接近对方预先制订的最高目标。即最好的谈判结局是在利益均等基础上的“皆大欢喜”。

②谈判效率的高低。经济领域里的任何经济活动都是讲投入与产出的，商务谈判是经济活动的一部分，也讲究成本与效率。商务谈判的成本包括三项：一是谈判桌上的成本，即谈判的预期收益与实际收益之间的差额；二是谈判过程的成本，即在整个谈判过程中耗费的各种资源，包括为进行谈判而支出的人力、财力、物力和时间等各项成本之和；三是谈判的机会成本，即由于放弃最有效地使用谈判所占用的资源而造成的收入损失(一部分资源因为投入某项谈判而被占用，从而丧失了其他的赢利机会，损失了可望获得的利益)。对这三项谈判成本，人们往往比较关注第一项，而忽视了另外两项，其典型的表现形式就是无休止地"玩谈判"，致力于降低谈判桌上的成本，最终却导致了谈判总成本的增加。

谈判效率，是指谈判所获的收益与上述三项成本的比率。如果成本很高而收益很小，则谈判是低效率的，是不经济的。相反，如果成本很低而收益很大，则谈判就是高效率的，经济的。只有高效率的商务谈判，才能称之为成功的谈判。

③谈判后的合作关系。谈判的结果不只体现在利益的分配和与此相关的各项交换条件上，还应体现在人们之间的相互关系上，即谈判是促进和加强了双方的互惠合作关系，还是削弱甚至瓦解了双方的互惠合作关系。精明的谈判者往往具有战略眼光，他们不过分计较某场谈判的获益多少，而是着眼于长远与未来，因为融洽的关系为彼此未来的合作铺平了道路。因此，在谈判中应当重视建立和维护双方的互惠合作关系，以谋求长远的利益。

综合以上三个方面的评判标准，一场成功的商务谈判是谈判双方的需要都得到了最大限度的满足，双方的互惠合作关系有了进一步的发展，任何一方的谈判收益都远远大于谈判成本，整个谈判是高效率的。

课题 1.1.2 商务谈判作用

1. 商务谈判是企业实现经济目标的手段

买和卖对企业来说至关重要，买和卖实现得不好，影响企业的再生产和经济目标的实现。在现实经济生活当中，买和卖受到各种复杂条件的制约，它的完成是一件非常困难的工作，而且需要由人所操作的交易工作去完成，这交易又直接取决于商务谈判人员对买卖规律的认识和谈判的水平。一个企业要完成交易并实现经济目标，就要取决于商务谈判人员对每项交易所涉及的购买者方面的各项状态的认识水平，具体地说，是对购买者的需求、购买动机、购买行为的运动变化规律，生产方面的能力、条件、期望等情况和产需两方面市场上的平衡状况的认识水平；取决于他们对客户当时的交易意图、交易方式、交易动机的掌握和诱导水平；也取决于他们对客户潜在的需求分析和挖掘能力等。只有通过谈判者高水平的谈判，企业才能最终完成交易过程，取得经济效益，实现经济目标。

2. 商务谈判是企业获取市场信息的重要途径

随着市场经济的发展，各种竞争越来越激烈，企业的生存和发展将以市场为导向，而要了解市场，获取市场信息是至关重要的。及时、准确的市场信息有利于企业生产或销售对路的产品，设计正确的市场营销组合，做出有效的经营决策。企业购销人员、商务谈判人员的报告是企业获取信息的重要方式，通过谈判可以了解对方、竞争者和消费者等各方面的信息。

3. 商务谈判是企业开拓市场的重要力量

企业的发展和壮大需要依靠广阔的市场，商务谈判是企业由国内市场向国外市场转变的渠道。比如三资企业，外方一般都以技术、设备投资，由于外方的这些实物投资的估价普遍过高，有些企业被外商欺骗，损失惨重。这些情况的发生多半是因为不懂得进行国际商务谈判造成的。

课题 1.2 商务谈判原则和特征

在明确商务谈判概念和作用的基础上，为了更好地实施商务谈判，还必须把握商务谈判原则。

课题 1.2.1 商务谈判原则

【重要知识 1－4】

商务谈判原则
商务谈判原则，是指在谈判过程中谈判双方必须遵守的基本准则或规范。充分了解谈判原则，有助于掌握和运用谈判的策略和技巧，保护谈判当事人的权利。

在商务谈判的过程中，还应该遵循一些最基本的原则，这些原则都是在长期谈判实践中的经验积累，应该为商务谈判者所重视。

1. 平等互利原则

在商务活动中，双方是为了满足各自需要才坐在一起进行磋商的，如果没有平等的地位，就不可能有真正意义上的谈判。所以，谈判双方的法律地位上是平等的。

一次成功的谈判，每一方都必须让对方得到某些好处。谈判如果只有利于一方，不利方就会退出谈判，谈判的胜利方也就不复存在。只要一方发现不能得到某些预期的好处，就会停止谈判，或者得到的比给予的少得多，也不会愿意继续谈判下去。所以商务谈判者都必须作好各项准备，在平等的基础上，满足对方的某些要求，不仅自己要遵循这一原则，而且也要让谈判对手知道这一原则。

【案例 1－2】

我国曾有一个水电工程项目面向全世界招标。我国从国外争取到一笔数额很大的优惠贷款，我方就水电设备采购选择供货商时，为便于统一标准以利于评估，按照国际惯例，同意由各国厂商用信用证支付(L/C)方式报价(我方开证)，最后 A 公司中标。当供货合同将要签字时，我方内部就付款方式产生了分歧。在通常情况下，利用这类国外贷款我方都是以托收方式付款的，因为采用信用证方式付款，我方业主没有审单权(银行有)，风险较大，另外，开立信用证要支付较高的开证费，所以提出改用托收方式付款。但是 A 公司对此表示强烈反对，他们提出原来的报价是基于 L/C 方式付款而计算的，若中方一定要改为托收方式，则合同价格要增加 110 万美元。经了解，A 公司若以托收方式收款，其间隔时间比 L/C 方式收款要长 10 天左右，这就意味着要多占用其资金 10 天，即等于其要承担大致相当于向银行借款 10 天所需支付的利息的资金，整个供货合同分 8 次付款，则累计起来 A 公司差不多要多承担 110 万美元的银行利息。我方业主为此请教银行专家，设法做到了开立 L/C 的费用与托收方式支付的银行费用相同。同时为了减少风险，我方业主与供货商谈判商定，并得到双方开户银行确认，有关 L/C 方面的条款将确保把真正的支付地点放在中国。在这样的条件下，我方业主内部很快统一了思想，一致同意采用 L/C 方式向 A 公司付款，由此加快了向外方的付款时间，避免了外方所要承担的额外费用，同时又使我方避免了因合同价格提高而带来的损失，体现了平等互利原则。

（资料来源：刘向丽. 国际商务谈判. 机械工业出版社，2007.）

2. 求同存异原则

谈判既然是作为谋求一致而进行的协商，必然蕴涵各方在利益上的"同"和"异"。求同原则要求谈判各方首先要立足于共同利益，在总体上、原则上必须一致，摈弃细枝末节的分歧和不同的意见，从而使参与谈判的各方都感到满意。存异原则要求谈判各方要承认利益分歧，必须做出适当的让步，容许与自己的利益要求不一致的"异"存在于谈判之中。可以说，求同存异原则是商务谈判成功的关键，历来是谈判高手拥有智慧的表现。

【案例 1－3】

让我们来看美国政治家和科学家富兰克林的一个故事：那年，富兰克林在费城的选举中获胜，担任了公职。但在竞选过程中与一位著名人士结下了难解之怨。在某些问题上他们观点相异，而富兰克林又非常需要那位先生的支持。

经过了解，富兰克林得知那位先生酷爱藏书，常引以为荣，他特别珍藏了一套书籍，其中有一册是非常珍贵的善本。于是富兰克林写了一封信给那位先生，表示了自己也酷爱读书，并请求他帮忙，将那册善本借给自己。那位先生接信后，几乎马上就派人把书送了过来。一星期以后，富兰克林将书送还，并附了一封热情洋溢的感谢信，向他深表谢意。结果，下一次两人碰面时，那位先生第一次主动与富兰克林交谈，殷勤地表示愿意竭尽全力与富兰克林合作，支持富兰克林。富兰克林运用求同存异的原则赢得了那位先生的友谊。

（资料来源：陈文汉. 商务谈判实务. 电子工业出版社，2009.）

3. 合理合法原则

商务谈判的合法原则，具体体现在以下三个方面：一是谈判主体合法，即谈判参与的各方组织及其谈判人员具有合法的资格；二是谈判议题合法，即谈判所要磋商的交易项目具有合法性，如贩卖人口、走私货物等，其谈判显然是违法的；三是谈判手段合法，即应通过公正、公平、公开的手段达到谈判目的，而不能采用某些不正当的，如行贿受贿、暴力威胁等手段来达到谈判的目的。总之，只有在商务谈判中遵守合法原则，谈判及其协议才具有法律效力，当事各方的权益才能受到法律的保护。

【案例 1－4】

20 世纪 80 年代中期，美国一家大型企业来中国投资，兴办合资企业。在完成技术、商务谈判的许多细节磋商后，中外双方在起草合资企业合同时，发生了严重的意见分歧。美方谈判代表坚持要求在合同中写明，该合同的适用法为美国某州（该公司所在的州）州法。我方谈判代表则认为，这是无视我国涉外经济法规的无理要求，坚决不予考虑，双方立场僵持。美方负责此项谈判的福特先生眼看谈判将要前功尽弃，不禁黯然神伤，多次叹息道：我无路可走，精神要崩溃了，要丢饭碗了！这时，我方谈判人员向一位通晓中美双方经济法的专家咨询，这位专家约福特先生晤谈，从中了解到美方的要求是出于对当时中国在保护知识产权方面法律体系不完备的担忧。对此情况，我方十分理解，于是，我方直接与该公司总部的法律部负责人联系，解释我国法制建设情况及对保护知识产权的积极态度；同时我方提出一个建设性方案，即在合同中明确表达：该合同适用法为中国法律，在中国现有法律的个别不完备之处，再补充几个专门的保护条款，这些补充条款适用纽约州州法。因为我方对该公司所在州的州法知之甚少，故建议改成适用纽约州州法。这一方案提出后，美方代表对我方的诚意十分敬佩，并很快同意我方方案，僵局化解。两年后合资企业已正常生产。其后几年，其业务不断发展，效益颇佳。后来，美方又追加了2000万美元投资，扩展了业务。

20世纪90年代中期，福特先生再次陪其总裁访华，一再强调：正是由于我方采取的合理合法的做法才使僵局巧妙化解，给其公司业务的拓展带来生机，他本人也因此而得到提升，他表达了自己对中国谈判人员的真诚与才华的钦佩。

（资料来源：刘向丽．国际商务谈判．机械工业出版社，2007.）

4. 灵活机动原则

谈判中并不排除采取灵活机动的战略战术，使用切实可行的谈判技巧。谈判进程中，如果遇到对手的交易条件与我方的预定方案相比对我方较为有利时，我方应适时提高交易条件以争取获得更大的利益。如果没有实现整体目标的灵活性，谈判成功的概率将十分低。

【案例1-5】

我国某企业打算从国外引进一组大型化工设备，事先技术部门已经做好了技术规划方案。后来消息公布以后，国外卖主十分踊跃，6个国家的10多家公司纷纷表示愿意承办这个项目。我方在此情况下，要求国外公司提供较详细的方案以作对比。经过审阅，我方技术人员从这些方案中发现了更先进、更经济的工艺，了解了许多最先进的技术，这样便适时地将原有方案作了修改，我方的方案变得更为完善。最后以合理的价格获得了最先进的设备，也选择到了最合适的合作伙伴。

5. 立场服从利益原则

谈判者所持的立场与其所追求的利益是密切相关的。人们持有某种立场为的是争取他所期望的利益，立场的对立无疑来自利益的冲突。在商务谈判中，就立场相互对立的双方来说，完全可以通过合作来消除立场的对立。也就是说立场必须服从利益，该让步妥协时要抓住时机做出姿态，把注意力集中于相互的利益而不是立场。

例如，某一项谈判追求的利益是取得尽可能大的销售收入，谈判者的立场可能是坚持在价格上不做或少做让步，也可以是坚持要对方在己方认可的某一个较低的价格水平上增加订货量。上述两种立场都是为谋求某种利益服务的，都有可能满足本方对利益的追求。如果谈判者过于看重立场，尤其是在与对方发生严重冲突的情况下，仍一味地坚持自己的立场，就可能动摇双方共同合作的基础，从而丧失原本可以获取的利益。

6. 人事分开原则

商务谈判所涉及的是有关双方利益的事物，而不是谈判者，所以，对事应是强硬的，坚持原则；而对人则应是友好的，温和的，关系融洽。在谈判过程中，当双方互不理解，出现争执，以及因人论事时，想解决问题达成协议是极其困难的。这是因为参与谈判的是有血有肉、有感情、有自我价值观的人。随着谈判时间的推移，双方建立起一种相互信赖、理解、尊重和友好的关系，使谈判进行得更顺利、更有效。相反，发怒、沮丧、仇视和抵抗心理，会使谈判破裂。

一个具有战略眼光的谈判家，其追求的是一种长期的合作关系，一种共同承担风险的气度。在谈判中都非常注重建立和维护双方的友好关系，把争论和冲突的焦点集中在“事”上，所讨论的是“问题”本身，而不是“人”本身。

【案例 1-6】

在一家由美国人投资经营的日本工厂中，因为劳资纠纷，工人举行罢工。据美方经理介绍：工人早在六周前就向资方提出了警告，举行罢工的当天，双方经过协商达成了一致的意见，罢工结束之后，工人们主动打扫了示威场地，清理了满地的烟头、咖啡杯，恢复了原来清洁的面貌。第二天，工人们又自发地加班，完成了因罢工而拖欠的生产任务。美方经理对此种做法非常不解，就询问其中的一位罢工工人，这位工人是这样回答他的："我们对资方有些意见，要想让您知道我们对此事是极其严肃的，唯一的办法就是举行罢工。但这也是我们的公司，我们不愿让您认为我们对公司是不忠诚的。"这位工人的回答给我们的谈判问题拓展了一条新的思路，那就是：在谈判中基于我们对对方提出的某一条款有意见，我们不得不言辞犀利，那是因为我们希望对手知道我们对此事的重视程度和严肃性，我们并不想搞僵双方的关系，我们进行谈判的目的在于谋求一种互利、共赢的结局。

（资料来源：陈文汉. 商务谈判实务. 电子工业出版社，2009.）

7. 坚持客观标准的原则

商务谈判中面对存在的分歧，有些谈判者往往持强硬的态度，试图迫使对方不断让步；有些谈判者则过分突出感情的因素，在对方的压力面前不断地退让。这些分歧的发生多半是由于各自坚持不同的标准，双方只有在客观标准的基础上，才能尽快达成一致。选择的客观标准应该是独立于双方的意志力之外的，并且为双方所认可和接受的，如市场价格、专业标准、道德准则、价格指数等。如果双方无法确定哪一标准是最合适的，较好的做法是找一个双方认为是公正的、有权威的第三方，请他建议一种解决争端的标准，可能会使争议得到较好的解决。

【案例 1-7】

某机械厂购买生产线一条，在安装调试中发现部分设备与合同约定的质量不符，安装人员立即按工作程序将情况反映给负责设备采购的主管领导。

该领导经过一阵沉思后，立即拨通了对方主管设备销售领导的电话，首先使用很肯定的语气赞扬对方的供货及时，服务周到，信守合同，使对方的心理得到满足，然后，话锋一转，说还有点小问题需要对方帮助解决，对方立即表示责无旁贷。于是买方将设备存在的问题用很委婉的语气向对方做了通报，并请求立即派人现场验证；同时提出解决问题的己方意见：或退掉这套生产线，或更换有问题的设备，或者由对方提出切实可行的补救措施，无论怎样，不能影响正常投产，否则将产生每天上万元的直接损失，后果相当严重。

对方接到这个消息后，深感愧疚，立即派员到现场，发现问题的严重性，在向对方深表歉意的同时，马上做出更换相应设备的决定，结果该机械厂按期投产。问题解决了，双方的感情却未受到伤害。

（资料来源：孙绍年. 商务谈判理论与实务. 清华大学出版社，2007.）

8. 适当使用谋略和技巧的原则

在商务谈判中，既要坚持原则，又要留有余地。对某些非原则性问题，必要时在某些情况下可以使用谋略和技巧来达到自己的目的。但是应注意的是，谋略和技巧的使用不能有损国格、人格。

课题 1.2.2　商务谈判特征

1. 交易对象的广泛性和不确定性

商品可以在国内市场和世界市场上流通，作为卖方，其商品可以出售给任何一个人，其销售范围十分广泛；同理，作为买方，也可以选择任意卖主的商品，其选择范围也具有广泛性。因此，无论是卖方还是买方，其谈判交易对象遍布全国甚至全世界。此外，为了使交易更有利，也需要广泛接触交易对象。但是交易者总是同具体的交易对象成交，不可能同广泛的对象谈判成交，而具体的交易对象在各种竞争存在的情况下是不确定的。这不仅是交易对象方面的要求和变化，也是自身方面的要求和变化所决定的。交易对象的广泛性和不确定性这一特征，要求谈判者不仅要充分了解市场行情，而且要用不同的方式方法对待新、老客户。

2. 商务谈判双方同时具有冲突和合作的成分

谈判是确立共同利益，减少分歧，最终达成一项协议的过程。协议至少能最低限度地被谈判双方所接受，因而对双方来说都是有利的。为了取得利益，双方必须共同解决他们所面临的问题，以便最终达成某项对双方都有利的协议，这是谈判的合作性的一面；与此同时，双方又都希望在谈判中获得尽可能多的利益，为此而积极地讨价还价，这是谈判的冲突性的一面。

任何一项谈判都必然包含着合作与冲突两个方面，在规划谈判活动时，必须注意既不应损害双方的合作关系，又要尽可能合理地利用冲突来为己方谋取更多的利益，也就是要在这两者之间求得平衡。

3. 商务谈判是科学性与艺术性的统一

商务谈判是一门科学，谈判有其自己的理论体系，其理论是从长期的实践中总结出来的，同时吸收了市场学、语言学、逻辑学、哲学、经济学、管理学、公共关系学和人际关系学等学科的基础理论，它具有可操作性的规范和要点，具有系统的思维过程和工作步骤，有完整的计划、策略和实施方案。

商务谈判还具有艺术性。谈判者必须掌握必要的谈判技术，进行谈判技术方面的训练，熟练掌握谈判中的技巧，在实际谈判中进行创造性的探索，根据不同对象、不同场合，使用不同的技巧。谈判技巧的使用会使谈判过程变得丰富多彩、跌宕起伏，也有利于谈判合作的达成。

课题 1.3　商务谈判类型和内容

在现代经济社会中，商务谈判的种类复杂纷繁，我们可以按照不同的标准把它划分成不同的类型。不同类型的商务谈判，有不同的特点和要求，其准备程度、应采取的策略等都是不同的。因此，对谈判类型的恰当确认，是谈判成功的开始。

课题 1.3.1　商务谈判类型

1. 按国别范围划分

按国别范围，商务谈判可划分为国际商务谈判与国内商务谈判。

国际商务谈判是指本国政府、组织或企业与外国政府、组织或企业及国际组织之间进行的经济谈判。这类谈判形式多样，内容复杂，影响因素众多。比如在语言、文化背景、价值观念、风俗习惯、心理素质、行为规范等方面的差异较大，对商务谈判都会产生重要影响。

国内商务谈判是指国内的组织或个人之间进行的经济谈判。由于文化背景、语言、风俗习惯、价值观念等基本一致，就可以避免来自这些方面的影响，可以集中精力就双方利益分歧进行磋商。相比较而言，国内商务谈判比国际商务谈判所花费的时间少，效率高，协议履行中发生争议或因不可测因素导致变更、不能履行等情况，均可较快得到解决。

2. 按谈判人员数量划分

按谈判人员数量，商务谈判可划分为"一对一"谈判、小组谈判和大型谈判。

(1)"一对一"谈判

项目小的商务谈判往往是"一对一"式的。出席谈判的各方只有1人，这种谈判往往是一种最困难的谈判类型，对谈判人员有较高的要求。因为双方谈判者只能各自为战，得不到助手的及时帮助，参与谈判的人员必须是全能型的，他需要具备该项谈判所涉及的各个方面的知识，包括贸易、金融、技术和法律等方面的知识。在安排参加这类谈判的人员时，一定要选择有主见，决断力、判断力强，善于单独作战的人，性格脆弱、优柔寡断的人是不能胜任的。规模大的谈判，有时根据需要也可在首席代表之间安排"一对一"的单人谈判，以磋商某些关键问题或微妙敏感问题。

(2)小组谈判

小组谈判是一种常见的谈判类型，一般较大的谈判项目，情况比较复杂，谈判各方有几个人同时参加谈判，各人之间有分工有协作、取长补短，各尽所能，可以大大缩短谈判时间，提高谈判效率。

(3)大型谈判

大型谈判基本上是指国家级、省(市)级或重大项目的谈判。由于关系重大，有的会影响国家的国际声望，有的可能关系着国计民生，有的将直接影响到地方乃至国家的经济发展速度、外汇平衡等。所以在谈判全过程中，必须准备充分、计划周详，为谈判班子配备阵容强大的、拥有各种高级专家的顾问团，或咨询团、智囊团。这种类型的谈判程序严密、时间较长，通常分成若干层次和阶段进行。

3. 按谈判所在地划分

按谈判所在地，商务谈判可划分为主座谈判、客座谈判、主客座轮流谈判和第三地谈判。

(1)主座谈判

主座谈判是指在自己所在地进行谈判，包括自己所居住的国家、城市或办公所在地。这给主方带来不少便利之处，如，熟悉工作和生活环境，利于谈判的各项准备，便于问题的请示和磋商等，所以主座谈判人谈判起来很自如，底气十足。但是，作为东道主，必须懂得礼貌待客，礼貌可以换来信赖，它是主座谈判者的一张有力王牌，它会促使客座谈判人员积极思考主座谈判人的各种要求。

(2)客座谈判

客座谈判是指在谈判对手所在地组织的谈判。到客场谈判时，客方会受到各种条件的限制，如客居时间、上级授权的权限、远离通讯的困难等，因此客方必须注意要入境问俗、入国问禁。要了解各地、各国不同的风俗和国情，以免做出伤害对方感情的事。第二，要审时度势，争取主动。面对谈判对手，客方要审时度势、灵活反应，认真分析谈判背景、主方的优势与不足，以便正确运用并调整自己的谈判策略，发挥自己的优势，争取满意的谈判结果。

(3)主客座轮流谈判

主客座轮流谈判，是一种谈判地点互易的谈判。谈判可能开始在卖方，继续谈判在买方。

主客座轮流谈判适用于大宗商品或成套项目的买卖，应注意以下两个方面的问题。第一，确定阶段利益目标，争取不同阶段最佳谈判效益。主客座轮流谈判说明交易比较复杂，每次换座谈判必定有新的理由和目标。谈判人员在利用有利条件或寻找有利条件、创造有利条件时，应围绕阶段利益目标的实现可能性来考虑。第二，换座不换帅。在谈判中换人尤其是换主谈人是不利于谈判的。但在实际中这种情况仍经常发生。如主谈人的上级认为其谈判结果不好、或表现不够出色，为了下阶段的利益目标而易帅。无论出于什么原因，易帅都会给谈判带来不利影响，使对方产生不快。而新的主谈人也并不一定能完全达到原定目标。因为谈判已经展开，原先的基础条件已定，对方不会因你易帅而改变立场。避免主帅更换的最好方法是在谈判中配备好主帅和副帅，有两个主谈人就可以应付各种可能，以确保谈判的连贯性。

(4)第三地谈判

第三地谈判是指在谈判双方以外的地点进行的谈判。第三地作为谈判地点表现为其不存在倾向性，双方均无东道主地域优势，策略运用的条件相当，双方谈判地域环境较为公平。但是，第三地谈判会增加谈判的成本，而且，双方首先要为谈判地点的选择和确定而谈判，地点确定本身就比较复杂。第三地谈判通常为相互关系不融洽、信任程度不高的谈判双方所选用。

4. 按交易的地位划分

按交易的地位，商务谈判可划分为买方谈判、卖方谈判和代理谈判。

(1)买方谈判

买方谈判是指以求购商品、服务、技术、证券和不动产等为目的的谈判。买方谈判的主要特征如下：第一，情报性强。大凡买主采购的谈判，首先会大量搜集有关信息，如技术水平、市场价格等，以确定自己的谈判目标。这种搜集信息的工作贯穿于整个谈判过程，尤其是在谈判的准备阶段和开始阶段。第二，压价狠。没有买方在谈判中不压对方价格的，即使是老客户，买方也总要以种种理由追求更优惠的价格。第三，以势压人。“买主是上帝”，买方往往会有“有求于我”的优越感，甚至盛气凌人。同时，买方常常以挑剔者的身份参与谈判，“品头论足”、“吹毛求疵”均在情理之中，尤其是当市场上有多个供货渠道时。

(2)卖方谈判

卖方谈判是指以供应商品、服务、技术、证券和不动产等为目的的谈判。卖方谈判的特征如下：第一，主动性强。由于卖方关注公司和个人利益、市场占有率、收益、投资回报等问题，所以谈判的主动性较强。第二，虚实相映。在谈判时，卖方的表现往往是态度诚恳、交易心切、软中带硬、待价而沽、亦真亦假、似明若暗。己方为卖方时，应注意运用此特征争取好的卖价，而当对手为卖方时，也应注意识别哪是实，哪是虚。第三，紧疏结合。卖方谈判常表现为时而紧锣密鼓，似急于求成；时而鸣金收兵，观察动静。采取这种形式，有利于克服买方的压力和加强卖方地位。

(3)代理谈判

代理谈判是指受人委托参与的谈判。代理有两种情况：一种是只有谈判权而无签约权，另一种是全权代理。代理谈判有如下特征：第一，谈判人权限观念强，一般都谨慎和准确地在授权范围之内行事。第二，由于不是交易的所有者，谈判超脱、客观。第三，由于受人之托，为表现其能力和取得佣金，谈判人的态度积极、主动。

5. 按谈判的态度与方法划分

按谈判的态度与方法，商务谈判可划分为软式谈判、硬式谈判和原则式谈判。

(1)软式谈判

软式谈判,也称让步型谈判,即谈判者准备随时做出让步,达成协议,回避一切可能发生的冲突,追求双方满意的效果。采取这种谈判方法的人,看重的是双方友好关系的建立与维持,而看轻利益获取的多少。在软式谈判中,一般的做法是提议——让步——磋商——达成协议。

当然,如果双方都能以"关系"为重,以宽容、理解的态度,互谅互让,友好协商,那么,无疑会减少谈判的时间和成本,提高谈判的效率。然而由于利益的驱使,一方谈判者的出发点、价值观等的不同,在遇到一些问题上采取强硬态度,而另一方一味地退让,只会使让步方容易受到伤害,最终往往达成不平等甚至是不合理的协议。因而,在实际的商务谈判中,采取软式谈判的人是极少的,一般只限于双方的合作关系非常好,并有长期的业务往来关系。

(2)硬式谈判

硬式谈判,也称立场谈判,这种谈判,视对方为劲敌,强调谈判立场的坚定性,强调针锋相对,认为态度越强硬,取得收获的可能性越大,获得的利益也就越多。在硬式谈判中,如果双方都把注意力集中到维护自己的立场和否定对方的立场上,忽略对方的谈判要求和条件,就会导致双方关系紧张,谈判也往往容易陷入僵局,旷日持久,无法达成协议。而且,这种谈判即使达成某些妥协,也会由于某方的让步而履约消极,甚至想方设法撕毁协议。总之,由于硬式谈判双方态度僵硬,忽略了双方的真实利益,不注意寻求双方利益的共同点,因此,很难达成协议。

(3)原则式谈判

原则式谈判,是要求谈判双方尊重对方的基本需求,寻求双方利益上的共同点,积极设想对双方都有利的方案。当双方发生利益冲突时,坚持以公平的原则来做评判,吸取了软式谈判和硬式谈判之所长而避其所短,强调公正原则和公平价值。

原则式谈判认为,在谈判双方对立立场的背后,存在着共同性利益和冲突性利益。人们常常会因为对方的立场与自己的立场对立,而认为对方的全部利益与自己的利益都是冲突的。但是,事实上在许多谈判中,深入地分析双方对立的立场背后所隐含的或代表的利益,就会发现双方共同性的利益要多于冲突性利益。如果双方都能认识到并看重共同性利益,调节冲突性利益就比较容易了。

从上述三种谈判方式来看,它们都是比较理论化的谈判方式,实际谈判中运用起来比较复杂,有时需要两种或三种方法的综合。如何选择正确的方式,应视具体情况而定,主要注意以下情况。

①是否与对方继续保持业务关系。如果与对方还需要保持长期的业务关系,而且有以往的业务经历,应采取原则式和软式谈判相结合的方法。反之,如果是一次性的、偶然的业务交易,或者己方认为双方没有必要再往来下去,则可以采取硬式谈判。

②双方实力对比情况。如果谈判的双方实力接近,可以采取原则式谈判方法。如果己方谈判实力大于对方,则可以考虑适当增加硬式谈判的比例,尽可能地为本方争取更多的利益。

③该笔交易的重要程度。如果该笔交易很重要,可以采取原则式与硬式谈判相结合的方法。

④谈判成本和时间方面的限制。如果谈判花费的时间长,而且在人力、物力等成本上支出较多,就应该考虑采用软式谈判方法,或视具体情况而定。

6. 按谈判的沟通方式划分

按谈判的沟通方式,商务谈判可划分为口头谈判和书面谈判。

(1)口头谈判

口头谈判是指谈判人员面对面直接用口头语言交流信息和协商条件。这种谈判方式的优点是:当面陈述、解释,直接、灵活,便于双方谈判人员交流思想感情。在某些谈判中,有些交易条件的妥协让步完全是出于情感上的原因,在一般情况下,在口头谈判中,即使实力再强的谈判人员也难以保持交易立场丝毫不动摇,或者拒绝作出任何让步。此外,面对面的口头谈判,有助于双方对谈判行为的发展变化做出准确的判断。谈判人员不仅可以通过对方的言谈,分析、把握其动机和目的,还可以通过直接观察对方的面部表情、姿态动作了解其意图,并借以审查对方的为人及交易的诚信程度,避免做出对己方不利的决策。口头谈判也存在某些缺点,如:利于对方察言观色并推测己方的谈判意图;易于受到对方的反击,从而动摇谈判人员的主观意志。

(2)书面谈判

书面谈判是指谈判双方不直接见面,而是通过电传、电报、互联网、信函等方式进行商谈。这种谈判方式的好处在于:在阐述自己的主观立场时,用书面形式比口头形式显得更为坚定有力。在向对方表示拒绝时,书面谈判要比口头谈判方便易行,特别是在双方已经建立起个人交往的情况下更是如此。书面谈判也有缺点:不利于双方谈判人员的相互了解;信函、电报、电传等所能传递的信息量有限,谈判人员仅凭各种文字资料,难以及时、准确地对谈判中出现的各种问题做出反应,因而谈判的成功率较低。一般来说,书面谈判只适用于交易条件比较规范、明确,内容比较简单,谈判双方彼此比较了解的情况。对一些内容比较复杂、交易条件多变,而双方又缺乏必要了解的谈判,则适宜采用口头谈判。

7. 按谈判内容划分

按谈判的内容不同,商务谈判可划分为商品贸易谈判和非商品贸易谈判。

(1)商品贸易谈判

商品贸易谈判是指供求双方就商品买卖成交的条件进行的谈判,如机械设备、农产品、日用生活品的买卖等。

(2)非商品贸易谈判

非商品贸易谈判是指除商品贸易之外的其他一切经济性质的交易谈判,比如投资、工程项目、技术贸易、租赁业务、信贷业务、旅游服务、会务服务谈判等。随着社会经济发展水平的提高,非商品贸易谈判业务迅速增长。

课题 1.3.2 商务谈判内容

1. 商品贸易谈判的内容

商品贸易谈判涉及的事项有以下几方面。

(1) 商品的品质

商品品质是指商品的内在质量和外观形态。它们由商品的自然属性决定,具体表现为商品的化学成分、物理性能和造型、结构、色泽、气味等特征。进行商品品质谈判的关键是要掌握商品品质构成的有关内容以及品质表示方法的通用做法。不同种类的商品,有不同的品质表示方法。常用的表示方法如下:

①规格。商品的规格是反映商品品质的技术指标,如成分、含量、纯度、大小、长短、粗细等方面的指标。由于各种商品的品质特征不同,所以规格也有差异。如果交易双方用规格表示

商品的品质，并作为谈判条件，就叫做“凭规格买卖”。一般来说，凭规格买卖是比较准确的，在平时的商品交易活动中，大多采用这种方法。

②等级。商品的等级，是同类商品规格差异的分类。根据生产和商务的实践，通常用一、二、三或甲、乙、丙或大、中、小等数码、文字或符号来表示，以反映同类商品中的品质差异。买卖双方对商品品质的磋商，可以借助已经制定的商品等级来表示。

③样品。样品指的是最初设计加工出来或者从一批商品中抽取出来的、能够代表贸易商品品质的少量实物。样品可由买卖的任一方提出，只要双方确认，卖方就应该供应与样品一致的商品，买方也就应该接收与样品一致的商品。为了避免纠纷，一般样品要一式三份，由买卖双方各持一份，另一份送给合同规定的商检机构或其他公证机构保存，以备买卖双方发生争议时作为核对品质之用。在商品买卖实务中，一般在样品确认时，应再规定商品的某个或某几个方面的品质指标作为依据，如“色彩样品”、“形式样品”等。

④牌名或商标。牌名是商品的名称，商标是商品的标记。有些商品由于品质上优质、稳定，知名度和美誉度都很高，在用户中享有盛名，为广大用户所熟悉和赞誉，在谈判中只要说明牌名或商标，双方就能明确商品品质情况。但磋商时要注意同一牌名或商标的商品是否来自不同的厂家，以及这些商品是否由于某些原因造成了损坏或变质，更要注意假冒商标的商品。

⑤说明书。大型的专用设备或精密仪器，由于构造复杂，无法用几项指标来反映其全貌，又无标准可依，必须凭详细的说明书说明，必要时还要辅以图样或照片。

上述表示品质的方法可以结合使用，也可以单独使用，谈判中应根据具体的交易情况来进行选择。

(2)商品数量

商品交易的数量是商务谈判的主要内容。成交商品数量的多少，不仅关系到卖方的销售计划和买方的采购计划能否完成，而且与商品的价格有关。确定买卖商品的数量，首先要根据商品的性质，明确所采用的计量单位。商品的计量单位，表示重量单位的有吨、公斤、磅等；表示个数单位的有件、双、套、打等；表示面积单位的有平方米、平方英尺；表示体积单位的有立方米、立方英尺。在选择采用计量单位时，还要特别注意有关的度量衡制度。国内贸易按国家的有关制度规定，应采用公制单位；如果是国际贸易，则会有公制、英制、美制等多种度量衡制度，谈判中应予以明确，并掌握各种度量衡之间的换算关系。

(3)包装

在商品交易中，除了散装货、裸体货外，绝大多数商品都需要包装。包装分为运输包装和销售包装两种。商品是否需要包装以及采用何种包装，主要取决于商品的特点和买方的要求。对于商品的包装，谈判中主要应当明确以下一些问题。

①包装材料。包装材料涉及采用何种物质对商品进行包装，如纸箱、木箱、麻袋、塑料袋、钢瓶等。包装材料直接关系到包装成本，应尽量选择资源丰富、价格低廉的物质作为包装材料。

②包装形式。包装形式涉及如何对商品进行包装，如筐装、外包麻布、麻绳捆扎、每筐重50公斤等。

③包装费用。按照一般的交易惯例，包装所涉及的费用是包含在货价之中的，不再向买方另行收取。但如果买方有特殊要求，双方可另行商定，或提高商品的价格，或另行收取包装费。

除此之外，双方在谈判中还应就运输标记以及包装物的供应方法等进行商谈或确定，在合同中明确予以表述。

(4)价格

商品价格是商务谈判中最重要的内容，它的高低直接影响着贸易双方的经济利益。商品价格是否合理是决定商务谈判成败的重要条件。商品价格的构成一般受商品成本、商品质量、成交数量、供求关系、竞争条件、运输方式和价格政策等多种因素的影响。谈判中只有深入了解市场情况，掌握实情，切实注意上述因素的变动情况，才能取得谈判的成功。

另外，谈判人员还要考虑该商品的市场生命周期、市场定位、市场购买力等因素，判断市场供求变化趋势和签约后可能发生的价格变动，来确定商品交易价格，并要确定对价格发生变动的处理办法。一般来说，在合同规定的交货期内交货，不论价格如何变动，仍按合同定价执行（国家定价的，调整后按规定变动执行）。如果逾期交货，交货时市价上涨，按合同价执行；市价下跌，按下跌时的市价执行。总之，应使价格变动造成的损失由有过失的一方承担，以督促合同的按期履行。

在国际商务谈判中，谈判双方还应该明确规定使用何种货币和货币单位。一般来讲，出口贸易时要争取采用"硬货币"，进口贸易时则要力求使用"软货币"或在结算期不会升值的货币。总之，要注意所采用货币的安全性及币值的稳定性、可兑换性。另外，在国际商务谈判中，谈判人员还应尽量了解各国及国际组织对于价格有关问题的不同解释或规定，并在合同中加以明确，选定对己方有利的价格术语。

(5)运输与交付

在合同中，对商品的装运和交接问题做出明确的规定，可以维护双方的利益。

①运输方式。运输方式不同，运费差别很大。双方应在明确由谁支付运费的基础上，规定运输方式及应负的责任。运输方式有公路运输、海洋运输、铁路运输、航空运输、管道运输和联合运输。选择合理的运输方式，应考虑以下因素：一是要根据商品的特点、运货量大小、自然条件、装卸地点等方面的具体情况；二是要根据各种运输方式的特点，通过综合分析加以选择。

②交货时间。在经济活动中，许多合同纠纷起因于装运和交接货物的时间规定比较模糊。通常情况下，卖方谈判人员应在充分考虑货源情况、运输条件、市场供应情况及商品本身状况等因素的基础上决定装运时间或交货时间。双方在确定交货日期后，应明确卖方延期交货或买方不能按期接货所应负的责任，以及由此给对方带来损失的赔偿。

③交货地点。地点规定必须明确具体，谨防因过于笼统或重名问题引起合同履行中的麻烦。

(6)货款结算及支付方式

在商品贸易中，货款的结算与支付是一个重要问题，直接关系到交易双方的利益，影响双方的生存与发展。在商务谈判中应注意货款结算支付的方式、期限、地点等等。国内贸易货款结算方式分为现金结算和转账结算。现金结算，即一手交货，一手交钱，直接以现金支付货款的结算方式。转账结算是通过银行在双方账户上划拨的非现金结算。非现金结算的付款有两种方式：一种是先货后款，包括异地托收承付、异地委托收款、同城收款；另一种是先款后货，包括汇款、限额结算、信用证、支票结算等。

(7)运输保险

运输保险是指投保人在货物装运以前，估计一定的投保金额，向保险人投保货物运输险。被保险货物若在运输过程中遭受自然灾害或意外事故造成经济损失，则保险人负责对保险险别责任范围内的损失，按保险金额及损失程度赔偿保险利益人。

在国内贸易谈判中，谈判人员应当根据实际情况，把保险条件与交货地点联系起来考虑，即如果在卖方所在地交货，可由买方办理商品运输保险；如果在买方所在地交货，可由卖方办理运输保险。无论是何方办理保险，都应将保险费用计入经营成本。

在国际贸易中，商品价格条款中的价格术语确定后，也就明确了双方的保险责任。对同类商品，各国在保险的险别、投保方式、投保金额的通用做法，或对商品保险方面的特殊要求和规定，谈判双方必须加以明确。对世界各国主要保险公司在投保手续与方式、承保范围、保险单证的种类、保险费率、保险费用的支付方式、保险的责任期和范围、保险赔偿的原则与手续等方面的有关规定要加以考虑筛选，最后加以确定。对保险业务用语上的差异和名词概念的不同解释，要给予注意，以避免争议。

(8)商品检验

商品检验是对交易商品的品种、质量、数量、包装等项目按照合同规定的标准进行检查或鉴定。通过检验，由有关检验部门出具证明，作为买卖双方交接货物、支付货款和处理索赔的依据。商品检验主要包括：商品检验权、检验机构、检验内容、检验证书、检验时间、检验地点、检验方法和检验标准。

(9)索赔、仲裁与不可抗力

在商品交易中，买卖双方常常会因彼此的权利和义务引起争议，并由此引起索赔、仲裁等情况的发生。为了使争议得到顺利的处理，买卖双方在洽谈交易中，对由争议提出的索赔和解决争议的仲裁方式，事先应进行充分商谈，并做出明确的规定。此外对于不可抗力及其对合同履行的影响结果等，也要做出规定。

①索赔。索赔是一方认为对方未能全部或部分履行合同规定的责任时，向对方提出索取赔偿的要求。一般来讲，买卖双方在洽谈索赔问题时应洽谈索赔的依据、索赔期限和索赔金额的确定等内容。

索赔依据是指提出索赔必须具备的证据和出示证据的检测机构。索赔方所提供的违约事实必须与品质、检验等条款相吻合，且出证机关要符合合同的规定，否则，就要遭到对方的拒赔。

索赔的期限是指索赔一方提出索赔的有效期限。索赔期限的长短，应根据交易商品的特点来合理商定。

索赔金额包括违约金和赔偿金。只要确认是违约，违约方就得向对方支付违约金，违约金带有惩罚的性质。赔偿金则带有补偿性。如果违约金不够弥补违约给对方造成的损失时，应当用赔偿金补足。

②仲裁。仲裁是双方当事人在谈判中磋商约定，在本合同履行过程中发生争议，经协商或调解不成时，自愿把争议提交给双方约定的第三者(仲裁机构)进行裁决的行为。在仲裁谈判时应洽谈的内容有仲裁地点、仲裁机构、仲裁程序规则和裁决的效力等内容。

③不可抗力。不可抗力，又称人力不可抗力。通常是指合同签订后，不是由于当事人的疏忽过失，而是由于当事人所不可预见，也无法事先采取预防措施的事故，如地震、水灾、旱灾等自然原因或战争、政府封锁、禁运、罢工等社会原因造成的不能履行或不能如期履行合同的全部或部分。在这种情况下，遭受事故的一方可以据此免除履行合同的责任或推迟履行合同，另一方也无权要求其履行合同或索赔。洽谈不可抗力的内容主要包括不可抗力事故的范围、事

故出现后果和发生事故后的补救方法、手续、出具证明的机构和通知对方的期限。

2. 投资谈判的内容

投资谈判是指谈判的双方就其共同参与或涉及的某些投资活动，对投资活动所涉及的有关投资周期、方向、方式、内容、条件、投资项目的经营、管理，以及投资者在投资活动中的权利、义务、责任等内容进行的谈判。

3. 技术贸易谈判的内容

这是以技术引进、转让或有偿使用为中心的贸易谈判。技术作为商品，成为贸易谈判中越来越重要的内容，主要有专利、专有技术、技术服务、工程服务、商标、专营权等。技术贸易谈判包括上述技术商品的引进与转让，谈判中涉及的主要内容包括：技术类别、名称、规格，即技术的标的；技术经济要求；转让期限；交换形式，包括所有权的转移和使用权的许可两个方面；技术贸易的计价和结算方式；责任和义务等。

4. 租赁业务谈判的内容

租赁谈判是指本国企业即承租人从国外租用机器和设备而进行的谈判。它涉及机器设备的选定、交货、维修保养、到期后的处理、租金的计算、支付，以及在租赁期内租赁公司和承租企业双方的责任、权利和义务关系等问题。

5. 服务项目谈判的内容

关于服务项目谈判的内容主要有：

①劳务合作项目的谈判内容。其主要包括劳动力的供求层次、职业、工种、素质、技术水平、数量、劳动条件、劳动地点、劳动工资、教育培训、劳动保护、劳动保险和福利等。

②旅游服务项目的谈判内容。其主要包括旅游地区、旅游景点、交通工具、食宿条件、导游服务、旅游时间、旅游费用、退费规定、旅游购物、违约责任、安全保险等。

③会务服务项目的谈判内容。其主要包括会务地点、会务内容、人员层次、会务档次、会务时间、会费标准、食宿条件、交通服务、安全保障、违约责任等。

④咨询服务项目的谈判内容。其主要包括咨询事项、收费标准、完成的时间、质量要求等。

任务实施

1. 实施思路

面对美方的漫天要价和不断施压，我方代表团根据我国法律和有关的国际公约，坚持有理、有利、有节的原则，在关系到国家内政和国家尊严的问题上决不让步，在其他问题上则保持充分的灵活性。

2. 实施步骤

(1)美方拟实施报复

从1994年6月30日到1994年12月31日这段时间，双方共进行了7轮磋商，但最终由于美方态度强硬，谈判最终破裂。美国贸易代表坎特单方面宣布，如果中国不能在1995年2月4日之前满足美方的要求，美国将对中国实行贸易制裁。坎特公布的这份价值约28亿美元的中国商品清单，主要有电子产品、木材、家具、陶瓷、鞋子、玩具、箱包等中国出口美国的主要产品。一旦制裁措施生效，美国将征收高达100%的惩罚性关税。

(2)中方的反报复

针对美国的贸易制裁,中国政府做出了迅速反应,拟就反报复清单。

第一,对于进口美国生产的各种游戏机、游戏卡、录音带、激光唱片、烟酒、化妆品加征100%的关税。

第二,暂停进口美国生产的电影、电视片及其录像、激光视盘。

第三,暂停与美国音像制品协会等的贸易合作关系。

第四,暂停受理美国音像制品、制造公司在华设立分支机构或办事处的申请。

第五,暂停受理对美国化学、药品制造商根据中国《化学药品行政保护条例》所提出的申请。

第六,暂停受理美国公司正在进行的选择大型汽车合资项目的谈判。

第七,暂停受理美国公司所属子公司在华设立投资公司的申请。

这些报复措施拟于美国正式对中国出口产品进行报复时生效,公告确定的征求意见的最后日期为1995年1月31日。

(3)再次恢复谈判

一个多月后,双方又坐到了谈判桌前,这轮谈判历经10天,1995年2月3日,中美知识产权的谈判再度破裂。

(4)谈判陷入僵局

1995年2月4日,美国贸易代表坎特单方面公布了对我国出口美国的电子、家具、自行车等价值10.8亿美元的产品实施贸易报复,该措施于1995年2月26日生效。

同一天,我国立即提高了某些产品的进口关税,暂停影视产品的进口,暂停受理开办投资公司的申请等。以上措施将于美国对我国出口产品贸易报复措施生效时生效。双方形成了紧张对峙的局面,到了一触即发的时刻。

(5)原则下的妥协

考虑到报复措施与反报复措施的实施,会给双方造成很大的影响,两败俱伤。在1995年2月4日美方单方面宣布对华贸易报复措施的同时,美国贸易代表坎特大使致信外经贸部部长吴仪,邀请中国派团去华盛顿恢复谈判,并建议2月13日进行两国知识产权磋商。2月5日,吴仪部长复函同意美方的建议,并提出在北京进行磋商。就这样,双方在离正式实施制裁2月26日还有一天时,两国谈判代表在北京就知识产权问题举行了第9轮的磋商,于2月25日达成了协议。

3. 实施结果

但是这次中美知识产权磋商未签订协议,而是中方全面介绍了"有效保护及实施知识产权的行动计划",由外经贸部部长吴仪与美国贸易代表坎特以换函的形式结束了这场一触即发的贸易战。

在这场谈判中,中方坚决驳回了美国企图干涉我国司法、立法和国家主权的要求,但在知识产权的保护和对知识产权的侵权行为打击、外国人在中国建立音像制品合资企业和复制企业、取消音像制品的进口数量方面做了重申和让步。

美国停止了对我国10.8亿美元大宗交易出口产品征收高达100%关税的报复措施,减少了对我国经济造成的损失。保证了我国出口美国的市场,从而可以继续扩大出口,进一步发展对外贸易。对中国台、港、澳地区的稳定有积极影响,为全面改善中美经贸关系奠定了基础,对我国复兴和加入 WTO 有积极的促进作用。坎特表示，中美双方要以务实积极的态度推进中国进入世界贸易组织，成为其会员国。

拓展性阅读

商务谈判中的八字箴言

关于商业经营中的诚信原则，中国自古就有“货真价实，童叟无欺”的八字经典，有趣的是，在英文中也有一个八字真言：NO TRICKS，从字面看来，与中文的意义非常相近。不过“NO TRICKS”并不仅仅代表字面的意思，每一个字母还有更深一层的含义——谈判中的八种力。

谈判能力在谈判中起着重要的作用，无论是商务谈判、外交谈判，还是劳务谈判，在谈判中，双方谈判能力的强弱差异决定了谈判结果的差别。对于谈判中的每一方来说，谈判能力都来源于八个方面，就是“NO TRICKS”每个字母所代表的八个单词——need，options，time，relationships，investment，credibility，knowledge，skills。

“N”代表需求(need)。对于买卖双方来说，谁的需求更强烈一些？如果买方的需要较多，卖方就拥有相对较强的谈判力，你越希望卖出你的产品，买方就拥有较强的谈判力。

“O”代表选择(options)。如果谈判不能最后达成协议，那么双方会有什么选择？如果你可选择的机会越多，对方认为你的产品或服务是唯一的或者没有太多选择余地，你就拥有较强的谈判资本。

“T”代表时间(time)。是指谈判中可能出现的有时间限制的紧急事件，如果买方受时间的压力，自然会增强卖方的谈判力。

“R”代表关系(relationships)。如果与顾客之间建立强有力的关系，在与潜在顾客谈判时就会拥有关系力。但是，也许有的顾客觉得卖方只是为了推销，因而不愿建立深入的关系，这样。在谈判过程中将会比较吃力。

“I”代表投资(investment)。在谈判过程中投入了多少时间和精力？为此投入越多、对达成协议承诺越多的一方往往拥有较少的谈判力。

“C”代表可信性(credibility)。如果潜在顾客对产品可信性也是谈判力的一种，如果推销人员知道你曾经使用过某种产品，而他的产品具有价格和质量等方面的优势时，无疑会增强卖方的可信性，但这一点并不能决定最后是否能成交。

“K”代表知识(knowledge)。知识就是力量。如果你充分了解顾客的问题和需求，并预测到你的产品能如何满足顾客的需求，你的知识无疑增强了对顾客的谈判力。反之，如果顾客对产品拥有更多的知识和经验，顾客就有较强的谈判力。

“S”代表的是技能(skills)。这可能是增强谈判力最重要的内容了，不过，谈判技巧是综合的学问，需要广博的知识、雄辩的口才、灵敏的思维……

总之，在商务谈判中，应该善于利用“NO TRICKS”中的每种能力，当然还要做到“NO TRICKS”。

综合案例

为求资金，忍痛让利

某单位因发展需要拟建设 22000 平方米的实验大楼，急需信贷资金 3000 万元，便向几家银行求贷。各家银行通过对其实际考察，都对这笔信贷业务感兴趣，均认为该单位的基础条件良好，市场信誉良好，发展前景可观，尤其是领导班子团结务实，职工队伍富于朝气，所以都表示同意给该单位贷款。但是，在贷款的报批程序、贷款申请材料的要求等方面，各家银行区别较大，看来这笔贷款项目到底花落谁家，就看谁能抢先一步。

5 个月以后，一家银行先行审批了这笔信贷业务。该建设单位成功地利用了银行之间的竞争，使自己的求贷目的顺利实现。

但是，在贷款具体条款的协商中，关于利率条款却出现了较大分歧，原来双方口头约定的贷款利率是在基础利率之上可以上浮 20%，现在银行却单方面提出必须上浮 30%，否则不予签约。面对银行的这种要求，建设单位不可能马上做出答复，谈判陷入僵局。

显然，银行方面目前占据优势，因为在这个时候，国家认为该行业已经出现过热苗头，要求银行对其紧缩银根，凡是未审批的建设项目一律暂时停止，这样一来，其他银行做这笔贷款业务的可能性就很小了，而求贷单位的建设项目已经开工，急需资金投放。求贷单位对银行方面的要求经过认真分析，知道了对方的意图是利用国家信贷政策的调整及己方面临的形势施加压力，自己换一家银行求贷的可能性确实很小，而且时间也不允许，项目资金再不落实，就面临着停工待料的风险，如果建设工期受到影响，对单位的下一步发展必然产生严重的负面效应。再三考虑后，终下决心，接受银行的条件，虽因此多付利息 40 万元，但是单位的长远利益得到了保障。

（资料来源：孙绍年. 商务谈判理论与实务. 清华大学出版社，2007.）

复习思考题

一、课堂讨论题

1. 什么是商务谈判？怎样理解商务谈判概念的内涵？
2. 国际商务谈判原则包括哪些内容？
3. 国际商务谈判的类型都有哪些？
4. 谈判活动有哪些特征？

二、选择题

1. 下列关于商务谈判论述正确的是（　　）
   A. 商务谈判的主体是相互独立的利益主体
   B. 商务谈判的主要评价指标是经济效益
   C. 商务谈判必须达成书面的谈判协议
   D. 商务谈判注重合同条款的严密性和准确性
2. 商品贸易谈判的核心内容是（　　）
   A. 商品品质　　B. 商品数量
   C. 商品价格　　D. 商品检验
3. 下列关于商务谈判形式的描述正确的是（　　）
   A. 小组谈判适用于项目较大或内容比较复杂的谈判
   B. 书面谈判可以作为口头谈判的辅助形式
   C. 价格谈判中买卖双方的价格目标是根本一致的
   D. 原则式谈判强调谈判双方的关系而忽视利益的获取
4. 下列关于谈判的论述正确的是（　　）

A. 谈判的目的是实现自身的经济利益

B. 谈判产生的前提是谈判双方既相互联系又相互冲突

C. 谈判的基本手段是说服

D. 谈判双方地位平等、利益均等

三、实训操作

1. 你的朋友告诉你一条出售你所需要的房子的信息,要求有意购买者亲自去面谈。但是当你亲自出面时,却发现对方并非出售者本人,而是他指定的代理人。这种情况下,你选择怎么做?为什么?

(1)坚持与房东本人谈判。

(2)问该代理人是否为有权代理,是否不必征求房东的意见。

(3)以边谈边观察的方式与代理人进行谈判。

(4)留下联系方式,要求房东与自己联系。

2. 你在百货大楼的家具商场看中了一套实木家具。它的标价是 6600 元。你分析各方面的情况后觉得不合适,最多只能付 5000 元。家具商的销售经理介绍完这套家具的优点之后,你表示对这套家具非常感兴趣,并告诉他最多只能付 2500 元。请两位同学来模拟谈判。

任务2

商务谈判准备原理

知识（技能）框架图

- 商务谈判准备原理
  - 商务谈判人员准备
    - 谈判小组的人员构成及其原则
    - 商务谈判人员应具备的素质和能力
  - 商务谈判知识准备
    - 基础知识
    - 专业知识
    - 法律知识
    - 人文知识
  - 商务谈判心理准备
    - 商务谈判需要
    - 需要在商务谈判中的应用
  - 商务谈判方案准备
    - 谈判目标的确定
    - 谈判策略的确定
    - 谈判议程的确定
  - 商务谈判模拟准备
    - 模拟谈判的概念
    - 模拟谈判的作用
    - 模拟谈判的任务
    - 模拟谈判的方法

知识目标

- 了解商务谈判准备的主要内容
- 理解商务谈判准备的意义
- 掌握商务谈判人员确定、方案制订与模拟谈判的方法

技能目标

- 商务谈判人员确定、方案制订与模拟谈判的方法

任务导入

二战期间，一位名叫伯尔托尔德·雅各布的作家出版了一部有关希特勒新军的组织情况的小册子。

在这本书中，他描绘了德军的组织结构，参谋部的人员布置，部队指挥官的名字，甚至涉及了最新成立的装甲师的步兵小队，并列举了168名指挥官的名字。这些都属于德军的军事绝密资料。这本书的出版引起了希特勒的极度恐慌。他下令逮捕了雅各布。

在盖世太保的审讯室，德军情报顾问瓦尔特·尼古拉上校对雅各布进行了严刑逼问。而雅各布的回答却大大出于盖世太保的意外。

雅各布告诉盖世太保，这些所谓的"军事机密"均出自公开的新闻媒体。文中所涉及的第17师指挥官哈济少校驻扎在纽伦堡，取自纽伦堡报纸的一个讣告，上面报道说新近调驻纽伦堡的第17师团的指挥官哈济将军将要出席葬礼。而在另一份乌尔姆的报纸中，他读到了一则新闻，这则新闻报道了菲罗夫上校的女儿和史太梅尔曼少校举行订婚仪式的消息，该报道提到了菲罗夫是第25师团的第36联队的指挥官，而史太梅尔曼少校的身份是信号军官。审问至此已真相大白。原来，雅各布并不是间谍，他只是留心了新闻媒介的报道，巧妙地取得了间谍才能取得的情报。

任务分析

这则故事虽然发生在二战期间，但对于我们今天的情报收集仍然有非常重要的启迪。因为，在今天的信息时代，大众传媒的覆盖面更广，手段更为先进，特别是随着信息高速公路的开通，国际组织、企业及个人的互联网络的展开，为获取信息提供了更为便捷的途径。作为一个谈判者，在面对浩如烟海的信息时，应独具慧眼，找出对自己有用的资料。这是一个提炼升华的过程。

主要知识和技能

课题2.1 商务谈判人员准备

课题2.1.1 谈判小组的人员构成及其原则

"凡事预则立，不预则废"。要想使商务谈判获得圆满成功，需要具备多方面的条件，其中做好谈判的准备工作是重要内容之一。商务谈判是由谈判人员完成的，谈判人员的素质、谈判班子的组成情况将对谈判的结果有直接的影响，决定着谈判的效益与成败。因此，选好谈判人员和组织好谈判班子是谈判准备工作的首要内容。

1. 谈判小组的人员构成原则

(1)规模要适当

谈判班子应由多少人组成，并没有统一的模式，一般是根据谈判项目的性质、对象、内容和目标等因素综合确定。

英国谈判专家比尔·斯科特提出，谈判班子以4个人为最佳，最多不能超过12人。这是由谈判效率、对谈判组织的管理、谈判所需专业知识的范围和对谈判组织成员调换的要求决定的。

(2)知识、能力要互补

安排谈判小组人员时应注意,人员的知识、能力要互补,以求达到最好的谈判效果。

(3)性格要互补

安排谈判小组人员时还应注意性格要互补。性格主要有外向型与内向型两种类型。外向型人的特点是性格外露、善于交际、思维敏捷、处事果断,对于外向型的谈判人,可安排为主谈,或分派其了解情况或搜集信息等交际性强的工作;内向型人的特点是性格内向、不善交际,独立性差,善于从事正常的、按部就班的工作,但有耐心,做事有条不紊,沉着稳健。对于内向型的谈判人,可安排为陪谈,或安排其从事内务性工作。

(4)分工明确,各负其责,相互补充,彼此协作

谈判中成员间的合作是非常重要的,否则,会让对方抓住己方的弱点,给以有力的攻击。

【案例 2-1】

老校长卖画

专做古画生意的张先生早就到了摸清底细的古镇小学校长家里,老校长是名门之后,家藏古画甚多,见了面,老校长拿出了 56 幅旧画。张先生一一细品,凭感觉,断定其中有真有假,但老校长说要买一起拿走,不然就一张也不卖。张先生对这批画爱不释手,决心在自己力所能及的条件下,一定要买到手。此时张先生开始报价 5000,老校长说他在开玩笑;1 万元,老校长说把他当"叫花子";一直报到 3.8 万元,老校长还是没松口。天渐渐晚了,张先生有点坚持不住了。正在这时,忽然老太婆从里屋出来,指着校长的鼻子骂道:"你这个穷鬼,一辈子就知道粉笔灰,两个儿子要结婚,房子和彩礼从哪里来? 三万八还不卖?!"于是老校长的弱点暴露无遗,形势急转直下。张先生打开密码箱,留下 3.8 万元,买下了这批古画。

分析:试想,如果老太婆同老校长相互配合,共同讨价还价,谈判的结果必然会改变。所以谈判过程中没有良好的合作精神会使谈判者失去应得的利益。

2. 谈判小组的人员构成

在商务谈判中,根据谈判工作的作用形式,谈判组织可以由以下人员组成:

(1) 主谈人员

主谈人员是指谈判小组的领导人或首席代表,是谈判班子的核心,是代表本方利益的主要发言人,整个谈判主要是在双方主谈人之间进行。

(2) 商务人员

商务人员由熟悉贸易、市场行情、价格形势的人员担任。商务人员主要负责确定商品品种、规格、商品价格、敲定交货的时间与方式、明确风险的分担等事宜。

(3)技术人员

技术人员由熟悉生产技术、工艺设备、产品标准和科技发展动态的工程师担任。技术人员主要负责谈判中商品技术标准、质量标准、包装、加工工艺、使用、维护等事项。

(4)法律人员

法律人员通常由特聘律师、企业的法律顾问或者熟悉有关法律规定的人员担任。其主要职责是起草合同等法律文件,对合同中各项条款进行法律解释等。

(5)财务人员

商务谈判中所涉及的财务问题相当复杂,应由熟悉财务成本、支付方式及金融知识,具有较强的财务核算能力的财务会计人员参加,协助主谈人员制订好有关财务条款。

(6)翻译人员

在国际商务谈判中,翻译人员是谈判中实际的核心人员。一个好的翻译,能洞察对方的心理和发言的实质,活跃谈判气氛,为主谈人提供重要信息和建议,同时也可以为本方人员在谈判中出现失误,寻找改正的机会和借口。

(7)其他人员

其他人员是指谈判必需的工作人员,如记录人员或打字员,具体职责是准确、完整、及时地记录谈判内容,一般由上述各类人员中的某人兼任,也可委派专人担任。虽然不作为谈判的正式代表,却是谈判组织的工作人员。

课题 2.1.2　商务谈判人员应具备的素质和能力

1. 商务谈判人员应具备的素质

(1)思想道德素质

在商务谈判中,谈判人员应具有强烈的事业心;能够忠于职守、遵纪守法,并且意志坚定,百折不挠;为人谦虚谨慎,诚实无欺,讲求信誉;坚决维护国家、企业利益,不损公肥私。

【案例 2-2】

女翻译出卖企业底价

某年,上海某从事文物进出口贸易的单位,与一位日本文物商进行一批中国文物的出口贸易谈判。这位日本商人带来一位中文翻译,是上海去日本打工的男青年,而上海的这家外贸单位使用的日文翻译是一位上海籍的女青年。谈判进行得很艰苦,因日本人开价很低,几个回合下来,双方的差距仍然很大。

谈判过程中,这位日商在谈判中观察到,中方女翻译的言谈举止,表明她对到日本打工而当上日商翻译的男青年非常羡慕。于是日商心生奸计,要自己的男翻译在谈判休息时,主动接近这位女翻译,表示他愿意将来为这位女翻译到日本学习提供担保,以及路费、学费、生活费在内的所有费用,条件是这位女翻译必须把中方文物的底价全部透露给他。

这位女翻译经不起出国的诱惑,出卖了全部机密。在接下来的谈判中,这位日商完全掌握了谈判的主动权,用中方内部开的底价买下了这一批文物,狠狠地赚了一大笔,而上海的这家单位可亏惨了。当然,这位做着出国梦的女翻译好梦不长,当她刚拿到护照,就因事情败露而锒铛入狱,断送了自己的前程。

分析:这是一起典型的因谈判当事人自身素质的问题而导致我方在谈判中受损的例子。所以,在商务谈判中,挑选思想道德素质过硬、谈判经验丰富和知识储备充足的谈判人员是谈判成功的重要保证。

(2)业务素质

谈判人员应具备较高的业务素质,掌握以下各方面的知识,包括:企业方面的知识、产品方面的知识、营销与商务谈判方面的知识、客户方面的知识、竞争者方面的知识。

(3)心理素质

锻炼心志是提高心理素质的核心。首先商务谈判人员要热爱商务谈判工作,把它看作一项富有挑战的事业去做。其次要以平常心对待挫折，因为在商务谈判中碰到挫折是难免的。最后，商务谈判人员要多去理解他人心中的感受，凡事站在对方的角度去思考问题。

(4)身体素质

谈判人员身体要好，要经得起远距离的长途跋涉和谈判中的打持久战。只有这样，才能保证谈判者在谈判中精力充沛，充满信心。

2. 商务谈判人员应具备的能力

(1)出色的语言表达能力

商务谈判人员应该具有较强的口头表达和文字表达能力，要求能够准确无误地表达自己的思想和感情，使对手能够正确领悟你的意思，这点是最基本的要求。其次，还要突出谈判语言的艺术性。谈判中的语言不仅应当准确、严密，而且应生动形象，富有感染力。巧妙地用语言表达自己的意图，本身就是一门艺术。

(2)敏锐的洞察能力

在谈判之前你并不十分了解你的对手，很多信息只有在谈判桌上才会发现。这就需要你具备良好的观察能力和思考能力。决不放弃对方语言、行动以及表情上的丝毫信息，进而判断对方真实意图，以便采取相应对策。

(3)快捷的应变能力

谈判桌上瞬息万变，任何细致的谈判准备都不可能预料到谈判中可能发生的所有情况。因此作为谈判人员应具有快捷的应变能力。只有具备了快捷的应变能力，才能以不变应万变，临危不乱，即使陷入被动或困扰时也能处变不惊，从容应对。

【案例 2-3】

机智应对震群魔

19世纪末，美、英、法、俄、德、意、奥、日等八国联军，对中国发动了疯狂的侵略战争，先后占领了天津和北京。腐败的清政府毫无抵御能力，急忙屈膝求和。一次，清政府与八国“议和”，会议开始之前，有一个帝国主义国家的代表，想借机欺辱中国，并显露自己的才能。他起身离席，阴阳怪气地对清朝政府代表说：“听说你们中国有一种独特的文学形式，叫做对联，要求语词对称，音调协调，严密工整。现在我出一上联，看你们能否对出下联！”其他帝国主义国家的代表极力为他捧场，齐声叫好。他傲慢地环视四周，油腔滑调地说：“我这上联是：‘琵琶琴瑟八大王，王王在上’，请对下联吧！”

八国代表马上明白了他的含义，发出一阵得意的狂笑，交口称赞，并瞧着中国代表们，看他们如何应对。然而，腐朽无能的清政府代表，面对帝国主义分子的挑衅和戏弄，虽然胸有不平，但一时无词对答，只是尴尬地苦笑。八国代表越发得意忘形，恣意狂笑。就在这时，只见清政府代表身后一位秘书霍然站起，正义凛然，两眼圆睁，两道目光犹如电光扫过全场，会场顿时鸦雀无声。片刻，他以洪亮的嗓音说道：“既然你们能想出上联，我们就能对出下联！”他不慌不忙地说：“下联是：‘魑魅魍魉四小鬼，鬼鬼犯边。’”

下联文字严密、内容锐利，震慑群魔，使挑衅者相顾愕然，满脸窘态。

(4)高超的处理异议的能力

商务谈判是涉及人与领域比较多的复杂活动。这就要求谈判人员既能尊重他人，虚心听取利于谈判的合理意见，同时善于解决矛盾，善于调动他人。在双方意见存在严重分歧甚至陷入僵局时，也能充分运用各种手段和方法把握住谈判局面的发展变化方向，让谈判按预定轨道向前发展，体现高超的处理异议的能力。

课题 2.2　商务谈判知识准备

1. 基础知识

优秀的谈判者，必须具备完善的相关学科的基础知识，要把自然科学和社会科学统一起来，在具备贸易理论、市场营销等一些必备的专业知识的同时，还要对心理学、经济学、管理学、财务学、政治学、历史学、控制论、系统论等一些学科的知识广泛的摄取，为我所用。在商务谈判中，谈判者的知识技能单一化已成为一个现实的问题，技术人员不懂商务、商务人员不懂技术的现象大量存在，给谈判工作带来了很多困难，因此，谈判者必须具备多方面的知识，才能适应复杂的谈判活动的要求。

2. 专业知识

优秀的谈判者，除了必须具备广博的知识面，还必须具有较深的专业知识。专业知识是谈判者在谈判活动中必须具备的知识，没有系统而精深的专业知识功底，就无法进行成功的谈判。因此，要求谈判者必须掌握一些谈判的基本程序、原则、方式以及学会在谈判的不同阶段使用不同的策略技巧。

【案例 2-4】

谈判情景：小罗名牌大学毕业，进入一家公司做项目经理助理，3 年后升任为项目部门经理。走马上任不久，一家企业要与小罗商谈合作。小罗由于整天比较忙，也基本没有什么闲暇时间进行知识的储备与充电，谈判常识比较贫乏，只是一些简单的经验，更加不了解什么谈判特质、原则，以及谈判所需理论、方式和基本礼节。没有办法，小罗在谈判之前匆忙收集谈判对象的信息，哪知道收集比较少，而且分析不够，更没有制订一个好的方案，就匆匆赶到谈判会场。谈判已经进行了一半，小罗还毫无头绪，在对方凌厉的攻势之下，只有招架之功毫无还手之力。

错误解析：小罗错在哪里呢？主要是他谈判前知识储备相对贫乏，又不具备丰富的谈判经验，结果自然只会落得一个只有招架之功毫无还手之力的结局。如果对方是一个强硬型的对手，不注重谈判双赢关系，一心只想获取最大利益，那么小罗的损失就更大了。

解决策略：谈判，作为人们生活、企业交易、经济纠纷、满足自己某些需要而进行的沟通交流等的一种方式，有其自身的特质、模式、原则等等，是需要学习和掌握的。小罗不能以工作忙作为借口，不进行谈判知识的储备，要进行终身学习。作为一位谈判人员，首先应该对谈判的知识进行全面的了解，掌握一些技巧，会运用一些策略。其次，在对谈判有了一个了解的前提下，应当充分地把理论用于实践。对谈判对象的信息进行收集、分析、整理，制订具体战术，拟定谈判的计划，做出决策的草案，做到胸有成竹。最后，才是在充分准备的前提下，以饱满的热情，积极的态度，机智灵活地进行谈判。

3. 法律知识

参与商务谈判的人员必须充分了解有关谈判事项的法律法规，否则很可能使谈判因为不合法而产生无法执行的问题。只有具备了充分的法律知识，才能在商务谈判中大大加强自己的地位，及时识破对方的诡计，用法律武器维护自己的利益。

这里要掌握的法律知识，除了当事人所在国的国内法及有关规定外，还包括国际公约和统一的惯例、有关国际交易的习惯和条约、统一的规则等。其种类因谈判事项的不同而不同，主要包括以下几个方面。

①关于买卖，有民法、商法、合同法、国际货物买卖公约、国际贸易等方面的法规；

②关于付款方式，有票据法、信用证统一条例、托收统一规则、契约保证统一规则等；

③关于运输，有海商法、国际货物运输法、国际货物运输公约、联运单据统一规则等；

④关于保险，有海上保险法、伦敦保险协会货物条款等；

⑤关于检疫，有商品检疫法、动植物检疫法等；

⑥关于报关，有税法、反倾销法等；

⑦关于知识产权，有专利法、商标法、工业产权法、知识产权公约等；

⑧关于经济合作，有投资合作条例、有关技术合作条例、公司法等；

⑨关于消费者保护，有消费者保护法、包装标志条例、产品责任法、公平交易法等；

⑩关于外汇及贸易管理，有外汇管理条例、贸易法等；

⑪关于纠纷的处理，有民事诉讼法、商务仲裁法等。

4. 人文知识

随着经济全球化的不断发展，在商务谈判活动中，免不了要和来自不同国家、不同地区、不同民族的商务人员打交道。因此，在现代商务活动中，谈判者要了解、尊重和迎合谈判对方的各种不同的风俗习惯、礼仪礼节等情况，否则就会闹笑话。“百里不同风，千里不同俗”，如一位在中东做生意的美国人要在一份几百万美元的协议上签字，此时，主人请他吃当地一种美餐—— 羊头，这位美国先生如果不“欣然接受”，他将会失去这笔生意。只有提前了解并掌握这些不同的风俗习惯和礼仪礼节，才能够在商务谈判中灵活运用谈判技巧，做到因人而异、有的放矢，最终取得良好的谈判效果。有一例子：法国盛产葡萄酒，外国的葡萄酒要想打入法国市场是很困难的，然而四川农学院留法研究生李华经过几年的努力，终于使中国的葡萄酒奇迹般地打入了法国市场。可是，中国葡萄酒在香港转口时却遇到了麻烦。港方说，按照土酒征80%关税、洋酒征300%关税的规定，内地的葡萄酒应按洋酒征税。面对这一问题，李华在与港方的谈判中吟出了一句唐诗：“葡萄美酒夜光杯，欲饮琵琶马上催。”并解释说：“这说明中国唐朝就能生产葡萄酒了。唐朝距今已有1300多年了，而英国和法国生产葡萄酒的历史，要比中国晚几个世纪，怎么能说中国葡萄酒是洋酒呢?”一席话驳得港方有关人员哑口无言，只好将中国葡萄酒按土酒征税。

【案例2-5】

谈判情景：汪小晓喜欢穿衬衫或T恤或运动装，觉得舒适随意，即使出席很多会议场所也穿休闲服饰。可是有几次，当汪小晓和助手并排迈进商务大厦的门时，受到热情接待的是汪小晓的助手，因为助手穿着西服和皮鞋，显得很正式，而汪小晓却依然是很休闲的服饰搭配。特别令人难堪的一次，汪小晓身着休闲服，脚蹬休闲布鞋，和助手同时迈进商务大楼，早已恭候在那儿的合作谈判方立即热情地握住汪小晓的助手，而当汪小晓的助手把汪小晓推向前时，汪小晓和对方都显得非常尴尬。因为在场的人都西装革履，十分正式，唯有汪小晓休闲打扮，与众不同。所以谈判对方没有把他当作主谈者，闹了笑话。

错误解析：参加谈判时，衣着穿戴代表着谈判者的身份、地位与素质。汪小晓穿着不正式，对方会认为汪小晓不太在乎这次谈判，有可能影响谈判的深入开展和良好意愿的达成。而且汪小晓衣着随便，对方也可能认为是不尊重谈判人员的表现。另外，谈判的场合都很正式，穿休闲服饰也不相般配。

解决策略：谈判者参加谈判如何衣着打扮，是谈判的一门基本礼仪。一般来说，谈判者的着装应该大方得体。比如，在商务谈判场合，男士要穿着以深色或黑色为主的西服，搭配黑色皮鞋和深色袜子，给人以成熟、自信和稳重的感觉；而女性谈判者，则以深色西装套裙为佳，在一般性会谈中着两用衫、毛衣外套也很得体，可以充分体现女性的端庄、自信和稳重。无论如何，谈判者的穿着应当与自己的身份、地位、年龄、场合相符，并保持整洁。但是需要提醒的是，刚买来的衣服最好不要穿去参加谈判，要放一放或者洗一洗再穿。否则容易被对方看作是太过于重视这次谈判而导致被动。

【案例 2-6】

谈判情景：日常生活中，杨芳芳是一个不拘泥小节的人，对一些细节、小动作就不大注意，哪儿痒痒，伸手搔搔，眼睛感到不适，抬手揉揉，总之，杨芳芳认为无关紧要。这次谈判的对象是一个外国客商。谈判刚开始，杨芳芳与外商相谈融洽，但突然觉得领子后面痒痒，于是伸手挠了挠后颈，对方看了看立即停止讲话，征询杨芳芳是不是应该改日再谈。杨芳芳不明究竟，抬腕看表，意思是时间没有到啊，可是对方已经开始收拾东西。杨芳芳以为对方有什么重要的事需及时处理，没有细问，也开始收拾东西。接着出了门杨芳芳先送对方上车，并为之关上车门，道声“再见”，只见对方满脸的惊奇和诧异。不久，外商传来话语：既然杨芳芳不耐烦不感兴趣，那么这个项目就不要再作谈论了。杨芳芳很惊讶，追问其故，原来外商视杨芳芳摸后颈为不耐烦，看手表是催促，关车门重了是不高兴。

错误解析：杨芳芳不重视商务礼仪的细节，就很有可能向对方传达错误的信息，甚至可能触犯对方的禁忌，比如对方国家与民族的风俗习惯等，从而很有可能使本来良好的关系变得敌对，使轻松的气氛变得紧张，让有希望的合作成为泡影。

解决策略：人的身体姿势，也会传达许多非语言的信息，这个叫身体语言（body language）。比如对方对谈判感兴趣，他的身体会前倾，一旦失去兴趣，就会后仰，或者胳膊肘懒散地搭在椅背上。看似小事，无关大局，其实暗含有许多内容。不同地区、不同民族、不同国家、不同文化背景、不同宗教信仰的人们对一些商务礼仪的细节也有不同理解。与人谈判，尤其是与外商谈判，要事先学习并了解，应该注意并重视这些商务礼仪的细节。谈判前，多作一些准备，了解对方所处的文化环境背景，在礼仪上、言行方面尊重对方的喜好，避免犯错。

课题 2.3 商务谈判心理准备

风云变幻的商务谈判是人们彼此交换思想、展示谈判者实力、心理与个性的一种活动。谈判桌上所陈述的意见、做出的提议、采取的策略、随机应变做出的反应和最终的决定，无一不是谈判者心理活动的结果。谈判者的心理与个性对谈判的整个进程都起着潜移默化的作用，产生正面或负面的影响。因此，要使谈判获得成功，就必须研究和掌握谈判心理。只有掌握了谈判者的心理与个性，才能正确判断谈判的发展趋势，占据主动和优势，才能合理调整自己的对策，控制谈判进程，准确引导谈判，争取最佳的谈判效果。

课题 2.3.1 商务谈判需要

1. 商务谈判需要的概念

【重要知识 2-1】

商务谈判需要
需要是人缺乏某种东西时产生的一种主观状态，是人对一定客观事物需求的反映，即人的自然和社会的客观需求在人脑中的反映。所谓商务谈判需要，就是商务谈判者的客观需求在其头脑中的反映。

2. 商务谈判需要的类型

马斯洛将人的需求按由低级到高级的顺序分成五个层次或五种基本类型

①生理需要，即维持个体生存和人类繁衍而产生的衣、食、住、行方面的需要。

②安全需要，即在生理及心理方面免受伤害，获得保护、安全感的需要。

③社交的需要，也称为归属和爱的需要，即希望给予或接受他人的友谊、关怀和爱护，得到某些群体的承认、接纳和重视。

④自尊的需要，即希望获得荣誉，受到尊重和尊敬，得到一定的社会地位的需要。

⑤自我实现的需要，即希望充分发挥自己的潜能、实现自己的理想和抱负的需要。

课题 2.3.2 需要在商务谈判中的应用

①不同的商务谈判者代表着不同层次的需要。

②商务谈判者本身有着不同层次的需要，在谈判过程中应着力满足商务谈判者的多方面需求。

【案例 2-7】

需要的多维性

美国谈判家荷伯回忆说：

几年前他代表一家大公司去到俄亥俄州购买一座煤矿。矿主是个强硬的谈判者，开价要2600 万美元，荷伯还价 1500 万美元。

“你在开玩笑吧！”矿主粗声道。

“不，我们不是开玩笑。但是请把你的实际售价告诉我们，我们好进行考虑。”

矿主坚持 2600 万美元不变。

在随后的几个月里，买方的出价为：1800 万、2000 万、2100 万、2150 万。但是卖主拒绝退让，于是形成僵局，2150 万与 2600 万的对峙。显然，在此情况下，只谈结果就不可能取得创造性结果。由于你没有有关需要的信息，就很难重启谈判内容。

为什么卖主不接受这个显然是公平的还价呢？令人费解。荷伯一顿接一顿地跟他一块吃饭，每次吃饭时，他都要向矿主解释公司做的最后还价是合理的。卖主总是不说话或说别的。一天晚上，他终于对荷伯的反复解释搭腔了，他说：“我兄弟的煤矿卖了 2550 万美元，还有一些附加利益。”

“哈，哈！”荷伯心里明白了，“这就是他固守那个数字的理由。他有别的需要，我们显然是忽略了。”

有了这点信息,荷伯就跟公司的有关经理人员碰头。他说:"我们首先得搞清他兄弟究竟确切得到多少,然后我们才能商量我们的对策,这跟市场价格并无关系。"

公司的官员们同意了,荷伯就按这个路线进行。不久,谈判达成协议,最后的价格没有超过公司的预算。但是付款方式和附加条件使卖主感到自己干得远比他的兄弟强。

分析:知己知彼,百战不殆。若不了解对方需要的多维性,有时候谈判会陷入僵局。所以在谈判中,有必要注意到对方的多维性需要。

课题 2.4 商务谈判方案准备

在正式谈判前,必须制订具体的谈判方案。制订周密、细致的谈判方案,可使谈判人员各司其职,协调工作,有计划、有步骤地展开谈判。这是保证谈判顺利进行的必要条件。也是取得谈判成功的基础。

【重要知识 2-2】

商务谈判方案
商务谈判方案是在谈判开始前对谈判目标、谈判的地点、谈判议程、谈判策略预先所做的安排。谈判方案是指导谈判人员行动的纲领,在整个谈判中起着非常重要的作用。

课题 2.4.1 谈判目标的确定

【重要知识 2-3】

谈判目标
谈判目标是指谈判要达到的具体目标,它指明谈判的方向和要达到的目的、企业对本次谈判的期望水平。商务谈判的目标主要是以满意的条件达成一笔交易,确定正确的谈判目标是保证谈判成功的基础。

1. 谈判目标的层次

(1)理想目标

理想目标是谈判者希望通过谈判达成的最高目标,也是一方想要获得的最高利益。

(2)可行目标

可行目标是指通过谈判能够得到满足的比较现实的目标。

(3)最低目标

最低目标是在谈判中必须保证的利益下限,即谈判结果低于这个界限时,自己的基本利益就无法得到满足。

2. 确定谈判目标的注意事项

确定谈判目标时应注意以下几个问题:

①应当遵循实用性、合理性的要求,来确定谈判的各个目标层次。所谓实用性就是指谈判双方要根据自身的实力与条件来制订切实可行的谈判目标,离开了这一点,任何谈判的协议结果都不能付诸实施。所谓合理性,包括谈判目标的时限合理性和空间合理性。

②谈判目标还应符合协调性的要求。各项具体目标之间应该是协调一致的,而不是相互矛盾、相互抵触的。

③谈判目标尽可能地量化。这样的目标才容易把握和核查,当然,并非所有目标都能量化,一些目标只能定性描述。

④谈判目标要严格保密,尤其是底线目标要格外注意保密。

【案例 2-8】

最好的目标是可望又可及的目标

美国加利福尼亚大学的学者做了这样一个实验:把 3 只猴子分别关在 3 间空房子里,每间一只,房子里分别放着一定数量的食物,但放的位置高度不一样。第一间房子的食物就放在地上,第二间房子的食物悬挂在天花板上,第三间房子的食物分别从易到难悬挂在不同高度的适当位置上。数日后,研究人员发现头两个房间的猴子都饿死了,只有第三间房子的猴子活得好好的。

究其原因,第一间房子的猴子一进房间就看到了地上的食物,一天之内就把香蕉全吃光了。第二间房子的猴子虽做了努力,但因食物太高,难度过大,够不着,被活活饿死了。只有第三间房子的猴子先是跳着吃挂得比较低的香蕉,然后依次吃挂得高的,在跳着吃香蕉的过程中,它的弹跳力得到极大的提高,最后竟然能吃到挂在天花板上的那部分香蕉了。

分析:对于制订目标来说,"跳一跳,够得着"的目标才是好目标!

课题 2.4.2 谈判策略的确定

【重要知识 2-4】

谈判策略
谈判的策略是指谈判者为了达到和实现自己的谈判目标,在对各种主客观情况充分估量的基础上,拟采取的基本途径和方法。

谈判策略的确定应考虑下列影响因素:

- 双方实力的大小。
- 对方主谈人员的性格特点。
- 双方以往的关系。
- 对方和己方的优势所在。
- 交易本身的重要性。
- 谈判时间的长短。
- 是否有建立持久、友好关系的必要性。

课题 2.4.3 谈判议程的确定

谈判议程的安排对谈判双方非常重要,议程本身就是一种谈判策略,必须高度重视这项工作。谈判议程一般要说明谈判时间的安排和谈判议题的确定。谈判议程可由一方准备,也可由双方协商确定。议程包括通则议程和细则议程,通则议程由谈判双方共同使用,细则议程供己方使用。

1. 时间安排

时间安排即确定谈判在什么时间举行、时间的长短,如果谈判需要分阶段还要确定分为几个阶段、每个阶段所花费的大约时间等。

(1)谈判议程中的时间策略

①合理安排好己方各谈判人员发言的顺序和时间，尤其是关键人物的重要问题的提出，应选择最佳的时机，使己方掌握主动权。

②对于谈判中双方容易达成一致的议题，应尽量在较短的时间里达成协议。

③对于主要的议题或争执较大的焦点问题，最好安排在总谈判时间的五分之三之前提出来。

④在时间的安排上，要留有机动余地，以防意外情况发生。

⑤适当安排一些文艺活动，以活跃气氛。

(2)在确定谈判时间时应注意的问题

在确定谈判时间时应注意的问题主要有以下几方面：

①谈判准备的程度。如果没有做好充分准备，不宜匆匆忙忙地开始谈判。

②谈判人员的身体和情绪状况。参加谈判人员的身体、精神状态对谈判的影响很大，谈判者要注意自己的生理时钟和身体状况，避免在身心处于低潮和身体不适时进行谈判。

【案例2-9】

斯大林累垮罗斯福

1944年，法西斯德国败局已定，美、苏、英各国军队在多条战线上取得重大战果。为了研究如何处理战后一系列遗留问题，特别是如何处理战败国德国，苏、美、英三国领袖决定再次举行最高首脑会晤。

最高首脑会晤时间、地点和会议程序的选择与确定，历来是一个重要的问题。当时，美国总统罗斯福身体状况已严重不佳。因此罗斯福提出，会晤是不是可以订在1945年春天，这时天气已暖，他的身体可以吃得消。

老谋深算的斯大林早已了解到罗斯福的病情，他知道，一个疲惫不堪、精力不支的首脑在谈判中是不会保持坚强的意志和耐力的，是无法与一个体魄强健的对手较量的。在罗斯福这种身体状态下，他很容易感到厌倦、焦躁、虚弱，从而轻易地向对手让步。于是斯大林电告罗斯福：由于形势发展急速，一系列问题迫切需要解决，因此最高首脑会晤不能拖延，最迟应该在1945年的二月份内举行。

无可奈何之下，罗斯福只好同意这个日期。他又提出，因为健康原因他只能坐船去开会，这样旅途要花很长的时间，所以他希望会谈地点不要选得太远。另外，最好开会的地点的气候能温暖一些，这样对他身体有利。

斯大林则拒绝去任何苏联控制以外的地方，而坚持会议必须在黑海地区举行，并且具体提出在黑海边上克里米亚半岛的雅尔塔小城镇举行。这样，斯大林可以逸待劳，并可随时与莫斯科保持联系。

罗斯福再没办法讨价还价，他只好拖着病躯，硬着头皮，前往冰天雪地的雅尔塔。当罗斯福经过十几天艰辛跋涉到达雅尔塔的时候，人们发现这位总统面色憔悴、几乎精疲力竭。

斯大林、罗斯福、丘吉尔到达雅尔塔后，无休无止的会晤、谈判开始了。日程安排得极为紧张，首脑会谈多达20次。每次罗斯福都得参加。另外还有大量的宴会、酒会、晚会。这一切使罗斯福疲劳不堪。在谈判中，罗斯福强自打起精神，与斯大林讨价还价，但终因体力不支，注意力分散，争辩不过斯大林，最后不得不草草结束会谈，按苏联的意思签订了协议。

罗斯福回到美国后几周，就逝世了。美国人强烈批评罗斯福与斯大林签订的《雅尔塔协定》,认为它对苏联做了大幅度的妥协,是对美国与西方利益的"背叛"。

分析:一位著名的政治家说过,政治的较量到了最后就是身体的较量、意志的较量。优秀的政治家善于充分利用和强化对手在身体上、意志上的劣势,从而使自己在政治较量中较容易地击败对手。

③市场的紧迫程度。市场是瞬息万变的,如果所谈项目是季节性产品或是时令产品,应抓紧时间谈判,不允许稳坐钓鱼台式的长时间谈判。

④谈判议题的需要。谈判的议题有不同的类型,对于多项议题的大型谈判,所需时间相对长,应对谈判中的一切可能出现的问题做好准备;对于单项议题的小型谈判,如准备得充分,应速战速决,力争在较短时间内达成协议。

⑤谈判对手的情况。谈判是双方的洽谈,对于对手的情况也应充分考虑,只有这样双方才能合作愉快,达成双方满意的协议。

2. 确定谈判议题

谈判议题就是谈判双方提出和讨论的各种问题。确定谈判议题首先要明确己方要提出哪些问题、要讨论哪些问题。还要预测对方要提出哪些问题。

3. 通则议程与细则议程

(1)通则议程

通则议程是谈判双方共同遵照使用的日程安排,可由一方准备,也可双方协商确定,一般要经过双方协商同意后方能正式生效,它包括双方所谈事项的次序和主要方式。

(2)细则议程

细则议程是谈判己方根据通则议程拟订对谈判事项涉及的细节安排,供己方自己使用,是本方谈判方案的具体体现,具有保密性。

4. 商务谈判场所的选择

(1)在我方地点谈判

主场就是我方所在地,包括办公室、接待室、会议室、宾馆等。选择主场作为谈判地点有以下优势:第一,熟识的环境可以使己方增强信心,快速进入状态,使对方在陌生的环境里产生不适感;第二,利用主场谈判便于寻求技术支援和同上级沟通。当谈判遇到问题时,我方可随时请教专业人员,随时向上级汇报情况,获得他们的支持和意见;第三,利用主场谈判便于随时补充信息资料,靠新信息扭转谈判局面;第四,利用主场谈判还可以通过考察、参观、实验等方法,向对方显示自己质量、服务、人员或资金方面的实力。第五,在主场谈判可以节省谈判人员去外地谈判的差旅费和旅途时间,提高经济效益。第六,在主场谈判,可以选择己方较为熟悉的谈判场所进行谈判,按照自身的文化习惯和喜好来布置谈判场所。

【案例 2-10】

盲人打高尔夫球

在某些场合,谈判时间和地点的适当与否,对谈判结果有决定性影响。有位职业高尔夫球员同意抽出时间参加高尔夫球赛,为盲人筹款。他出现于慈善机构总部,商讨有关他慈善比赛的细节,并会晤他的对手——一位双目失明的高尔夫球员。这位职业高尔夫球手当然是惊讶万分。"赢了一位盲人有何光荣之处",如果他输了,面子全无如何面对大众。他决定优待对方,从其实际杆数中扣除一些杆数。让他很为难的是,他的对手不加思索便拒绝了这个建议。

这位职业高尔夫球名家要求他的对手重新慎重考虑，可是这位失明的高尔夫球员坚持自己的决定。他说："这样不公平，我不要任何特别的安排。"这位高尔夫球明星叹了一口气。他决定，虽然赢也不是，输也不是，他也别无选择，只好硬着头皮，与这位失明的对手面对面的打场球。他向他的对手说："那么麻烦你至少选一下我们比赛的地点和时间吧！这是我对待任何对手应有的礼仪。"这一次失明的球员同意了，他选了一处自己熟悉地形的高尔夫球场。高尔夫球员同意他的选择。"至于时间，"这位盲者满意地微笑说："我们将定在比赛当天晚上12点"。比赛结果最后以盲人胜利而告终。

(2)在对方地点谈判

客场就是谈判对手所在地。选择客场作为谈判地点有以下优势：第一，便于对谈判对手的基本情况或谈判标的情况进行实地了解；第二，便于在谈判处于困境或准备不足的情况下寻找借口提出，为谈判增加更多准备时间。如身体不适、需要请示、资料不清等。第三，可以省却招待费；第四，可以全身心地投入谈判，避免来自工作单位和家庭事务等方面的干扰。

(3)在双方所在地交叉轮流谈判

显然，主场谈判的优势大于客场谈判的优势，为了体现公平原则，在谈判中常使用主场客场轮流做东的地点选择策略，从而消除了因谈判地点所带来的各种不利因素的影响，形成一个公平的谈判环境。

(4)在第三地谈判(主客场地以外的地点谈判)

中立地点是双方商讨认同的非任何一方的主场所在地。在国家间谈判时，它可以是两国分界地带，如中朝、美谈判时的板门店，也可以是第三个国家或地区。中立地点的优势在于：第一，最大限度地体现了公平原则；第二，可以维护双方的尊严；第三，在双方关系紧张、利益冲突激烈的情况下，可以缓和双方关系，便于交流并形成利益共同点。

【案例2-11】

中东和会的选址

1991年10月，举世瞩目的中东和会拉开了帷幕。尽管对于和会的前景人们有不同的估测，但是这毕竟是两个一直处于敌对状态的民族第一次面对面地坐下来谈判。由于和会本身的谈判地点就有相当的研究价值，因此阿拉伯国家和以色列之间经过多次磋商，最后决定在西班牙首都马德里举行和会的开幕式。

之所以选择马德里作为会议地点，是从以下几个方面考虑的。首先，双方都认为必须选择一个有三种文化(基督教、伊斯兰教和犹太教)的国家作为和会开幕式的地点，符合这一条件的国家自然不多；其次，会谈承办国要与阿以双方都保持良好的关系，能为双方所接受。在这一点上，西班牙无疑是比较理想的候选者。另外，西班牙政府的合作态度也是一个重要原因。为保证中东和会的顺利进行，西班牙政府特地安排了国王卡洛斯三世1764年修建的皇宫作为会议场所，并承担了会场外的安全工作。事实证明，选择马德里作为和会的召开地，是一个明智之举。

选择谈判地点，应该力争主场的谈判，如果对方存在异议，可以用优惠接待条件等同对方进行交换。除非特殊情况如必须考察对方实力或标的情况，一般不选择在客场谈判。在双方为谈判地点争执不下的情况下，轮流做东是一个明智的选择，也易于双方接受。

课题 2.5 商务谈判模拟准备

课题 2.5.1 模拟谈判的概念

所谓模拟谈判，就是将谈判小组成员一分为二，或在谈判小组外，再建一个实力相当的谈判小组；由一方实施本方的谈判方案，另一方以对手的立场、观点和谈判作风为依据，进行实战操练、预演或彩排。谈判者预先搞“扮演角色”不仅是一两次，而是多次。利用不同的人扮演对手这个角色，提出各种他所能想象得出的难题，就谈判过程可能发生的各种情况，进行实战操练，使准备工作更具针对性。

课题 2.5.2 模拟谈判的作用

模拟谈判的作用主要表现在：

①模拟谈判能使谈判人员获得一次临场的操练与实践，经过操练达到磨合队伍、锻炼和提高本方协同作战能力的目的。

②在模拟谈判中，通过相互扮演角色会暴露己方的弱点和一些可能被忽略的问题，以便及时找到出现失误的环节及原因，使谈判的准备工作更具有针对性。

③在找到问题的基础上，及时修改和完善原订的方案，使其更具实用性和有效性。

④通过模拟谈判，使谈判人员在相互扮演中，找到自己所充当角色的比较真实的感觉，可以训练和提高谈判人员的应变能力，为临场发挥做好心理准备。

课题 2.5.3 模拟谈判的任务

模拟谈判的主要任务如下：

①检验本方谈判的各项准备工作是否到位，谈判各项安排是否妥当，谈判的计划方案是否合理。

②寻找本方被忽略的环节，发现本方的优势和劣势，从而提出如何加强和发挥优势、弥补或掩盖劣势的策略。

③准备各种应变对策。在模拟谈判中，需对各种可能发生的变化进行预测，并在此基础上制订各种相应的对策。

④在以上工作的基础上，制订出谈判小组合作的最佳组合及其策略等。

课题 2.5.4 模拟谈判的方法

1. 全景模拟法

这是指在想象谈判全过程的前提下，企业有关人员扮成不同的角色所进行的实战性的排练的模拟谈判方法。这种方法一般适用于大型的、复杂的、关系到企业重大利益的谈判。

在采用全景模拟法时，应注意以下两点：

①合理地想象谈判全过程。

②尽可能地扮演谈判中所有会出现的人物。这有两层含义：一方面是指对谈判中可能会出现的人物都有所考虑，要指派合适的人员对这些人物的行为和作用加以模仿；另一方面是指主谈人员（或其他在谈判中准备起重要作用的人员）应扮演一下谈判中的每一个角色，包括自己、己方的顾问、对手和他方的顾问。

2. 讨论会模拟法

这种方法类似于“头脑风暴法”，它分为两步：第一，企业组织参加谈判的人员和一些其他相关人员召开讨论会，请他们根据自己的经验，对企业在本次谈判中谋求的利益、对方的基本目标、对方可能采取的策略、我方的对策等问题畅所欲言。不管这些观点、见解如何标新立异，都不会有人指责，有关人员只是忠实地记录，再把会议情况上报领导，作为决策的参考。第二，则是请人针对谈判中种种可能发生的情况、对方可能提出问题等提出疑问，由谈判组成员一一加以解答。

3. 列表模拟法

这是最简单的模拟方法，一般适用于小型的、常规性的谈判。具体操作过程是这样的：通过对应表格的形式，在表格的一方列出我方经济、科技、人员、策略等方面的优缺点和对方的目标及策略，另一方则相应罗列出我方针对这些问题在谈判中所应采取的措施。

拓展性阅读

【拓展性阅读1】

主谈与辅谈的分工与配合

主谈必须与辅谈密切配合才能真正发挥主谈的作用。在谈判中己方一切重要的观点和意见都应主要由主谈表达，尤其是一些关键的评价和结论更得由主谈表达，辅谈决不能随意谈个人观点或与主谈不一致的结论。辅谈要配合主谈起到参谋和支持作用。例如，在主谈发言时，自始至终都应得到辅谈的支持。这可以通过口头语言或身体语言做出赞同的表示，并随时拿出相关证据证明主谈观点的正确性。当对方集中火力，多人多角度刁难主谈时，辅谈要善于使主谈摆脱困境，从不同角度反驳对方的攻击，加强主谈的谈判实力。当主谈谈到涉及辅谈所熟悉的主要问题时，辅谈应给予主谈更详尽、更充足的证据支持。例如在商务条款谈判时，商务人员为主谈，其他人员处于辅谈地位。但是进行商务条款谈判时，专业技术人员和法律人员从技术的角度和法律的角度对谈判问题进行论证提供依据，给予主谈有力的支持。当然在谈判合同的商务条款时，有关商务条件的提出和对方条件的接受与否都应以商务主谈为主。主谈与辅谈的身份、地位、职能不能发生角色越位，否则谈判就会因为己方乱了阵脚而陷于被动。

【拓展性阅读2】

“台上”和“台下”的分工与配合

在比较复杂的谈判中，为了提高谈判的效果，可组织“台上”和“台下”两套班子。台上人员是直接在谈判桌上谈判的人员，台下人员是不直接与对方面对面谈判，而是为台上谈判人员出谋划策或准备各种必需的资料和证据的人员。一种台下人员是负责该项谈判业务的主管领导，可以指导和监督台上人员按既定目标和准则行事，维护企业利益。也可以是台上人员的幕后操纵者，台上人员在大的原则和总体目标上接受台下班子的指挥，敲定谈判成立时也必须征得台下人员认可，但是台上人员在谈判过程中仍然有随机应变的战术权力。另一种台下人员是具专业水平的各种参谋，如法律专家、贸易专家、技术专家等，他们主要起参谋职能，向台上人员提供专业方面的参谋建议，台上人员有权对其意见进行取舍或选择。当然台下人员不能过多、过滥，也不能过多地干预台上人员，要充分发挥台上人员的职责权利和主观能动性，及时地创造性地处理好一些问题，争取实现谈判目标。

任务小结

1. 一个将要参加商务谈判的人员,除了要做好信息资料的准备工作外,还要做好必要的心理准备。

2. 一个结构合理、素质过硬、知识全面、配合默契、行动有力的谈判团队是谈判取得成功的关键。

3. 制订谈判方案是谈判准备工作的核心内容,包括确立谈判目标、制订谈判方案、拟定谈判议程。

4. 模拟谈判即正式谈判前的"彩排",它可以使谈判者获得实践经验,锻炼谈判者的应变能力,培养和提高谈判者的素质。

综合案例

艾柯卡成功秘诀

美国汽车业"三驾马车"之一的克莱斯勒汽车公司拥有近70亿美元的资产,是美国第十大制造企业,但自进入20世纪70年代以来该公司却屡遭厄运,从1970年至1978年的9年内,竟有4年亏损,其中1978年亏损额达2.04亿美元。在此危难之际,艾柯卡出任总经理。为了维持公司最低限度的生产活动,艾柯卡请求政府给予紧急经济援助,提供贷款担保。

但这一请求引起了美国社会的轩然大波,社会舆论几乎众口一词:克莱斯勒赶快倒闭吧。按照企业自由竞争原则,政府决不应该给予经济援助。最使艾柯卡感到头痛的是国会为此而举行了听证会,那简直就是在接受审判。委员会成员坐在半圆形高出地面八尺的会议桌上俯视着证人,而证人必须仰着头去看询问者。参议员、银行业务委员会主席威廉·普洛斯迈质问他:"如果保证贷款案获得通过的话,那么政府对克莱斯勒将介入更深,这对你长久以来鼓吹得十分动听的主张(指自由企业的竞争)来说,不是自相矛盾吗"

"你说得一点也不错,"艾柯卡回答说,"我这一辈子一直都是自由企业的拥护者,我是极不情愿来到这里的,但我们目前的处境进退维谷,除非我们能取得联邦政府的某种保证贷款,否则我根本没办法去拯救克莱斯勒。"

他接着说:"我这不是在说谎,其实在座的参议员们都比我还清楚,克莱斯勒的请求贷款案并非首开先例。事实上,你们的账册上目前已有了4090亿元的保证贷款,因此务请你们通融一下,不要到此为止,请你们也全力为克莱斯勒争取4100万美元的贷款吧,因为克莱斯勒乃是美国的第十大公司,它关系到60万人的工作机会。"

艾柯卡随后指出日本汽车正乘虚而入,如果克莱斯勒倒闭了,它的几十万职员就得成为日本的佣工,根据财政部的调查材料,如果克莱斯勒倒闭的话,国家在第一年里就得为所有失业人口花费27亿美元的保险金和福利金。所以他向国会议员们说:"各位眼前有个选择,你们愿意现在就付出27亿呢还是将它一半作为保证贷款,日后并可全数收回。"持反对意见的国会议员无言以对,贷款终获通过。

复习思考题

一、课堂讨论题

商务谈判方案　谈判目标　谈判策略　模拟谈判

二、简答题

1. 怎样进行谈判人员的配备?

2. 优秀的商务谈判人员应该具备什么样的素质?

3. 谈判方案的制订分几步?

4. 简述模拟谈判的定义和作用?

三、实训操作

1. 以宿舍为单位,进行谈判场景布置、谈判座位安排等实训练习。

2. 若你是某公司的谈判人员,领导要你布置谈判场地,你需要做哪些工作?

3. 若你是某公司的谈判人员,国外 A 公司是第一次与你公司做交易,准备购买你公司的产品,领导要求你收集有关的谈判信息,你需要收集哪些信息?通过哪些渠道收集?对这些信息怎样进行分析、整理呢?请你写出一个方案来。

4. 若你校准备建设 8 个 100 人的多媒体教室,由你负责该项目的谈判工作。请你在调查研究的基础上,编写一个谈判方案。

任务3

商务谈判开局原理

知识（技能）框架图

- 商务谈判开局原理
  - 商务谈判开局任务
    - 具体问题的说明
    - 建立适当的谈判气氛
    - 开场陈述和报价
  - 商务谈判开局氛围
    - 开局气氛的营造
    - 开局气氛的营造方法

知识目标

- 了解谈判气氛的特点和类型
- 掌握影响谈判气氛的主客观因素
- 掌握营造不同谈判气氛的方法

技能目标

- 要求谈判人员能够做好开场陈述
- 要求谈判人员能够安排对方食宿和布置谈判会场
- 要求谈判人员能够注重服饰外表、言谈举止。

任务导入

奥迪与一汽大众的合资历程

1987年9月，在哈恩的指示下，奥迪公司的生产董事赫尔曼·施蒂毕希和大众总部的代表海因茨·鲍尔动身前往长春进行首次考察。他们回来后的汇报令人印象深刻，哈恩决定尽快亲自实地去长春考察。

当年的法兰克福车展之后，哈恩和他的中国事务团队在去北京访问的时候，非正式地顺道去了长春。10月20日哈恩乘坐的苏制客机在长春降落时，人数众多的迎宾队伍、一辆加长红旗轿车前来欢迎他们。

长春最初给哈恩一种荒凉的印象。宽阔的大街没有尽头，骑着自行车的人流沉默而寂静，开道警车领着来访者从他们中间穿过，自行车既不理睬警察，也不理会嘎嘎响的汽车喇叭。哈恩在回忆中提到长春当时的艰苦环境：我们 24 小时未脱掉大衣。供暖从 11 月 1 日才开始。我们早到了几天。除了工厂的电子数据室，到处都寒冷彻骨，一汽简陋的招待所里如此，卡车制造厂和穿着灰色制服的 200 万人口的城市也是如此。

哈恩博士到达之前，北京来电话告诉耿昭杰，哈恩只是礼节性拜访，不要作实质性谈判。但是这个招呼对哈恩和耿昭杰似乎都没有约束力。

哈恩博士一到达就开始了内容密集的会谈，会谈时的每句话每一步都被摄像机录了下来。晚餐同样是穿着大衣用的，吃的是很适合这里气候的中国菜。晚宴后，哈恩就要求看厂。从铸造、机加工看到"解放"的总装线；从老厂看到刚刚作好"三通一平"的二厂区，哈恩博士吃了一惊："上帝，我怎么没有早一点发现中国有如此大的汽车厂。"

拿下"桑塔纳"项目之后，德国大众急于扩大战果，把更高一档的"奥迪"轿车打进中国。谈到把奥迪 100 引进中国的初衷，哈恩博士说，这是他本人一贯坚持的"多品牌战略"。他笑着说，就好比人在钓鱼时，放两个鱼竿，总会比一个鱼竿钓到的鱼多。当然，大众方面也有引进奥迪 100 后，与桑塔纳一道国产化，可以摊销成本的考虑。

但是哈恩博士看了上海大众，觉得上海的场地过于狭窄，难于发展，于是就动了另辟蹊径的念头。在长春，他终于看到中国汽车工业的实力。他当即提议，把奥迪从上海搬到一汽生产。从组装奥迪 100 起步，与一汽开始广泛的合作。

哈恩的提议正中耿昭杰的下怀。哈恩当时还不知道，满面笑容的耿昭杰正被克莱斯勒"拿了一手"。

引进克莱斯勒发动机谈判时，对方本来可以出售一条废弃的"道奇 600"装配线。可是得知中国政府将批准一汽生产轿车，克莱斯勒立刻提高了装配线的要价，当时，克莱斯勒提出一个 1760 万美元的天价"入门费"，并且工装模具的转让时间也不能确定

谈判顿时艰难起来。一汽已经买了克莱斯勒的发动机技术和设备，日后生产的发动机似乎只能装到他们的车型里。克莱斯勒张好口袋，等着一汽往里边跳。

如今，大众公司的建议等于耿昭杰在与克莱斯勒斗法时，手里突然多了一张王牌。但是他也颇感作难，克莱斯勒 488 发动机"生米已经煮成熟饭"，这是一个难于回避的问题。耿昭杰坦诚地告诉了哈恩博士，如果与奥迪合作，最重要的就是要把克莱斯勒的发动机放到奥迪 100 中去。这个要求对一般的厂家来说恐怕都难于接受，谁愿意把别人的心脏放到自己的车里去，没想到哈恩当场就同意了，

"大众公司方面，我说了算。"哈恩对耿昭杰说，"请四周以后到狼堡来，我会给你满意的答复"。哈恩没有透露，他早已胸有成竹。他事先作了功课，知道克莱斯勒发动机用的是奥迪的技术，美国人买去后改进了一下，哈恩对这台发动机很熟悉。

随后的谈判持续到凌晨一点，哈恩回忆说，我在开场白时建议在"国产化领域"合作，我们表达了对成立一家生产奥迪 100 的合资企业感兴趣。我强调，为此我们可以尽快以优惠价格从南非提供奥迪 100 的成套模具。在会谈结束时，我们也讨论了生产高尔夫的可能性，中方对此同样表示出了兴趣。

任务分析

轿车在中国是个政治产品，能不能上轿车，和哪一家合作，并不是一个厂长能够拍板的，况

且克莱斯勒的合作似乎已成定局。但是,耿昭杰是中国企业家中的典型的政治家,总是去做别人不敢想,不敢做的事。他打电话给当时的国家机械委主任邹家华,要求在引进中同时打两张牌,同样敢于承担责任的邹家华当即给了一汽和狼堡谈判的随机决策权。

主要知识和技能

课题 3.1　商务谈判开局任务

谈判双方在做了各种准备工作之后,就要开始面对面地进行实质性的谈判工作。谈判过程可能是多轮次的,双方要经过几轮谈判;谈判过程也可能要经过多次的反复,才能达成一致。不论谈判过程时间长短,谈判双方都要各自提出自己的交易条件和意愿,然后就各自希望实现的目标和相互间的分歧进行磋商,最后消除分歧达成一致。这个过程依次是谈判开局阶段、谈判磋商阶段、谈判结束阶段。掌握各个阶段的策略,完成每一个环节的任务,顺利实现双方满意的结果是谈判过程的重要任务。

谈判开局对整个谈判过程起着至关重要的作用,它往往关系到双方谈判的诚意和积极性,关系到谈判的格局和发展趋势,一个良好的开局将为谈判成功奠定良好基础。这一阶段的目标主要是对谈判程序和相关问题达成共识;双方人员互相交流,创造友好合作的谈判气氛;分别表明己方的意愿和交易条件,摸清对方情况和态度,为实质性磋商阶段打下基础。为达到以上目标,开局阶段主要有三项基本任务:

课题 3.1.1　具体问题的说明

所谓具体问题的说明主要包括了"4P",即目的(Purpose)、计划(Plan)、进度(Pace)及成员(Personalities)四个方面内容。

①目标(Purpose):说明双方为什么坐在一起,通过谈判达到什么目的;

②计划(Play):即会谈的议程安排,如讨论的议题,双方约定共同遵守的规程等。

③进度(Pace):指会谈进行的速度,即日程安排。

④人员(Personalities):指谈判双方对每个成员的正式介绍,包括姓名、职务及在谈判中的作用、地位等。

谈判双方初次见,要互相介绍参加谈判的人员,包括姓名、职务、谈判角色等情况。然后双方进一步明确谈判要达到的目标,这个目标应该是双方共同追求的合作目标。同时双方还要磋商确定谈判的大体议程和进度,以及需要共同遵守的纪律和共同履行的义务等问题。具体问题的说明目的就是谈判双方友好接触,统一共识,明确规则,安排议程,掌握进度,把握成功。

课题 3.1.2　建立适当的谈判气氛

谈判气氛会影响谈判者的情绪和行为方式,进而影响到谈判的发展。谈判气氛受多种因素的影响,谈判的客观环境对谈判的气氛有重要影响,为此双方要做好充分准备,尽可能营造有利于谈判的环境气氛。谈判人员主观因素对谈判气氛的影响是直接的,在谈判开局阶段一项重要任务就是发挥谈判人的主观能动性营造良好的谈判气氛。谈判气氛的形成一般是通过双方相互介绍、寒暄,以及双方接触时的表情、姿态、动作,说话的语气等方面来实现的。谈判气氛的营造既表达双方谈判者对谈判的期望,也表达出谈判的策略特点,因此也是双方互相摸底的重要信息。

课题 3.1.3 开场陈述和报价

① 双方各自陈述己方的观点和愿望，并提出倡议陈述己方对问题的理解，即己方认为谈判应涉及的问题及问题的性质、地位；己方希望取得的利益和谈判的立场。陈述的目的是使对方理解己方的意愿，既要体现一定的原则性，又要体现合作性和灵活性。然后，双方各自提出各种设想和解决问题的方案，并观察双方合作的可靠程度，设想在符合商业准则的基础上寻求实现双方共同利益的最佳途径。

② 在陈述的基础上进行报价。报价就是双方各自提出自己的交易条件，报价是各自立场和利益需求的具体体现。报价分为狭义报价和广义报价：狭义报价是指一方向另一方提出己方希望成交的具体价格；广义报价是指一方向另一方提出的包括具体价格的一揽子要求。报价既要考虑对己方最为有利，又要考虑成功的可能性，报价要准确清楚，双方不受对方报价的影响，可以按自己的意图进行报价。报价的目的是双方了解对方的具体立场和条件，了解双方存在的分歧和差距，为进行磋商准备条件。

课题 3.2 商务谈判开局氛围

课题 3.2.1 商务谈判开局气氛的营造

谈判气氛的营造应该服务于谈判的方针和策略，服务于谈判各阶段的任务，如政治形势、经济形势、市场变化、文化氛围、实力差距，以及谈判时的场所、天气、时间、突发事件等等都可能会影响到谈判气氛。谈判气氛在不同特点的谈判中是不一样的，即使在一个谈判的过程中，影响谈判气氛的因素发生变化，也会使谈判气氛发生微妙的变化。谈判气氛有多种多样，有热烈的、积极的、友好的；也有冷淡的、对立的、紧张的；有平静的、严肃的，也有松懈的、懒散的；还有介于以上几种谈判气氛之间的自然气氛。而谈判开局阶段气氛的营造更为关键。因为这一阶段的气氛会直接影响到双方是否有一个良好的开端。一般来说，开局气氛如果是冷淡的、对立的、紧张的，或者是松懈的，都不利于谈判的成功。谈判开局气氛也不大可能一下子就变成热烈的、积极的、友好的。什么样的开局气氛是比较合理的呢？根据开局阶段的性质、地位，根据进一步磋商的需要，开局气氛应该有以下几个特点：

1. 礼貌、尊重的气氛

谈判双方在开局阶段要营造出一种尊重对方，彬彬有礼的气氛。出席开局阶段谈判可以有高层领导参加，以示对对方的尊重。谈判人员服饰仪表要整洁大方，无论是表情、动作还是说话语气都应该表现出尊重、礼貌。不能流露出轻视对方，以势压人的态度，不能以武断、蔑视、指责的语气讲话。使双方能够在文明礼貌，相互尊重的气氛中开始谈判。

2. 自然、轻松的气氛

开局初期常被称为“破冰”期。谈判双方抱着各自的立场和目标坐到一起谈判，极易出现冲突和僵持。如果一开局气氛就非常紧张、僵硬，可能会过早地造成情绪激动和对立，使谈判陷入泥坑。过分的紧张和僵硬还会使谈判者的思维偏激、固执和僵化，不利于细心分析对方的观点，不利于灵活地运用谈判策略。所以，谈判人员在开局阶段首先要营造一种平和、自然、轻松的气氛。例如，随意谈一些题外的轻松话题，松弛一下紧绷着的神经，不要过早与对方发生争论。语气要自然平和，表情要轻松亲切，尽量谈论中性话题，不要过早刺激对方。

3. 友好、合作的气氛

开局阶段要使双方有一种“有缘相知”的感觉，双方都愿意友好合作，都愿意在合作中共同受益。因此谈判双方实质上不是“对手”，而是“伙伴”。基于这一点，营造友好合作的气氛并不仅仅是出于谈判策略的需要，更重要的是双方长期合作的需要。尽管随着谈判的进行会出现激烈的争辩或者矛盾冲突，但是双方是在友好合作的气氛中去争辩，不是越辩越远，而是越辩越近。因此，要求谈判者真诚地表达对对方的友好愿望和对合作成功的期望，此外热情的握手、热烈的掌声、信任的目光、自然的微笑都是营造友好合作气氛的手段。

4. 积极进取的气氛

谈判毕竟不是社交沙龙，谈判者都肩负着重要的使命，要付出巨大的努力去完成各项重要任务，双方都应该在积极进取的气氛中认真工作。谈判者要准时到达谈判场所，仪表端庄整洁，精力要充沛，充满自信，坐姿要端正，发言要响亮有力，要表现出追求进取，追求效率、追求成功的决心，不论有多大分歧，有多少困难，相信一定会获得双方都满意的结果。谈判就在这样一种积极进取、紧张有序、追求效率的气氛中开始。

课题 3.2.2　商务谈判开局气氛的营造方法

1. 营造高调气氛

高调气氛是指谈判情势比较热烈，谈判双方情绪积极、态度主动，愉快因素成为谈判情势主导因素的谈判开局气氛。营造高调气氛通常有以下几种方法：

(1)感情渲染法

感情渲染法是指通过某一特殊事件来引发普通存在于人们心中的感情因素，并使这种感情迸发出来，从而达到营造高调气氛的目的。

【案例 3-1】

告诉大家一个好消息

中国一家彩电生产企业准备从日本引进一条生产线，于是与日本一家公司进行了接触。双方分别派出了一个谈判小组就此问题进行谈判。谈判那天，当双方谈判代表刚刚就座，中方的首席代表(副总经理)就站了起来，他对大家说：“在谈判开始之前，我有一个好消息要与大家分享。我的太太在昨天夜里为我生了一个大胖儿子！”此话一出，中方职员纷纷站起来向他道贺。日方代表于是也纷纷站起来向他道贺。整个谈判会场的气氛顿时高涨起来，谈判进行得非常顺利。中方企业以合理的价格顺利地引进了一条生产线。

这位副总经理为什么要提自己太太生孩子的事呢？原来，这位副总经理在与日本企业的以往接触中发现，日本人很愿意板起面孔谈判，造成一种冰冷的谈判气氛，给对方造成一种心理压力，从而控制整个谈判，趁机抬高价码或提高条件。于是，他便想出了用自己的喜事来打破日本人的冰冷面孔，营造一种有利于己方的高调气氛。

(2)称赞法

称赞法是指通过称赞对方来削弱对方的心理防线，从而焕发出对方的谈判热情，调动对方的情绪，营造高调气氛。

【案例 3-2】

您十分精通茶道

东南亚某个国家的华人企业想要为日本一著名电子公司在当地做代理商。双方几次磋商均未达成协议。在最后的一次谈判中，华人企业的谈判代表发现日方代表喝茶及取放茶杯的姿势十分特别，于是他说道："从君（日方的谈判代表）喝茶的姿势来看，您十分精通茶道，能否为我们介绍一下?"这句话正好点中了日方代表的兴趣所在，于是他滔滔不绝地讲述起来。结果，后面的谈判进行得异常顺利，那个华人企业终于拿到了他所希望的地区代理权。

(3)幽默法

幽默法就是用幽默的方式来消除谈判对手的戒备心理，使其积极参与到谈判中来，从而营造高调谈判开局气氛。采用幽默法时要注意选择恰当的时机以及采取适当的方式，要收发有度。

【案例 3-3】

不把年龄作为竞选问题

罗纳德·里根是美国历史上年龄最大的总统，难怪他的对手总喜欢拿他的年龄做文章。1984 年 10 月 24 日晚上，里根为了连任总统，与竞争对手蒙代尔进行了一场至关重要的公开辩论。他在回答他是否认为自己担任总统年龄太大的问题时，把在市政礼堂里的听众都逗笑了，并得到了好评。里根说："我将不把年龄作为一个竞选问题。我将不利用我的对手年幼无知这一点以占尽便宜"。

(4)诱导法

诱导法是指投其所好，利用对方感兴趣或值得骄傲的一些话题，来调动对方的谈话情绪与欲望，从而创造良好的谈判气氛。

2. 营造低调气氛

低调气氛是指谈判气氛十分严肃、低落，谈判的一方情绪消极、态度冷淡，不快因素构成谈判情势的主导因素。营造低调气氛通常有以下几种方法：

(1)感情攻击法

诱发对方产生消极情感，致使一种低沉、严肃的气氛笼罩在谈判开始阶段。

(2)沉默法

沉默法是以沉默的方式来使谈判气氛降温，从而达到向对方施加心理压力的目的。注意这里所讲的沉默并非是一言不发，而是指本方尽量避免对谈判的实质问题发表议论。采用沉默法要注意以下两点：第一，要有恰当的沉默理由；第二，要沉默有度，适时进行反击，迫使对方让步。

【案例 3-4】

我不知道

美国一位著名谈判专家有一次替他邻居与保险公司交涉赔偿事宜。谈判是在专家的客厅里进行的，理赔员先发表了意见："先生，我知道你是交涉专家，一向都是针对巨额款项谈判，恐怕我无法接受你的要价，我们公司若是只出 100 元的赔偿金，你觉得如何?"

专家表情严肃地沉默着。根据以往经验，不论对方提出的条件如何，都应表示出不满意，因为当对方提出第一个条件后，总是暗示着可以提出第二个，甚至第三个。

理赔员果然沉不住气了:“抱歉,请勿介意我刚才的提议,我再加一点,200元如何?”

“加一点,抱歉,无法接受。”

理赔员继续说:“好吧,那么300元如何?”

专家等了一会儿道:“300嗯……我不知道。”

理赔员显得有点惊慌,他说:“好吧,400元。”

“400嗯……我不知道。”

“就赔500元吧!”

“500嗯……我不知道。”

“这样吧,600元。”

专家无疑又用了“嗯……我不知道”,最后这件理赔案终于在950元的条件下达成协议,而邻居原本只希望要300元!

这位专家事后认为,“嗯……我不知道”这样的回答真是效力无穷。

(3)疲劳战术

疲劳战术是指使对方对某一个问题或某几个问题反复进行陈述,从生理和心理上疲劳对手,降低对手的热情,从而达到控制对手并迫使其让步的目的。采用疲劳战术应注意以下两点:

第一,多准备一些问题,而且问题要合理,每个问题都能起到疲劳对手的作用。

第二,认真倾听对手的每一句话,抓住错误、记录下来,作为迫使对方让步的砝码。

(4)指责法

指责法是指对对手的某项错误或礼仪失误严加指责,使其感到内疚,从而达到营造低调气氛,迫使谈判对手让步的目的。

3.营造自然气氛

自然气氛是指谈判双方情绪平稳,谈判气氛既不热烈,也不消沉。营造自然气氛要做到:①注意自己的行为、礼仪。②要多听、多记,不要与谈判对手就某一问题过早发生争议。③要多准备几个问题,询问方式要自然。④对对方的提问,能做正面回答的一定要正面回答。不能回答的,要采用恰当方式进行回避。

4.合理运用影响开局气氛的各种因素

(1)表情、眼神

要特别注意脸上的表情,以下几点要特别予以重视:

① 面无表情,会使魅力与信用降低。

② 脸上的表情,只有善变和用得恰当,才可能产生正确的交流作用。

③ 脸上的表情务必率真、自然。

④ 脸上表情的表达关键在于眼神的变化。

(2)气质

气质是指人们相当稳定的个性特征、风格和气度。良好的气质,是以人的文化素养、文明程度、思想品质和生活态度为基础的。

(3)风度

风度是气质、知识及素质的外在表现。风度美包括以下几个方面的内容:

① 饱满的精神状态。
② 诚恳的待人态度。
③ 受欢迎的性格。
④ 幽默文雅的谈吐。
⑤ 洒脱的仪表礼节。
⑥ 适当表情动作。

(4)服饰

① 服装配色的艺术。对于服装的色调来说,协调就是美。
② 款式与体型。

(5)个人卫生

谈判人员的个人卫生对谈判气氛也会有所影响。衣着散乱、全身散发汗味或其他异味的谈判人员都是不受欢迎的。

(6)动作

影响谈判气氛的动作因素还包括言语、手势和触碰行为。

(7)中性话题

中性话题的内容通常有以下几种:

①各自的旅途经历,如游览活动、旅游胜地及著名人士等。
②文体新闻,如电影、球赛等。
③私人问候,如骑马、钓鱼等业余爱好。
④对于彼此有过交往的老客户,可以叙谈双方以往的友好合作经历和取得的成功。

(8)洽谈座次

洽谈座次对于商务谈判的气氛营造也是至关重要的。

【案例3-5】

东京审判法官排座次

1945年8月15日,日本法西斯战败投降,中国法官有了首次参与军事法庭审判侵略者的机会。在盟军总部主持下,由11国代表组成的远东国际军事法庭在日本东京成立,日本战犯最终被押上了"东京审判"被告席。1946年4月,11国法官齐集东京,正式开庭审判的日子就要到了。但是,各位法官在法庭上的座位将按什么样的顺序来排列?中国法官梅汝璈对助手说:"任何国际场合,争座次在所难免,这并非个人名利,而是关系国家、民族地位和荣誉的大事,故应有的位置必须当仁不让,力争得到之。"

远东国际军事法庭宪章没有明文规定法官席位的次序,但法官座位的排列次序却极其敏感。卫勃庭长提议法官席次应该按照联合国安全理事会惯例来安排,即以美、英、苏、中、法为序。但是,有的法官当即指出,按照联合国宪章,安全理事会的5个常任理事国是以中、法、苏、英、美(按照国名字母先后)为序的。这样一来,中国和法国法官将坐卫勃的两旁,而卫勃所倚重的英国和美国法官便不能居于中央席次。于是卫勃庭长又提议:我们不是联合国的组织,不必按五强居中的惯例来安排,可以适用按国名字母先后为序的办法。但是,这样事情就更乱了,因为居中央的将是中、加两国的法官,而他所希望接近的英、美法官反而离他更远了。大家争来争去,莫衷一是。

微笑倾听良久的梅汝璈终于开口:"个人的座次,我本人并不介意,只因与各位同仁一样,是代表了各自的国家来的，所以我还须请示本国政府。”这一军“将”得厉害。因预定的开庭日期将至，法官们如果都要请示国内而后定，必拖延时日。卫勃认定不能开这危险“先例”，忙说：“为确保准时开庭，座次问题必须尽快排定，希望梅先生从大局出发。”

梅汝璈有意以调侃的口吻缓和一下空气：“如果庭长和大家不赞成这个办法，那我们就以体重为标准吧，各自过磅，看看各人的体重是多少，重者在前，轻者居后。这样，我们便可以有一个最公平、最客观的标准。”

话音刚落，法官们哄堂大笑。卫勃庭长对梅汝璈笑道：“梅先生真会讲话，是法官，更是个幽默大师。你的办法很好，但是它只适用于拳击比赛。我们是国际法庭而不是拳击比赛场。”

梅汝璈收敛笑容道：“同意庭长的意见，但中国代表应排在第二位。众所周知，中国受日本侵略最深，抗日时间最长，付出牺牲最大，审判的又是日本战犯。因此，有八年浴血抗战历史的中国理应排在第二。再者，没有日本的无条件投降，便没有今日的审判。故我提议，各位都不用争了，法官的座次，按受降国签字的顺序排列，实属顺理成章。”他接着报了各签字国的顺序：美国、中国、英国、苏联、澳大利亚……

俗话说“弱国无外交”，因此对于梅汝璈的提议，几个西方国家代表心里根本不愿接受。直到5月2日，即正式开庭的前一天，卫勃的真实意图才暴露出来。下午4时，法官们都按要求做好了准备，在法官休息室集合。这时，卫勃突然宣布：法官坐席的次序是美、英、中、苏、法、加、荷、新、印、菲，这是经过盟军最高统帅同意了的安排。按照这个安排，庭长右边是美、中法官，左边将是英、苏法官。很明显，英美居中，排挤中国，同时以压制加拿大作为陪衬(按照受降签字次序加拿大应排在法国之前)。大家不禁愕然。中国法官梅汝璈和加拿大法官麦克杜哥最为愤慨。梅汝璈当即指出：“这个安排是荒谬的，我绝不接受这种于法无据、于理不合的安排！”他愤然脱下象征着权力的黑色丝质法袍，欲退出预演，以示抗议。

开庭预演仪式推迟了约半个小时，审判大厅里的人们等得有点不耐烦了。此时此刻，没有人能承担得起推迟明天正式开庭的严重后果，因为这个日期已经向全世界宣布了。

曾经由于苏联法官的姗姗来迟，法庭等了很长时间才正常运转，而且总部和庭长一再宣称“非候全体法官到齐不拟开庭”。现在虽然苏联法官到了，但如果中国法官拒绝出席，那么按期开庭仍将成为不可能的事情。如果真的发生了不能按期开庭的情况，那必定会引来日本乃至全世界的惊疑和非难，这个责任无论是庭长还是最高统帅都不愿意承担，也承担不了。基于有这样的把握，梅汝璈认为现在是向庭长摊牌的最好时机，因此，他的态度就更加强硬了。

那是令人窒息的10分钟。当卫勃第三次来到中国法官办公室的时候，他盯着梅汝璈一字一句地说：“同意你的意见，预演就按受降签字国次序进行。今晚我把情况报告最高统帅，看他是否同意。”说完便悻悻而去。梅汝璈于是又脱去大衣，换上法袍，走出自己的办公室。他一回到法官们中间，预演仪式立即开始。这时已经是下午5时了。

第二天上午9时30分，卫勃庭长在开庭前几分钟来到会议室，对等待在那里的10名法官宣布：“最高统帅已经同意，我们今后的行列和坐席顺序就按照预演时的顺序。”在参与审判工作的11国法官中，只有1人比42岁的中国法官年轻。司法界一贯比较注重年资和外表，梅汝璈因此而留起了上唇胡须，并因此被各国记者称作“小胡子法官”。通过座次争议这件事，大家对梅汝璈另眼相待。

(9)传播媒介

利用传播媒介制造谈判舆论或气氛，是指谈判的主体通过传播媒介向对方传递意图，施加心理影响,制造有利于自己的谈判气氛或启动谈判的背景。

【案例 3-6】

利用旧钞赚大钱

1970 年,韩国商人郑周永计划投资创建蔚山造船厂,要造 100 万吨级的超大型油轮。对于郑周永而言,在造船业方面,他完完全全是一个门外汉,但他却信心十足。在很短的时间里,他就筹措了足够的贷款,只等客户来订货了。然而订货单却不那么容易到手。因为,当时外商不相信韩国的企业具备造大船的能力。为了说服外商,获得订单,郑周永冥思苦想,终于想出一条妙计:从一大堆发黄的旧钞票中,挑出一张 5000 元的纸币,纸币上印着 15 世纪朝鲜民族英雄李舜臣发明的龟甲船,其形状极易让人想到现代的油轮。而事实上,龟甲船只是古代的一种运兵船,李舜臣就是用这种船打败日本人,粉碎了丰臣秀吉的侵略。于是郑周永怀揣着这张废钞,四处游说,宣称朝鲜在 400 多年前就具备了造船的能力。经他这么一游说,外商信以为真,很快就签订了两张各为 26 万吨级的油轮订单。订单到手之后,郑周永立即率领员工日夜苦干,终于在两年后交出了两艘油轮。油轮出厂后一炮打响,订单像雪片般飞来,给郑周永带来不尽的财源。

任务实施

1. 实施思路

一个月后,耿昭杰坐镇长春,总工程师林敢为、总经济师吕福源带队,兵分两路,分别飞往德国狼堡和美国底特律。

2. 实施步骤

(1)在狼堡

在狼堡,哈恩博士让林敢为大吃一惊,一辆经过改装,安装着 2.2 升克莱斯勒发动机的奥迪轿车展现在他面前,连一汽厂标的图案都镶嵌在轿车的前脸上,成为德国人的效率和谈判诚意的体现。

林敢为后来回忆说,这的确给了我们很大的惊喜。一个多月的时间装配得还是很精致,所有的连接件都是锻出来的,整个装配的质量都很好。只是 488 发动机比较高,所以发动机机罩的前面鼓起来一块,就像 747 飞机的机头一样。试车是在英戈斯塔特至内卡苏姆全长 250 公里的高速公路上进行的,平均车速为每小时 150～160 公里,最高车速达每小时 205 公里,各种性能都十分好,代表团成员也都很满意。

此时,一汽代表团成员已经倾向于与奥迪合作生产奥迪 100。按照林敢为的记录,这些技术专家的理由是:

第一,在产品上,奥迪 100 优于道奇 600。其中,奥迪 100 的车身设计要比道奇 600 领先一代;奥迪 100 的外部尺寸及内部空间均较道奇 600 大,乘坐舒适;奥迪 100 在国际是频频获奖,知名度高于道奇 600。

第二,大众公司提供了较好的条件,有合作的诚意。

第三,奥迪 100 与上海桑塔纳有良好的通用性,从全局上看有利于两种车型的国产化和将来备件的供应。

第四,奥迪 100 和 200 可以作为系列化产品生产,奥迪 100 是中高档轿车,可以作为政府官员的公务用车；奥迪 200 是高档轿车，可以作为中央领导用车。

(2)在底特律

在底特律，克莱斯勒仍然咬住道奇装配线的要价不松口。艾柯卡甚至傲慢地拒绝会见为促成谈判而来的国家经委副主任朱镕基和中国汽车工业联合会理事长陈祖涛。

在谈判中，一汽还价给 100 万美元，连要价的零头都不到。他直言不讳地说，这是条要拆掉的旧线，我不买，它的价值等于零；我买了对我有利对你更有利，但我们决不会给价很高。一汽同时暗示，我们已派出代表团去大众公司，进行货比三家。但是，克莱斯勒也许太大意了，把中国人传递的信息当成了耳旁风。

3. 实施结果

中国人拂袖而去，经中国当局最后决策：一汽项目和德国大众合作。克莱斯勒得知中国汽车界领导人选择了大众作为合作伙伴，破天荒地提出把这条线的报价降到一美元！但为时已晚，一汽和大众合作生产奥迪轿车的意向在几天后签字。

任务小结

商务谈判的开局是实质性谈判的序幕。谈判开局的好坏将直接左右整个谈判的格局和前景。谈判者在开局阶段的基本目标就是为谈判创造一个合适的谈判气氛。谈判气氛是谈判双方参与人员之间相互影响、相互作用所共同形成的人际氛围。开局谈判气氛，对整体谈判气氛的形成与发展具有关键性作用。谈判气氛的类型复杂多样，一般可以分为高调气氛、低调气氛和自然气氛三种情形。不同谈判气氛的表现形态各不相同。营造不同开局气氛的具体条件也有一定的差异性。营造高调气氛的方法有感情渲染法、称赞法、幽默法和诱导法；营造低调气氛的方法有感情攻击法、沉默法、疲劳战术法和指责法；而自然气氛一般无须刻意去营造。

综合案例

赞美的力量

美联储主席格林斯潘曾供职于华克公司，那时华克公司在费城承包了一项建筑工程。但就在工程即将竣工时，公司遇到了棘手的事情：负责供应建筑装修的铜器经销商无法如期交货，华克公司想尽一切办法前去洽谈，但都无功而返。于是他们派格林斯潘和那位固执的经销商进行一次面谈。

格林斯潘走进那位经销商的办公室，所说的第一句话是："先生，您知道不，在布鲁克林区，你这样的姓氏可就你一个人呢？"

经销商有些吃惊，因为以前来的商业洽谈者，很少有以这种方式开始的。"哦，是吗？我对此一无所知。"

"因为今天早晨，我下火车后在电话簿中查找您的电话时，发现您的姓氏非常特别。"格林斯潘继续说道。

经销商对格林斯潘的话题十分感兴趣，随后高兴地说道："是的，我的姓氏是很特别，我们家族是从荷兰移居过来的，到现在算起来也应该有 200 年的历史了。"接着，他又兴奋地介绍了他家族的创业史。格林斯潘在旁边不住颔首微笑，口中不停地称赞他的铜器厂的规模，说和其他工厂相比有着天壤之别等等。

经销商自豪地说："这可是我花了将近一生的心血才建立起来的，让我带你参观一下吧。"

格林斯潘随后又跟着他参观了工厂。一路上，格林斯潘不断地说工厂的组织很健全，并对一些有特色的机器大加赞美。而那位经销商也自豪地说，那些机器是自己花费多年的心血研制出来的，还向格林斯潘讲了机器的操作方法及优良的性能，最后，他执意邀请格林斯潘共进午餐。在这期间，格林斯潘对这次造访的真正目的只字未提。

午饭过后，经销商主动对格林斯潘说："朋友，我们现在谈点正事吧。想必你这次是为那合同的事而来吧？我们相处的半天里我感到十分愉快。我向你保证，在你回费城后，那些材料会如期运到，保证不会耽误你们工程的进度。"他握住格林斯潘的手说，很高兴与你结识。

格林斯潘只字未提见面的真正目的，却完美地完成了任务。这就是赞美的力量，因为它是条双向道，双方都会受益。在生活中，赞美就像春日里的细雨，润泽清爽。适时赞美别人，真诚欣赏别人，既是消除沟通藩篱的一剂良药，亦会成为你展翅翱翔的翅膀。

复习思考题

一、名词解释

高调气氛　　低调气氛　　自然气氛

二、简答题

1. 什么是谈判气氛？谈判气氛对商务谈判活动有什么影响？
2. 什么是高调气氛？营造高调气氛通常有哪些方法？
3. 什么是低调气氛？营造低调气氛通常有哪些方法？
4. 什么是自然气氛？营造自然气氛通常有哪些方法？
5. 营造谈判气氛应注意哪些基本问题？

三、实训操作题

1. 我国某地方进出口分公司在对外经济交流中，涉及一桩小的索赔案，适逢对方的代表来我国走访用户，因此公司领导指示我方某位业务员负责接待。本来这笔索赔案金额很小，经过友好协商是完全可以圆满解决的，但由于我方业务员急于求成，在外商刚刚抵达的时候，马上要求外商赔偿我方损失，高兴而来的外商被迎头泼了一盆冷水，因此说话也很不客气，谈判的气氛马上紧张起来。双方针锋相对、寸利必争，会谈效果很不理想。你认为我方业务人员犯了哪些错误？

2. 1958年，阿登纳访问法国与戴高乐举行会晤。戴高乐选择了他在科隆贝的私人别墅接待阿登纳。这个别墅的环境十分优雅，房间的布置虽说不上华丽，但给人非常舒适的感觉。会谈在戴高乐的书房里举行。阿登纳进入书房后，举目四望，周围都是书橱，收藏有各种史学、哲学、法学著作。阿登纳认为，从一个人的书房陈设就可以多方面了解这个人。后来他多次向他的左右谈到戴高乐的书房给他留下的良好印象。由于首次会谈给双方留下的良好而深刻的印象，奠定了尔后签订法国—联邦德国友好条约的基础。戴高乐为什么选择自己的别墅作为双方首次会谈的地点？

实训要求：

要求每一个学生就以上谈判设计一个开局陈述。

任务4 商务谈判磋商原理

知识（技能）框架图

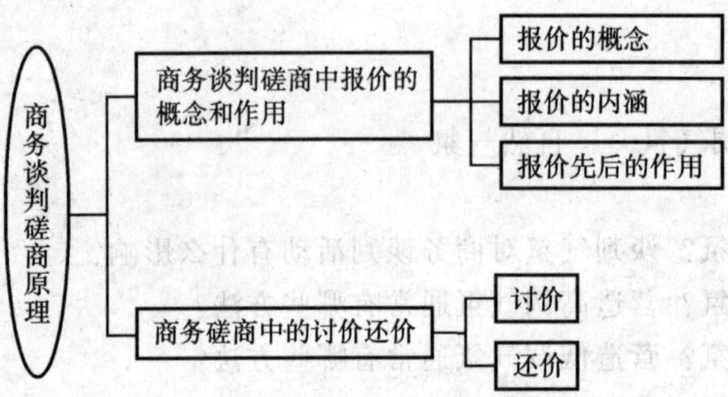

知识目标

- 了解商务谈判磋商中报价和讨价还价的概念和作用
- 了解掌握商务谈判磋商中报价和讨价还价的方法

技能目标

- 培养学生在商务谈判磋商中的报价和还价的基本技能

任务导入

中国某公司与美国公司谈判投资项目。其间双方对原工厂的财务账目反映的原资产总值有分歧。

美方：中方财务报表上有模糊之处。

中方：美方可以核查。

美方：核查也难，因为被查的依据就不可靠。

中方：美方不应该空口讲话，应有凭据证明查账依据不可靠。

美方：所有财务凭证均系中方工厂所造，我作为外国人无法一一核查。

中方：那贵方可以请信得过的中国机构协助核查。

美方：目前尚未找到可以信任的中国机构帮助核查。

中方：那贵方的断言只能是主观的不令人信服的。

美方：虽然我方没有法律上的证据证明贵方账面数字不合理，但我们有经验，贵方的现有资产不值账面价值。

中方:尊敬的先生,我承认经验的宝贵,但财务数据不是经验,而是事实。如果贵方诚意合作,我愿意配合贵方查账,到现场一一核对物与账。

美方:不必贵方做这么多工作,请贵方自己纠正后,再谈。

中方:贵方不想讲理?我奉陪!

美方:不是我方不想讲理,而是与贵方的账没法说理。

中方:贵方是什么意思,我没听明白,什么"不是、不想;而是、没法"?

美方:请原谅我方的直率,我方感到贵方欲利用账面值来扩大贵方所占股份。

中方:感谢贵方终于说出了真心话,给我指明了思考方向。

美方:贵方应理解一个投资者的顾虑,尤其像我公司与贵方诚心合作的情况下,若让我们感到贵方账目有虚占股份之嫌,实在会使我方却步不前,还会产生不愉快的感觉。

中方:我理解贵方的顾虑。

美方:我通过与贵方的谈判,深感贵方代表的人品,由于账面值让人生畏,不能不请贵方考虑修改问题,或许会给贵方带来麻烦。

中方;为了合作,为了让贵方安心,我方可以考虑账面总值的问题。至于怎么做账是我方的事。如果,我没理解错的话,我们双方将就中方现有资产的作价进行谈判。

美方:是的。

(以上是中方现有资产的作价谈判)

任务分析

美方说的"外国人无法一一检查","目前尚未找到可以信任的中国机构帮助核查"以及"请贵方自己纠正、再谈",均属不妥。中方:"贵方不想讲理?我奉陪!"不太妥。若自己账目做得本已存在问题,再这么讲就尤其无礼了。因为是合作性的谈判,双方均可以调好气氛,减少对抗。再以商业法律语言讲事实,有问题讲问题。美方可以指出不妥或提出相应要求。中方也可以再做一次账目,然后再谈.运用一点外交用语,效果会更好。

主要知识和技能

商务谈判磋商,是指商务谈判的双方为了实现各自的利益,寻求双方利益的共同点,而就商品交易过程中的各种条件进行的切磋与商讨。磋商是商务谈判的关键环节,它要经过报价、讨价和还价等艰难的、反复的过程,在双方互有让步的基础上,方能达到预期的目的。无论是报价、讨价、还价,到最后的让步,都要有目的、有依据、有步骤。

课题4.1 商务谈判磋商中报价的概念和作用

课题4.1.1 报价的概念

假定合作双方都已经表现出良好的合作愿望,这时就可以进行垂直式谈判。首先对双方已经共同认定的一些至关重要的议题加以阐述。如:先生们,我想我们就下面洽谈的议题应该是土地的价格、贷款支付的时间、贷款条件以及法律责任等问题。你们认为还有别的议题吗?

报价阶段一般是商务谈判由横向铺开转向纵向深入的转折点。在实际业务中,一般由一方当事人报价,另一方当事人还价。这种报价和还价的过程,就是报价阶段。这里所指的"价"

是广义而言，并非单指价格，包括各项有关的交易条件。在本阶段，对于报价者来说他需要考虑的问题是如何选择开盘价，而对于还价者来说，他需要考虑的问题是如何确定还价。

【案例 4-1】

中国某公司与日本公司在上海著名的国际大厦，围绕进口农产品加工机械设备，进行一场商务谈判。谈判一开局，按照国际惯例，首先由卖方报价。首次报价为 1000 万日元。这一报价离实际卖价偏高了许多。日方所以这样做，是因为他们以前的确卖过这样的价格。如果中方不了解当时的国际行情，就会以此作为谈判的基础，那么日方就可能获得厚利。如果中方不能接受，日方可自圆其说，有台阶可下，可谓进可攻，退可守。

（资料来源：滨州职业学院教学案例）

实际谈判过程中的最初报价称为开盘价。开盘价应根据国际市场价和市场需求以及购销、意图与报价策略等确定一个符合情理的可行价。理论上讲，开盘价应是最高的可行价，它通常有两种形式：一种是以最高价格报出的期望价；另一种是以不能突破的最低底盘价报出的期望价。买卖双方如何报出期望价要根据具体情况具体定夺，专家认为，卖方在开盘时报出的期望价，理所当然是"最高价"，其内在含义及作用在于：

①开盘价给本方报价定了一个最高限制，往往开盘价一报，自己就不能再提出另一个更高的价格了，同时对方绝不会再接受另一个更高的价格。

②开盘价为对方提供了一个相应地评价本方价格尺度的标准。

③报出一个高的开盘价，为下一步价格磋商提供了回旋余地。开盘时报出的最高期望价，本质上是为整个交易留着使用的"牌"。

④开盘价代表着谈判者的实在利益。在报价信息掌握得比较充分和可靠，而且策略运用得当的前提下，开盘价越高越可行，使报价的一方能够得到的好处也就越多。

【案例 4-2】

美国加州一家机械厂的老板哈罗德准备出售他的更新下来的 3 台数控机床，有一家公司闻讯前来洽购。哈罗德先生十分高兴，准备开价 360 万美元，即每台 120 万美元。当洽谈进行到实质性阶段时，哈罗德先生正欲报价，却突然停住，暗想："可否听听对方的想法？"结果，对方在对着几台机床的磨损与故障做了一系列的分析评价后说："我公司最多只能以每台 140 万美元买下这三台机床，多一分钱也不行。"哈罗德先生大为惊喜，竭力掩饰住内心的喜悦，还装着不满意的样子，讨价还价了一番。最后自然是顺利成交。

（资料来源：方其. 商务谈判——理论·技巧·案例. 2004.）

但是，在实际谈判中，报价并不是简单的卖方或买方一方面的事情，它既要是寻求本方的最高利益，又要兼顾对方能够接受的可能性。脱离开对方可能接受的最高报价，只能是一场一厢情愿的甜蜜美梦。这是因为当我方抬高报价时，对方必然千方百计地压低我方报价。而我方为了自己的利益向对方施加压力，尽可能设法压低对方的开盘价时，对方也会顽强地坚持开盘价，或在开盘价上被迫作出让步的同时，有策略地从其他方面挣得好处，以使自己的利益得到必要的保护。

【重要知识 4-1】

报价时注意的问题
在提出报价时，一般应注意以下问题：第一，报价要非常明确。报价时切忌含含糊糊使对方产生误解。一方报价必须让对方准确无误地了解其期望，这样才能达到提出报价的目的。第二，报价要非常果断，毫不犹豫。这样才能给对方一种诚实而又认真的印象。第三，报价时不必做过多的解释或说明。在议价阶段，对方肯定会就报价的有关问题提出质疑，如果在对方提问前，我方主动地对有关问题做过多解释或说明，就有可能使对方从中找到突破口。

课题 4.1.2 报价的内涵

报价又叫发盘，是一方向另一方书面或口头提出交易条件，并愿意磋商达成协议。

一般来说，一个报价的提出，至少受到以下三个因素的影响：

①商品的价值。这是报价的基本依据，价格是价值的货币表现形式。离开了价值，价格便失去了基础，因此价值是报价的基本依据，在国内谈判或国际谈判中都是如此。

②市场行情。这是报价的主要依据，任何交易都是在市场上进行的，市场因素的变动必然对商品价格产生影响。

③谈判对手的状况。这是报价的必要依据。

那么该怎么去报价才是最好的呢？这点要先从产品的价格制订说起。我们可以把产品定价分为三种：市场定价、目标定价、感性定价。

①市场定价。如果公司是以市场行情来定价，那么就简单了，别人报多少你就报多少，最终做成订单的是看你的服务态度。

②目标定价。目标定价是厂家在核算成本后，加上利润所生成的单价，一般是接 OEM 单的时候报价。这种报价方式一般的成交率很高，比较适用于接大单，毕竟供求双方在谈生意的时候，都是坦诚的没有隐瞒，合作起来都很开心。该给多少，该赚多少大家讲明白了，生意会做得很久。

③感性定价。感性定价就是价位以感觉来定，想定多少就定多少，定好价后还要再多报一点。这种定价方式出现在新产品上，或很多私人企业或小厂里面。很多业务员也比较喜欢这种方式，而采购就怕这个报价。大家在业务工作中，成败也在这个方式上，谈价钱就是在这个方式上才可以谈，才谈得厉害。这里重点阐述感性定价。

业务工作中，都是公司定好价格，然后给业务员，业务员再以公司的价格，去和客户谈。如果公司对业务员比较信任，就会把成本告诉业务员，好让业务员在谈价的过程中有更多的空间。但很多情况下，都是对业务员隐瞒成本，因为老板不想让业务员知道他到底赚了多少钱，给的提成是不是低了，让业务员有情绪。不知道成本的业务员，就只能拿着公司给的单价去和客户谈，遇到难谈的客户，报价一高就没戏了。很多情况是，打电话回去和老板再请示一下价格，而客户一看到这种情况，立马杀价再杀价，最后只能摇头回去和老板说，客户不接受我们的价格。

那么真的只能这样了吗？不是的，下面的做法或许有点用。

第一，每次和客户报价的时候，其实我们都有自己调价的空间，只要客户砍价的空间不超过这个底线，我们就可以自己做主，把单接回来，不必担心公司说价钱低不会做。那么这个调价空间是多少呢？只要公司的定价方式是感性定价，那么每个产品，老板都会预留30%的利润空间，这些呢，老板是不会和业务员说的，但老板追求的目标利润是在10%的空间内就可以生产了。所以只要你不低于这个底线就大胆地接回来，绝对不会错，老板还会夸你办事能力强，客户也会认为你是一个做事的人。兵书曰：将在外，君命有所不受，相信自己的判断能力，为将来自己创业做准备。

第二，如果客户的砍价范围超过你的调价空间，那么就要回去请示了，最好是对客户说，等回去请示一下，不要打电话回去问。因为客户找供应商不会只找你一家，他会拿其他人的价格来压你，这是货比三家的正常做法。你只要当场打电话回去问，那么结果是成交或失败，很多情况下，就是你报了再低的价钱，他都会再和你还价。所以你要吊一下他，回去让他等你，也为以后再来拜访留借口，毕竟多一次拜访的机会，就多点希望。客户再拿不到你的报价的时候，会不停地催你的价格，这样你就主动了，你可以灵活地掌握砍价动向。只要你的产品质量自己放心，报个接近其他供应商的价格，业务就做成了。那么怎么知道其他人报了什么价呢？如果你这样问，那么你就菜了。采购心理学里，通常会把降价目标定在5%。也就是说，他会在别的供应商的价钱上，减去5%去和另外一个供应商砍价，掌握这个技巧，你只要让他说一个价格，就可以算出别的客户报了什么价。知己知彼，你的业务报价还不好谈？

第三，报价的时候，还价也要讲点技巧。很多业务员，做业务的时候会很老实，公司给你什么价格就报什么价格，一副做事安心的派头，对客户诚心。其实你这样做会很被动，而且很容易失败。因为你只要实报了，客户一还价你就没辙了，还要跑回去问公司经理或老板，请示价格。在掌握了上面的采购谈价的心理后，你可以在公司的价格上把价钱加上去，反正你即使报再低的采购价格客户还是会和你还价，如果你面对的是工厂的采购，我敢保证不还三次价是不会给你下订单的。既然他要还价，那么就让他还嘛，讲一次还一次，他心里高兴，你也乐意，反正不会亏。不过要注意一点，就是你每次减价不要超过5%，只能按2%去调价。因为你如果大幅度地调价，客户会觉得你还很大的空间，你要让他觉得你很为难，每调一次都算到骨头里去了，这样他就开不了口，对你有好处。

课题 4.1.3　报价先后的作用

报价的先后应视具体情况而定。关于应当由哪一方先报价的问题，目前还存有争议。在对方报价之前我方先报价是否有利？如果说有利，这主要在于先行报价，其影响较大。先报价的卖方实际上是为谈判规定了一个框架，最终协议将在此范围内达成。而且，第一个报价在整个谈判与磋商过程中都会持续地起作用。因此，他们可以通过修改自己的报价，获得本来得不到的好处。

先报价的不利之处在于，对方听了我方的报价后可以对他们自己的想法进行最后的调整，由于对我方的价格起点有所了解，他们就可以修改自己的报价，获得本来得不到的好处。

先报价的另一个不利之处是，对方会试图在磋商过程中迫使我方按照他们的路子谈下去，也就是说，他们会集中力量对我方的报价发起进攻，逼我方一步一步降价，而不泄露他们究竟打算出多高价。这是我方必须坚决拒绝的。我方须让他们报价、还价，决不能使谈判转变为一场围绕我方报价的攻坚战。

那么，究竟是先报价还是后报价对我方有利呢？总的来说，如果我方预计到谈判一定会竞争得十分激烈，那么，在报价阶段之前，就应当充分了解谈判的某种特点了。

作为己方先报价，有以下几方面的基本要求：

①报价的根本任务是正确表明己方的立场和利益。

②报价应以影响价格的各种因素为基础在合理的范围内报出。

③报价时应考虑己方可能获得的利益和对方能否接受

④报价要高。要根据实际情况决定报价的高低。一般而言,第一次报价可适当高些。

如果是对方先报价,作为己方应如何对付对方的报价呢?

①在对方报价过程中,不干扰对方的报价,认真听取,完整、准确、清楚地把握对方的报价内容。

②在对方报价结束后,对不清楚的地方可以要求对方予以解答。

③在对方报价结束后,应将己方对对方报价的理解进行归纳总结,并加以复述,以确认自己的理解准确无误。

④不急于还价,要求对方对其价格构成、报价依据、计算基础以及方式方法等做详细的解释,以此来了解对方报价的实质、态势、意图及其诚意,从中寻找破绽。

⑤在对方完成价格解释后,要求对方降价,在实在得不到答复的情况下提出自己的报价。

谁先报价的问题在许多合作型谈判中更加难以回答。的确,在合作气氛比较浓的场合,双方往往无须经历任何艰苦的报价和磋商阶段就能摸索着逐步前进,并达成理想的协议。这种摸索,能使双方共同认识到合情合理的最终协议的轮廓。

课题 4.2　商务谈判磋商中的讨价还价

课题 4.2.1　讨价

当一方报价,另一方还价之后,一般情况下都要进入讨价还价阶段。

1. 讨价的内涵

讨价也称回价、新的报价,它是指谈判一方根据对方的报价和自己的谈判目标,主动或应对方的要求,提出自己的价格条件。还价前应进行仔细筹划,使还价具有后发制人的威力。

买方如何向卖方讨价应有章法。根据评价的依据和卖方的态度制订讨价策略,可要求"全面重复报价",也可"针对性重报"。

根据卖方的解释和态度,买方在评价阶段结束后,可要求卖方从整体上改善价格。即便不是基本否定的评价,作为买方"首次讨价",亦可"要求卖方全面报价"。对于总体重报的价,买方仍要求有细目。不能总的降百分之多少,或多少万美元,而是调价反映在哪一项上,细目应清楚。如买方评价基调是肯定时,那么可以要求卖方就明显不合理的部分再报价,也就是虚头、水分大的部分先降价。但总体的价格并不肯定,而是悬起来,留着最后定价时谈判。

归纳讨价的做法可为:全面讨价→针对性讨价→全面讨价三个阶段。在"三个阶段中",首次全面讨价后,不限一次,视情况也可两次、三次等才可转入针对性讨价。针对性讨价可同时针对好几项讨价,也可逐项讨价,依据谈判者总体谈判策略而定。最后的总体讨价,并不是一次能够定价,故正确的讨价步骤是:全面性→针对性→全面性讨价三个阶段。

2. 讨价的作用

合理的讨价还价策略是树立在正确价值观的基础上,要考虑到己方的条件和需求,还要兼顾对方的合理利益,使对方从心理上认同、接纳、信任自己。在注重眼前利益的同时,充分考虑到战略利益及企业的长远发展。讨价还价策略的合理运用,也会给谈判对方更多的心理满足,从而营造愉快的谈判气氛,建立良好的关系,有利于促进和加强双方的合作关系,有利于合同的履行和双方的长期利益。

商务谈判磋商讨价的作用在于:

(1)有利于降低谈判成本,提高谈判效率

合理的讨价还价策略在满足对方的基础上,又同时努力地为己方争取更多、更长远的利益。追求合作与竞争的辩证统一,于合作的基础上竞争,在考虑对方合理利益、谋求一致的过程中实现双赢,加速协议的达成。

(2)有利于树立企业形象,拓宽生存空间

企业是以盈利为目的,以追求利润最大化为目标,实现企业的价值最大化。但企业的价值最大化未必等于利润最大化,而是在实现利润最大化的过程中,取得企业品牌、美誉度、社会形象等的最大化。

(3)有利于协调双方关系,提高合作水平

因为讨价是伴随着价格评价进行的,故讨价应本着尊重对方,以说理的方式进行。讨价不是买方的还价,而是启发、诱导卖方降价,为还价做准备。如果在此时"硬压",则过早进入僵局,对结果会有影响。故在初期、中期的讨价即还价前的讨价应保持在"平和信赖"的气氛中,充分说服以求最大效益。在这个阶段,无论卖方以有逻辑还是无逻辑的理由为自己的调价找借口,你都应该欢迎,给对方垫台阶,鼓励他下来。

课题 4.2.2 还价

为了推进谈判,在卖方做了数次调价后,强烈要求买方还价时,买方应还盘表示尊重对方,给谈判指明方向。

1. 还价的内涵和作用

还价也就是还盘,是指受要约人对要约做出的更改或者受要约人超过了要约的有效期才做出承诺。在面对面的谈判中,当一方听取另一方的报价说明之后,为了对对方的报价做出适应反映,可以向对方提出还价,即提出自己要求的交易条件。还价方应注意以下几点:

①在还价前要准确地弄清对方报价内容。为此,他可以向对方提出一些必要的问题。

②还价应当是符合情理的可行价。

③在还价所涉及的提问过程中,必须使对方认识到,这些问题只不过是弄清他们的报价,而不是在要求对方解释如此报价的原因。这样做不仅仅是对对方的尊重,而且对谈判双方都有好处。

当然,从另一方面来讲,报价的一方对于对方的解释报价原因的要求应予以回避。因为他已经报过价了,他完全有权要求对方做出反映,提出还价。也就是说,还价的一方可以向对方提出问题,要求他解释清楚报价,除此之外,他应当向对方还价,但不应当向对方提出诸如为什么如此报价,以及他们是如何计算这个价格的问题。

【重要知识 4-2】

还价的作用
还价好则谈判性强,对双方有利;还价不好,则使双方过于吃紧而使谈判更加紧张直至破裂。因而注重还价的方式愈发显得重要。

2. 还价的基本原则

(1)做好还价前的各项准备工作

还价不是一种简单的压低价格的行为。它必须建立在市场调查与“货比三家”的基础之上。如掌握标的物市场供应和价格状况及发展趋势、交易标的物的质量等各项技术指标、市场竞争情况等,以确保还价具有一定的科学依据。

(2)澄清对方报价的确切含义

有经验的谈判人员在接到对方报价后,不是急于要求对方解释为什么如此报价,而是要澄清对方报价的事实,使自己确切明白对方报价究竟是什么含义,而且要准确无误。当情况基本了解后,还应当把自己对对方报价的理解进行归纳总结,并加以复述,以保证还价时的准确性和严肃性。

(3)牢记目标

谈判中的讨价还价是反复进行的。因此要时刻判断讨价还价的幅度与进展离自己的成交价目标还有多远。有时还价者可以只记自己手中有多少底牌(预算),或以数额、或以百分比往外打;有时也可以记住对方再降多少数额或百分比,才能进入自己的成交区域。这样,还价者就可以有的放矢,反应迅速,信心十足。

(4)统筹兼顾

还价不能只把目光集中在价格上,应当把价格与技术、商务等各方面的数字、条件和资料联系起来,并把所有的条件作为还价的进退交换的筹码。这样,会使还价更富有实际意义,领域更广泛。同时,也会缓解还价的难度与矛盾。

(5)松紧适宜,尤其是不能过松

还价是维系双方交易命运的绳索。如果过紧,可能会使对方感到缺乏诚意,甚至愤然退出谈判。如果过松,可能会招致对手的紧逼,使自己毫无退路。处于被动地位。一般来说,应谨慎出数,适当从严从紧还价,以掌握谈判的主动权。

【案例 4-3】

日本某公司报价 1000 余万美元,技术费 300 多万美元,买方仅以近 200 万美元的还价叫出,日方主谈当场撤销报价建议,愤然离去,称“与其开玩笑”、“侮辱他们的工作态度”,此举令买方毫无退路。

(资料来源:滨州职业学院教学案例)

(6)集中统一

由于还价既有技术问题,又有策略问题。如果缺乏协调,还价一方的各个成员稍有不慎,就会出现矛盾,进而影响还价的权威性与严肃性。因此,还价既要按策略进行,又要使“正式”还价集中统一。

3. 还价的方式

还价方式主要有两种:一是按比价还,二是按分析成本还。

这两种性质的还价又具体分为以下方式:

(1)逐项还价

逐项还价即对主要设备逐台还价,对技术费、培训费、工程设计费、资料费等分项还价。

(2)分组还价

分组还价就是根据价格分析时划出的价格差距的档次分别还价。即贵的多,还价时压得就多;区别对待,实事求是。

(3)总体还价

总体还价就是把货物与软件分别集中还两个不同的价,或仅还一个总价。

采用以上方式中的哪种,应详细分析,不能死搬硬套。越适合自己情况的方式,效果越好。

【案例 4-4】

1983 年日本某电机公司出口其高压硅堆的全套生产线,其中技术转让费报价 2.4 亿日元,设备费 12.5 亿日元。包括了备件、技术服务(培训与技术指导)费 0.09 亿日元。

谈判开始后,营业部长松本先生解释:技术费是按中方工厂获得技术后,产出获利提成计算出的。取数是生产 3000 万支产品,10 年生产提成 10%,平均每支产品销价 4 日元。设备费按工序报价,清洗工序 1.9 亿日元;烧结工序 3.5 亿日元;切割分选工序 3.7 亿日元;封装工序 2.1 亿日元;打印包装工序 0.8 亿日元。技术服务部分培训费,12 人的月日本培训,250 万日元;技术指导人员费用 10 人/月,650 万日元。

(资料来源:滨州职业学院教学案例)

分析要点:卖方解释做得较好,讲出了报价计算方法和取数,给买方评论提供了依据使买方满意。由于细中有粗,给自己谈判仍留了余地,符合解释的要求。卖方采用的是分项报价,逐项解释的方式。买方面对卖方的分项报价和逐项的解释,应采用"梳篦式"的方式进行评论和还价,也就是按技术、设备、技术服务三大类来进行。还价点较多:

其一,技术价。针对卖方取数——年产量、产品单价和提成率以及年数的合理性进行还价。

其二,设备价。针对各工序设备构成按工序总价值或工序单机进行还价,如清洗工序的设备价值。

其三,技术服务。可分为技术指导和技术培训两大类,各类又可分出时间、单价、人员水平、辅助条件(吃、住、行)等点进行还价。

国际贸易中,因为各国法律都要求交易要正大光明、价格要合理。尤其在中国,外贸人员塑造形象不仅要精明,而且要尊重双方的利益、要平等互利以理服人。还价强调讲理,反映"识货"、"识礼"、"识人",但并不排斥其策略性与技巧性。

具体讲,两种还价方式的选择决定于手中掌握的比价材料。如果比价材料准确,但不优惠,而卖方坚持比价,自然选择"按比价还价",此种方式对卖方来讲容易接受;反之,就用"分析成本还价"。

先选择还价的性质,确定了两种或两种混合的变通方式后,就要具体选用其做法了:

如果卖方价格解释清楚,买方手中比价材料丰富,卖方成交心切且有耐心和时间,采用逐项还价对买方更有利。对卖方充分体现了"理"字,卖方也不会拒绝,他也可逐项防守。

如果卖方解释不足,买方掌握的材料少,但当卖方有成交的信心,然而个性急、时间紧时采用分组还价的方式对双方都有利。

如果卖方报价粗且态度强硬,或双方相持时间很长,但均有成交的愿望,在卖方已作出一两次调价后,买方也可以"货物"和"软件或技术费"两大块还价。不过还价还应还得"巧"。"巧"在既考虑了对方改善过报价的态度,又抓住他们无理的地方;既考虑到买方自己的支付能力，又掌握卖方的情绪，留有合理的妥协的余地；既做到在保护买方利益的同时，又使卖方感到有利可图而不失成交的信心。

如果不是单项采购，在所有大系统、成套项目的交易谈判中第一次还价不适用“总体还价”。但对价格差距较大的谈判，卖方往往急于知道买方总的价格态度，以决定其最终立场。若买方过早甩出总价，也许重砍之下把卖方赶跑，使谈判中断。卖方没有拿到总还价，就意味谈判未结束，在这种情况下，卖方不会轻易走，否则没有完成使命且回去也不好汇报。当然，在经过几个回合的讨价后，已经过评价——解释——讨价还价的几个周期的相持以后，定总价势在必行。

4. 还价的步骤

(1)确定还价的起点

卖方把希望寄托在买方身上，而买方对这一步要十分慎重。怎样确定还价起点？主要从以下方面着手：

①应分析卖方在买方价格评价、讨价后，其价格改善了多少。

②看卖方改善后的报价与买方拟定的成交方案之间还有多大差距。

③买方是否准备在还价后让步？若让，准备让几步？

这三条是决定还价起点的基本条件。

(2)把握还价的次数和时间

谈判的次数取决于谈判双方手中有多少余地。如买方第一次还价高，手中余地不大，则自然再还价的机会少。反之，卖方态度强硬时，手中也无可让的牌，不是逼卖方再让，就是自己也退让，否则要决裂。那么到底还几次好？从卖方固守改善二次价起，仍有两次或三次的价格改善。买方亦照此对阵，每一台阶大小视交易金额而定。

还价的时间，也是买方“退”的时刻，应十分讲究，否则会影响退的阶次。时间即“火候”，掌握得好，可少退一阶；反之，会多退。原则上讲，要求双方靠拢，他不进你不退。选择好时机。时间早晚对谈判者心理有一定影响。一般来讲，第一次还价可选择在早期谈判开始后一小时，便于听卖方看法，又可逼卖方下午再出价。第二次还价在上午10点以后较好，即早上交换了一阵子意见以后，临近中午时才退步，甚至抱着告别的架势，增加“尽了努力”、“该价已得之不易”之感。当然，下午4点以后甚至在晚上临时约谈。有“救急之感”，临上飞机之前才给出最后阶段的还价，以力图减少损失。

(3)明确交易的步骤

当双方进入议价阶段后，可能需要四个步骤才能使交易明确，即：探明对方还价的依据；对报价做出判断；互相让步；打破僵局。针对交易中的一方，对应有以下四步：

①捕捉信息，探明依据。常言说，知彼知己，百战不殆。对于对方的报价不应该直接反驳，但并不是说不要过问。事实上，无论对于报价还是回价，谈判双方都必须弄清其所以然。如前所述，对于报价的直接反问不仅于事无补，而且会使对方意识到我方对其掌握的资料、信息知之不多，产生警惕，使以后的谈判于我方不利。

②了解分歧，归类分析。在讨价过程中，双方存在分歧是很正常的。可以说没有分歧，就不会有谈判磋商的存在。一般来说，谈判磋商过程中产生的分歧大致可分为三类，即想象的分歧、人为的分歧和真正的分歧。

想象的分歧是由于一方没有很好理解对方的要求或立场而产生的，或者是由于不相信对方陈述是准确地反映了对方的要求这一事实而造成的。这种分歧的根源在于相互间的沟通不够。解决的办法是要更好地掌握相互沟通的技巧。

人为的分歧是由于一方为了种种目的,有意设置关卡而造成的。消除人为因素造成的分歧的办法一般是多留一些时间用于磋商,使谈判在不陷入僵局的前提下,一轮一轮地进行下去。

真正的分歧产生的原因是多种多样的,所以解决的办法也是多种多样的,这就要求要选择最适合的。

③掌握对方意图,做到心中有数。在尽可能分析双方之间的分歧之后,就要分析对方的真实意图。在此谈判者应对下列问题做到心中有数:

首先,在我方的报价中,哪些条件可能为对方所接受,哪些条件又是对方不大可能接受的。其次从对方对我方的报价或还价所作出的评价中流露出来的迹象和直接观察对方言行所提出的一些答案中,推断对方对其他一些问题所持反对意见的坚定性会如何。再次,在每个议题上对方还价的实力如何。最后,可能成交的范围怎样,即无论对我方还是对对方都可以接受的最佳交易条件将是什么。

④对症下药,选择方案。事实有时可能会出乎意料,使预先准备的方案不得不发生改变,这在谈判中也是常有的。一般来说,通过对双方分歧的分析和判断对方的真实意图后,如果发现双方之间存在着很大的真正分歧,那么摆在谈判者面前的选择一般有三个。

其一,建议终止谈判。一般来说,谈判者都是不愿中止谈判的,特别对卖方来说更是如此,建议中止谈判往往是不得已而采用的最后一招。

其二,全盘让步,接受对方的条件。

其三,继续进行磋商,以求交易条件在互为让步的基础上达成一致。如果双方选择这样的方式,那么磋商将会进行下去。

(4)让步

在还价过程中,一方或者双方做出适当的让步在所难免,从某种意义上来说,让步是谈判双方为达成协议而必须承担的义务。

【案例 4-5】

日本某公司向中国某公司购买电石。此时,是他们交易的第五个年头。去年谈价时,日方压了中方 30 美元/吨,今年又要压 20 美元/吨,即从 410 美元/吨压到 390 美元/吨。据日方讲,他已拿到多家报价,有 370 美元/吨,有 380 美元/吨,也有 390 美元/吨。据中方了解,370 美元/吨是个体户报的价,380 美元/是生产能力较小的工厂供的货。供货厂的厂长与中方公司的代表共 4 人组成了谈判小组,由中方公司代表为主谈。谈前,工厂厂长与中方公司代表达成了价格共同意见,工厂可以在 390 美元成交,因为工厂需订单连续生产。公司代表表示,对外不能说,价格水平由他掌握。公司代表又向其主管领导汇报,分析价格形势。主管领导认为价格不取最低,因为我们是大公司,讲质量,讲服务。谈判中可以灵活,但步子要小。若在 400 美元以上拿下则可成交,拿不下时把价格定在 405~410 美元之间,然后主管领导再出面谈。请工厂配合。中方公司代表将此意见向工厂厂长转达并达成共识,和工厂厂长一起在谈判桌争取该条件。中方公司代表为主谈。经过交锋,价格仅降了 10 美元/吨,在 400 美元成交,比工厂厂长的成交价高了 10 美元/吨。工厂代表十分满意,日方也满意。

(资料来源:滨州职业学院教学案例)

分析:从本案例中我们不难看出在磋商阶段让步是有一定的原则的。

【重要知识 4-4】

磋商过程中让步的原则
①一方的让步必须与另一方的让步幅度相同。
②双方让步要同步进行。
③为了尽可能给对方满足，不惜做适当让步，但让步是为了获取我方的利益。
④必须让对方懂得，我方每次都是做出重大的让步。
⑤要期望得高些。
⑥以适当的速度向着预定的成交点推进。

①有步骤的让步。在进行让步磋商中，要有步骤地进行。

第一，应先考虑两个主要因素：一是权衡因对方要求而作出的让步所付出的代价与不做让步所受的影响之间的利害关系与后果；二是考虑对方为获得己方的这项让步的重视程度及对方获得这项让步的成功估计。

第二，列出让步磋商清单。首先要列出我们务必要取得的项目清单，以及为了达到此目的的对策和措施；其次需要列明我们可以让步的项目清单，并尽可能地正确地预测和计划让步的程度。

第三，保持一个和谐的洽谈气氛，并制订出一个新的双方都同意的磋商方案，开始实际磋商。

第四，在让步磋商时，尽量让对方先表达意向，并给予足够的时间让其表明所有的要求，然后给其最圆满的解释，即使是相同的理由，也不妨多说一次；同时，要借助温和、礼貌、谦虚的言辞去制造良好的洽谈气氛。须知人们在满意时，往往乐意付高价。如果通过上述达不到预期效果，则可以考虑通过让步，逐渐使双方的意见取得一致，促成交易。

②有方式的让步。让步要注意方式，主要有以下方面：

第一，在最需要的时候让步。经验丰富的谈判人员在可能需要让步的时候，往往是不明白说出来的，而只为以后的行动露出些口风。

第二，以乐意换乐意，把让步变成一种不同条件的交换。

第三，运用“弃车保帅”办法，保持全局优势。

总之，不论采用什么样的方式，都要使对方感觉到我方的每一个让步都是对我方的一个重大损失，这样也可以有效地降低对方的竞争力。

课题 4.2.3 商务磋商讨价还价的意义

1. 有利于降低谈判成本，提高谈判效率

合理的讨价还价策略在满足对方的基础上，又同时努力地为己方争取更多、更长远的利益。追求合作与竞争的辩证统一，于合作的基础上竞争，在考虑对方合理利益、谋求一致的过程中实现双赢，加速协议的达成，降低谈判成本，提高谈判效率。

2. 有利于树立企业形象，拓宽生存空间

企业以盈利为目的，都是以追求利润最大化为目标，实现企业价值的最大化。但企业的价值最大化未必等于利润最大化，而是在实现利润最大化的过程中，取得企业品牌、美誉度、社会形象等的最大化。合理的讨价还价不仅能为自己争取更多的利益，拓宽企业的生存空间，也能树立企业的形象，实现企业价值最大化。

3. 有利于协调双方关系，提高合作机会

合理的讨价还价策略是树立在正确价值观的基础上的，应考虑到己方的条件和需求，还要兼顾对方的合理利益，使对方从心理上认同、接纳、信任自己。在注重眼前利益的同时，充分考虑到战略利益及企业的长远发展。讨价还价策略的合理运用，也会给谈判对方更多的心理满足，从而营造愉快的谈判气氛，建立良好的关系，有利于促进和加强双方的合作关系，有利于合同的履行和双方的长期利益。

任务小结

商务谈判磋商，是指商务谈判的双方为了实现各自的利益，寻求双方利益的共同点，而就商品交易过程中的各种条件进行的切磋与商讨。磋商是商务谈判的关键环节，它要经过报价、讨价和还价等艰难的、反复的过程。

报价阶段是商务谈判由横向铺开转向纵向深入的转折点。这一阶段主要考虑三方面的问题：一是怎样确定开盘价；二是怎样确定报价阶段；三是怎样回价。

当双方进入议价阶段后，可能需要探明对方报价、讨价、还价的依据，对报价做出判断，才能使交易明确。

还价主要包括：①还价的定义、还价的方式、还价的条件；②还价的时间、地点的把握；③让步的原则、让步的步骤和方式。

综合案例

夫妻买钟

人的需要是多重的，多方面的，人们总是渴望通过谈判来满足的各种需要也会是多重的。因此在和对方进行谈判时，我们的眼睛不能总是盯住一个方面，把其余的忽略掉。这样有时候会失去很多谈判的资源。下面的故事可以从侧面反映出这一观点。

一对夫妻在浏览杂志时看到一幅广告中当作背景的老式座钟非常喜欢。妻子说："这座钟是不是你见过的最漂亮的一个？把它放在我们的过道或客厅当中，看起来一定不错吧？"丈夫答道："的确不错！我也正想找个类似的钟挂在家里，不知道多少钱？"研究之后，他们决定要在古董店里找寻那座钟，并且商定只能出500元以内的价钱。

他们经过三个月的搜寻后，终于在一家古董店的橱窗里看到那座钟，妻子兴奋地叫了起来："就是这座钟！没错，就是这座钟！"丈夫说："记住，我们绝对不能超出500元的预算。"他们走近那座钟。"哦喔！"妻子说道："时钟上的标价是750元，我们还是回家算了，我们说过不能超过500元的预算，记得吗？""我记得，"丈夫说："不过还是试一试吧，我们已经找了那么久，不差这一会儿。"

夫妻私下商量，由丈夫作为谈判者，争取以500元买下。随后，丈夫鼓起勇气，对售货员说："我注意到你们有座钟要卖，定价就贴在座钟上，而且蒙了不少灰，显得有些旧了。"销售员看着他，心想这位顾客倒是挺能找理由的。他想听听客人接下来还有什么高见，就不动声色地看着客人。丈夫发现销售员对自己的话没有直接表示反对，觉得可能有不小的希望，他心里开始盘算着给这只古玩钟出一个他认为合理的、同时妻子又能够接受的价格。他先是停顿了几秒钟，然后煞有介事地看着销售员。他对销售员说："告诉你我的打算吧，我给你出个价，只出一次价，就这么说定。想你可能会吓一跳，你准备好了吗？"他停了一下以增强效果。"你听着——250元。"

丈夫报出价格后，自己心里也非常没底，因为他不知道自己的报价是不是太低了，而在这一行，如果报价和货品的真实价格相差太多，会遭到别人的耻笑的。令丈夫吃惊的是那座钟的售货员连眼也不眨一下，说道："卖了，那座钟是你的了。"

那个丈夫的第一个反应是什么呢？得意洋洋？"我真的很棒！不但得到了优惠，还得到了我想要的东西。"不！绝不！他的最初反应必然是："我真蠢！我该对那个家伙出价150元才对！"你也知道他的第二个反应："这座钟怎么这么便宜？一定是有什么问题！"

但既然已经谈成了价格，双方都没有什么选择了，这对夫妻只有把那只古玩钟买回家去。后来，尽管他们还是把古玩钟摆到了家里的客厅，而且这只钟表看上去相当的精致漂亮，经常得到客人的啧啧称赞，每天走得似乎也很准确，但是夫妻二人总是觉得不放心，总感觉说不准哪天它就会突然坏掉。

夫妻二人本来的愿望是以自己能够接受的价格买下那只喜欢的古玩钟，但是当自己开出的超低价码没有遭到丝毫的拒绝甚至讨价还价时，低价竟然成了两人的心病，为什么会这样？就因为那个售货员不经过价格磋商就以250元把钟卖给了他们。这就是人在谈判过程中和谈判结束后的心理问题。其实夫妻俩本来看中的是钟表本身而不是它的价格，当用自己能够接受的价格买下目标之后，就应该好好地享受购买的乐趣和货品本身的价值。然而夫妻俩最终竟然因为价格而产生不必要的忧虑，这就是多重需要带来的结果。

复习思考题

一、课堂讨论题

1. 什么是开盘价？
2. 报价的概念和作用是什么？
3. 还价的作用有哪些？
4. 还价的方式有哪些？
5. 讨价与还价的意义？
6. 还价和让步的原则有哪些？

二、单项选择题

1. 谈判过程的主体阶段是（　　）
   A. 开局　B. 准备　C. 签约　D. 商务磋商
2. 谈判中的讨价还价主要体现在（　　）上。
   A. 叙　B. 答　C. 问　D. 辩

二、实训操作

PET公司与金盘公司的谈判已开局并进入报价阶段。PET公司产品的生产成本为10000元/吨，市场平均价格为12000元/吨，公司制订了保留价格为11000元/吨，理想成交价格为11400元/吨。

本次谈判是双方第一次谈判，不会直接成交。既要给对方的谈判代表留下美好的印象，使对方感觉到我方的诚意，认识到与我方的合作可能给对方带来好处，又不能给予太多的让步，以免给后来的谈判带来麻烦。

此次谈判的成败关系到PET公司能否进入海南市场，假如你作为PET公司的谈判代表，你将如何实施报价策略，实现本次谈判目的？

任务5 商务谈判成交原理

知识（技能）框架图

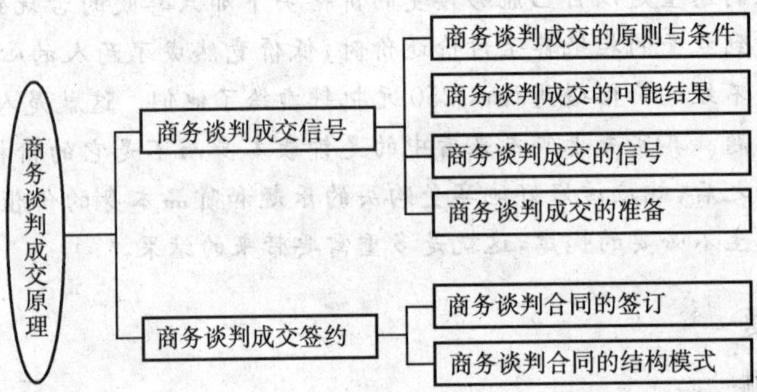

知识目标

- 了解成交的概念及成交应具备的条件
- 了解签订谈判合同应该注意的事项
- 掌握成交的各种信号

技能目标

- 能够看懂并熟练传达谈判结束时的成交信号
- 能够了解谈判合同的结构模式

任务导入

CPost公司是一家数码印刷领域的部属企业，由于现有设备已经使用接近五年，老化非常严重，经常出现零部件老化、磨损等硬件停机故障，而且设备老化也直接造成画面、文字模糊，产品质量下降，无法保证及时、优质的生产供货。为了保证生产质量，维护现有客户资源，CPost公司对外进行招标，更新数码打印设备。投标的公司分别有F公司、B公司和I公司，相对B和I公司来说，F公司的整体竞争力较强，而且F公司是Cpost的老客户。CPost公司与F公司谈判开始，双方友好地相互介绍了一番。由于谈判时间比较紧迫，很快就转入了谈判正题。F公司针对CPost公司的招标文档，分别对商务报价和技术性能进行应书报价、面答。CPost公司采购部的K经理看了F公司的商务报价书后，马上提出了质疑，指着报价书，摇了摇头，然后冷冷地说了一句："你们的价格太离谱了，更不要说优势了。"这时候CPost公司财务部的F经理干脆把报价书摔在了桌子上，语气很强硬地说："你们的报价太没有合作诚意了，三家里面就你们的价格最高，这样的报价没有什么可谈的。"对于CPost公司谈判者的激动表现，F公司的谈判人员并没有急于辩驳，温和地解释报价的构成，同时分析了自己相对于竞争对手B公司与I公司，更能帮CPost公司解决设备更新问题。毕竟采购部K经理和财务部F经理是谈判高手，很快就跳出了F公司设置的报价分析思路，坚持要F公司降价，因此双方谈判陷入了对峙局面。

任务分析

采购部和财务部经理都是谈判的高手，他们的表现具有很大的表演性质，主要是想在商务报价方面首先给F公司心理压力，迫使F公司主动降价。这也是在F公司预料之中的事，因为F公司的报价是基于分析竞争对手的报价体系，该报价高于竞争对手的最终合同价格30%左右。F公司领导给予主谈人28%左右的议价空间。因此，双方还有很大的谈判空间，而且双方也很想达成交易。因此，只要一方向另一方传递成交意图，那么谈判就能打破对峙局面，往成交的方向发展。

主要知识和技能

课题5.1 商务谈判成交信号

当谈判双方的期望已很接近时，都会产生结束谈判的愿望。成交阶段就是双方下决心按磋商达成的最终交易条件进行合作、签署协议的阶段，也就是谈判的终结阶段。

【重要知识5-1】

成交
成交：是指谈判双方达成协议，交易得到实现。成交的前提是双方对交易条件经过多次磋商达成共识，对全部或绝大部分问题没有实质上的分歧。成交方式是双方签订具有高度约束力和可操作性的协议书，为双方的商务交易活动提供操作原则和方式。

课题5.1.1 商务谈判成交的原则与条件

1. 商务谈判成交的原则

从谈判学的角度来看，谈判结束既是自然的结果，又是能动的结果。正确判定商务谈判成交可使谈判双方减少谈判损失，增大谈判收益，避免阴错阳差或误导谈判。商务谈判成交往往遵循以下基本原则。

表5-1 商务谈判成交原则

原则	主要含义
彻底性原则	所谈交易内容要全面，交易各方面的条件要谈透，不得再出现疑点。为了达到彻底性原则的要求，终局谈判时，谈判者均应"结账"与"对账"。
不二性原则	谈判结束时谈判结果必须具备不可更改性。
条法性原则	双方所达成的各种交易条件都要用相应的法律形式表达，使之具有法律的约束和追索效力。
情理兼备性原则	在谈判终结时要情绪平稳，并且理解对方的处境。

2. 商务谈判成交的条件

(1)完全了解交易的产品及产品的价值

作为买卖双方,都必须完全了解交易的产品及产品的价值。关于对产品及其价值的了解,作为卖方的谈判代表,一般来说应当不成问题,但是,在实践中卖方代表对其知之甚少的情况却屡见不鲜,这是大忌。同时,卖方要请买方再检查一下是否了解所交易的产品。如果买方在谈判行将结束时,对产品的优点仍没有充分认识,他就会拒绝在合同上签字。

(2)使对方信赖自己和自己所代表的公司

没有这种信赖,不管产品和市场多么吸引人,也不管你的口头功夫有多高,对方也会对交易成交产生犹豫。所以说,产品的声誉、企业的声誉和谈判者自己的声誉是促成商务谈判成功结束的三个基础条件。

(3)对方必须有成交的欲望

谈判者可以促使对方做出积极的决定,但却不能替对方采取行动,必须把前几个阶段的谈判工作做细做好,对方才会在强烈的欲望驱使下做出成交决定。

(4)准确把握时机

"机不可失,时不再来"的古训在谈判中不是完全正确的。这种训导经常会使谈判人员处于过分紧张的状态,以至于贸然决定成交。由于谈判者害怕失去成交的机会,所以他们往往是在恰好不适当的时候催促对方做出成交的决定。每个谈判都有些高潮和低潮,如果你没能在这个高潮中达成协议,你就必须在下一个高潮中努力使谈判达成协议。

(5)掌握促成交易的各种因素

谈判者必须很好地回答下述问题:对方是谁在掌握决策的大权?对方拒绝成交的真正原因是什么?还有没有改变对方决定的可能性?哪些因素促使对方做出成交决定?他们将会做出什么决定?他们为什么要做出这样的决定?诸如这样的问题,都是促成交易的重要因素。

(6)不应过早放弃成交努力

从长远的眼光看,否定回答是可以改变的。事情都是千变万化的,新情况随时都可能出现。所以,即使对方做出否定回答,也不应放弃自己的努力。你往往可以直率地问对方为什么,这样可以多了解些情况,有利于检查自己的工作漏洞,从而采取可行措施改变对方的看法。

(7)为圆满结束做出精心安排

通盘考虑谈判工作,应该知道上一步怎样走,下一步怎样走。一旦对方提出不同的看法,应该怎样处理。一般来说谈判的最后阶段很有可能是问题成堆的阶段,对问题解决得不好,就不会使谈判圆满结束。

课题 5.1.2 商务谈判成交的可能结果

1. 达成交易,并改善了关系

双方谈判目标顺利完成,并且实现交易,双方关系在原有基础上得到改善,促进今后进一步的合作。这是最理想的谈判结果,既实现了眼前利益,又为双方长远利益发展奠定了良好基础。要想实现这种结果,双方首先要抱着真诚合作的态度进行谈判,同时谈判中双方都能为对方着想并做出一定的让步。

2. 达成交易,但关系没有变化

双方谈判结果是达成交易,但是双方关系既没有改善也没有恶化。这也是不错的谈判结果。因为双方力求此次交易能实现各自利益，并且没有刻意去追求建立长期合作关系，也没有太大的矛盾造成不良后果，双方平等相待、互有让步，实现交易成功。

3. 达成交易，但关系恶化

虽然达成交易，但是双方付出了一定的代价，双方关系遭到一定的破坏或产生阴影。这种结果从眼前利益来看是不错的，但是对今后长期合作是不利的，或者说，是牺牲双方关系换取交易成果。这是一种短期行为，“一锤子买卖”，对双方长远发展没有好处，但为了眼前的切实利益而孤注一掷也可能出于无奈。

课题 5.1.3 商务谈判成交的信号

一项交易将要明确时，双方会处于一种准备完成时的激奋状态，这种兴奋状态的出现，往往是由于一方发出了成交信号。一般来说，成交信号通常有语言信号和非语言信号。

1. 语言信号

①谈判者用最少的言辞阐明自己的立场。谈话中表达出一定的承诺意思，但不包含讹诈的成分。如“好，这就是我最后的主张了，现在就看你的了”。

②谈判者所提的建议是完整的，绝对没有遗漏或不明确之处。这表示，如果他们的建议不被接受，除非终止谈判，否则没有别的出路。

③谈判者在阐明自己的立场时，完全是一种最后的决定的语调，语气坚定，语调平稳，不卑不亢，没有任何紧张、犹豫或不安的表示。

④回答对方的问题尽可能简单，常常只回答一个“是”或“否”，使用短语，很少谈论据，不解释原因，表明确实没有折中的余地。

⑤开始打听交货时间或使用、保养问题，询问价格优惠条件，对小问题提出具体要求，用假定口吻谈及购买等。

⑥一再向对方保证现在结束对对方最有利，告诉对方一些好的理由。

这些语言信号的出现，均表明谈判者的最后态度或在考虑准备与对方达成交易。

2. 非语言信号

(1)动作信号

成交前的动作信号主要包括：

①由静变动。在动作上由抄手、抱胸等静态的戒备性动作，转为动手操作产品，仔细触摸产品；多次翻看产品说明书，甚至按照说明书的指示与实物一一对照；出现摸口袋等签字倾向的动作。

②由紧张到放松。谈判者在谈判终结前，心理大都比较紧张，弦绷得比较紧，有一种谈判结束很难决策的焦虑和不安。一旦明确交易终结，心理一般就如释重负，自然在行为动作上会表现出放松的状态。如身体由原来的前倾变为后仰。

(2)表情信号

成交前的表情信号主要包括：

①谈判者的眼睛由慢向快转动，在产品上逗留的时间延长，眼睛发光，神采奕奕。

②谈判者的面部表情由咬牙沉腮变成明朗、放松、友好。

③谈判者的情感由冷漠、怀疑、深沉变为热情、亲切、轻松自然。

(3)进程信号

成交前的进程信号主要包括:

①提出变换洽谈环境与地点;主动提出安排对方人员的食宿。

②向对方介绍有关参与决策过程的其他人员;主要领导人或决策人出场等。

商务谈判实践中通常会有这样的情况,一场谈判旷日持久,却收效甚微,然而由于某种特殊原因,许多原本很艰难的问题却一下子得到迅速解决,这主要得益于谈判者发出谈判成交信号。发出该信号的一方试图表明己方对谈判进程的态度,在于推动对方不要在少数问题上拘泥短见,纠缠不休,并设法使对方行动起来,达成一个交易。这时应注意,不要过分地使用高压政策,否则有些谈判对手就会退步;不要过分地表示出你希望成交的热情,否则对方就会寸步不让,反而向你进攻。

课题 5.1.4 商务谈判成交的准备

1. 回顾与总结

在签约之前,有必要进行最后的回顾和总结,主要内容包括:

①是否所有的内容都已谈妥,是否还有一些未能解决的问题,以及对这些问题的最后处理方案。

②所有交易条件的谈判结果是否已经达到己方期望的交易结果或谈判目标。

③最后让步的项目和幅度。

④采用何种特殊的结尾技巧。

⑤着手安排交易记录事宜。

回顾的时间可以安排在谈判结束前一天的休息时间里进行,也可以安排一个正式的会议,并由本单位某个领导主持。这样的回顾和检查会议往往被安排在本企业与对方进行最后一轮谈判之前。对于检查的形式,这个阶段是谈判者必须做出最后决定的时刻,并且面临着是否达成交易的最后抉择,因此,进行最后的回顾与检查,应当以协议对谈判者的总体价值为根据,对那些本企业没有同意而未解决的问题,予以重新考虑,以权衡是做出相应让步还是失去这笔交易。

2. 最后报价及最后让步

(1)最后报价

在这个阶段,双方都要做最后的报价。最后报价时,谈判者要非常谨慎。因为,报价过早会被对方认为还有可能做另一次让步,等待再获取利益的机会。报价过晚,会对局面不起作用或影响太小。为了选好时机,最好把最后的让步分成两步走:主要让步在最后期限之前提出,好给对方留出一定的时间回顾和考虑;次要让步,如果有必要的话,应作为最后的"甜头",安排在最后时刻做出。

(2)最后让步

最后让步时,要注意如下几点:

①严格把握最后让步的幅度。

②最后让步幅度大小必须足以成为预示最后成交的标志。在决定最后让步幅度时,主要因素是看对方接受让步的这个人在其组织中的级别。合适的让步幅度是:对较高职位的人刚好满足他维护其地位和尊严的需要;对较低职位的人,以使对方的上司不至于指责他未能坚持

为度。

③最后的让步和要求同时并存。除非己方的让步是全面接受对方的最后要求，否则必须让对方知道，不管在己方做出最后让步之前或做出让步的全过程，都希望对方予以响应，做出相应的让步。谈判者向对方发出这种信号的方法是：a. 谈判者做出让步时，可示意对方这是他本人意思，这个让步很可能受上级的批评，所以要求对方予以相应的回报；b. 不直接地给予让步，而是指出他愿意这样做，但要以对方的让步作为交换。

3. 谈判记录及整理

在谈判中，双方一般都要做洽谈记录。重要的内容要点应交换整理成简报或纪要，向双方公布，这样可以确保协议不致以后被撕毁。因为，这种文件具有一定的法律效力，在以后可能发生的纠纷中尤为有用。在一项长期而复杂、有时甚至要延伸到若干次会议的大型谈判中，每当一个问题谈妥之时，都需要通读双方的记录，查对是否一致，不应存在任何含混不清的地方，这在激烈的谈判中尤为必要。

一般谈判者都争取己方做记录，因为谁保存记录，谁就掌握一定的主动权。如果对方向己方出示其会谈记录，那就必须认真检查、核实。因为，如果有错误的记录予以公布，同样具有法律效力，可作为谈判的原始记录存档。因此，在签约前，谈判者必须对双方的谈判记录进行核实。这种核实包括两方面：一是核实双方的洽谈记录是否一致，应认真查看对方记录，将自己的记录与对方的加以比较，若发生偏差，就应加以指出，要求修正；二是要查对双方洽谈的记录的重点是否突出、正确。检查之后的记录是起草书面协议的主要依据。

课题 5.2　商务谈判成交签约

谈判双方在交易达成后，一般都要签订书面协议或合同。协议经双方签字后，就成为约束双方的法律性文件，有关协议规定的各项条款，双方都必须遵守和执行。任何一方违反协议的规定，都必须承担法律责任。因此，对于协议的签订工作必须采取严肃认真的态度。

课题 5.2.1　商务谈判合同的签订

1. 签字前的审核

在两种文字情况下，要核对合同文本的一致性。在一种文字情况下，要核对谈判协议条件与文本的一致性。

核对各种批件，主要是项目批件、许可证、设备分交文件、用汇证明、订货卡等是否完备，合同内容与批件内容是否相等等。实践表明，文本与所谈条件不一致的情况屡屡发生。审核文本，必须对照原稿件，不能凭记忆"阅读式"审核，必须做到一字不漏。对谈判中谈过而在文字中故意歪曲的，可明确指出。对在谈判中未曾明确，或虽然经过谈论但没有一致结论的地方，还必须耐心再谈。对不能统一又属于非原则性的问题，可删去，不记录在文本中。

总之，对审核中发现的问题，要及时互相通告，态度要好，通过再谈判，达到谅解一致，并相应调整签约时间。

【案例 5-1】

一份蘑菇买卖合同，需方本意是要"无杂质、腐烂"的蘑菇，但在合同中写成了"无杂质，腐烂"，顿号写成逗号，签字时没有发现错误。货到后，需方发现有腐烂蘑菇，要求退货。但供方辩解说:"合同上写的是'无杂质,腐烂'。我们还以为你们专门要腐烂蘑菇,还纳闷你们干什么用呢?"需方怒不可遏,哪有这样的供货商,无赖至极!要求退货不成,遂上告法院,诉讼结果却是需方败诉。

【案例5-2】

某交易合同关于付款的条款文字如下:"货到后付款。"卖方在货已到达买方指定交货地点验收无误后,要求买方付款,买方却回答一年后付款,卖方急了,但是,让己方律师察看合同文字,显然,这是一条模糊不清、可能被误解、容易产生歧义的文字表述,可以理解为货到后1个月付款、货到后1年或者更久时间内付款,这些理解都是"货到后付款"。为了避免产生歧义,应表述如下才更加具体和明确:"货到后立即付款货"或"货到后1个月内付款"等。

2. 签字人的选择

商务合同的签字,是出于对合同履行的保证,应慎重对待。商务谈判结束后的合同签字人不一定是主谈人,目前,签字人的选择有如下三种情况:

①普通货物,成交金额较小,属于经常性的合同,经法人代表授权,可由业务员或部门经理签字。

②普通货物,成交金额较大,也是经常性的合同,经法人代表授权,可由部门经理负责签字。

③成交金额较大,内容特殊,或是初次发生业务的合同,要由法人代表或经法人授权的代理人签字。

对于复杂涉及面较广的合同,比如大型涉外合同,可能还需要政府在相关文件上签字。上级、有关政府部门了解、参与后,执行中若发生问题就容易解决,对合同的顺利履行有所保证。

有的国家的一些企业习惯在签约前,让对方签约人出示授权书,授权书是签约人身份的证明文件。若签约人就是公司的最高领导,可不出具授权书,但也需要以某种方式证明其身份。若签字人不是公司的最高领导,则需要出具所属企业或公司最高领导人签发的授权书。

3. 签字仪式的安排

签字仪式的举行,没有一成不变的规矩,仪式的繁简取决于双方的态度、经济上的可能和合同的分量与影响。

通常情况下,对于一般性合同的签订,双方主谈人签字即可,地点可选在谈判房间或在宴请的饭店。签字仪式可从简,与会者可站在签字人身后,也可不站。关于具体事宜的确定,可视客场谈判方的要求而定,若双方一致同意,亦可摄影留念。

对于较大型的合同,应由领导出面签字时,仪式应稍微隆重一些,要做些签字仪式方面的准备工作。比如备有专门签字的桌子,桌上要有装饰布,并选择好适当的签字场所。有时可在谈判房间,有时在宴请的宾馆设桌签字。宴请要安排好桌次,席间最好安排祝酒活动。

特别重大的合同,即涉及政府参与的合同签字仪式,须选择较高级的饭店,也可选择较为隆重的会堂。另外,签字可在一个厅,宴会应另选一个厅。根据需要,可安排相应等级的政府官员会见对方代表团成员,以示重视和尊重。在签字时,应专设签字桌,后排站领导及双方贵宾,并请新闻界记者参加。宴会前,双方代表应致词,席间应祝酒。宴会桌次、座次要严格按照来宾身份进行排列,并在席桌上摆放人名标示牌。

签字仪式的繁简要视双方的态度而定。但当对方提出要求时,应尽力配合,最好不要在这个阶段为签字仪式问题产生误会或不快。要注意礼宾程序，不可擅自做主，并要向上级主管部门及时汇报情况。

课题 5.2.2 商务谈判合同的结构模式

1. 合同的主要条款

从形式来看，商务谈判合同一般由约首、正文、约尾3部分构成。约首是合同的首部，用来表明合同的名称（如山核桃购销合同）、编号、订约的日期、地点、双方的名称（简称甲方、乙方）、地址、联系方式、订立合同的双方意愿及执行合同的保证等内容。约尾是合同的尾部，用来反映合同的效力、份数、附件和双方的签字、银行开户名称、开户银行账号等内容，也是合同中不可缺少的要件。正文是合同最重要的部分，也是合同的主要条款。其内容包括：

(1)标的

合同标的是合同双方当事人权利义务所指向的共同对象。这个标的的形式是多种多样的，如购销合同中是商品、劳务合同中是服务、建设承包工程中指的是工程。标的的语言表达要准确，如果有统一标准的要用统一标准，如果是外文表达的一定要确保翻译得准确，以防由于表达标的的问题造成分歧和纠纷。

(2)数量和品质

订立合同必须有明确的数量规定，没有数量，合同是无法生效和履行的，极易引起纠纷。对数量的要求是准确、具体，不能含糊笼统。例如，计量单位必须确切，数据要求准确，计量重要的产品还必须明确是毛重还是净重。如果数量允许或者有必要规定正负差、自然损耗率等，合同上都要规定清楚，以免引起不必要的争议。

标的的质量是内在素质和外观形态的综合，包括名称、品种、规格、型号、质量指标等。对质量标准的要求也要明确、具体，例如，写明具体的国际标准、国家标准、地方标准等；若是双方协商标准，应在合同中写明指标和数据，或另附协议，或提交样品。

(3)价款或酬金

这是取得标的的当事人一方偿付给对方的代价，在以货物为标的的合同中，这种支付的代价叫做价款；在以劳务为标的的合同中，这种支付的代价叫做酬金。价款或酬金是以货币数量表示的。对于价款或酬金，国家有关部门规定有标准的按标准执行，如无标准则双方协商约定。对价款和酬金应明确规定何种货币单位、结算方式等。

(4)履行的期限、地点和方式

合同中对期限的规定应该具体、明确，双方商定可以变通期限的，也应在合同中写明。履行地点和方式是确定验收、费用、风险和标的物所有权转移的依据，因此，在合同中明确规定履行地点，并明确费用负担的归属。自提产品要确定提货的地点；送货的产品，要对交货的地点、运费负担、途中损耗等做出规定。如果履行地点不明确，则按惯例执行。合同履行的方式，因合同的内容不同而有所区别。例如，有的合同是以提供某种商品或劳务的方式履行，有的合同需要交付所完成的一定工作成果来履行。此外，合同在规定履行方式时，可以规定一次履行或分次履行。

(5)包装和验收方法

凡需要包装的产品，都应有包装。国家有规定标准的，按国家规定标准包装；没有规定的，双方可以议定包装标准。验收是确定合同标的物是否得到履行的必要程序。验收分为数量验收、包装验收、质量验收等。验收无异议,即认为履行了合同。验收有异议,则必须在规定的时间内由双方协商解决。超过时限才提出异议的不予承认。

(6)违约责任

违约条款的约定甚为重要。违约责任条款的约定通常有两种方式:第一是约定专门的违约条款,第二是在质量责任、交付责任等约定的同时进行约定。违约责任的约定要注意不要以"依法承担违约责任"、"依法承担赔偿责任"等字眼表示,违约责任条款应明确违约责任实现程序、数额或计算方法,最简便明了的方式就是直接约定违约方支付违约金的具体数额。

(7)解决争议的方法

合同发生争议时,其解决方法包括当事人协商、第三者调解、仲裁、法院审理等几种。当事人在订立合同时,应当约定争议解决的方法。

【案例 5-3】

某年,中方某进出口公司与国外某公司以船上交货并理舱条件签订了原料购买合同。在合同执行过程中,最初国外某公司未按合同规定的交货期交货,要求修改交货时间。而后,我方某进出口公司由于租船困难,延迟装运,致使合同执行完成时间较原合同规定交货装运期延迟达一年半之久。国外公司借此合同规定,要求我方公司承担全部责任并提出迟装费和利息损失的总金额数万美元。对此,我方公司根据合同条款规定和执行情况,进行了有理、有利、有节的斗争,致使对方不得不承认对延迟装运也负有相当责任。经过双方协商,对方自负损失46%,我方承担54%的损失,双方达成和解,协商解决了纠纷。

(8)其他

除了法定的基本条款之外,双方当事人应根据实际情况约定其他有关双方权利和义务的条款,如免责、保证、不可抗力等条款。如果签订国际商务合同,还有合同适用法律的选择和确定问题。

2. 合同的格式示例

国内货物买卖合同

合 同 号:________________

签约时间:________________

签约地点:________________

购货单位:________________(以下简称甲方)

地　　址:________________

电　　话:________________

供货单位:________________(以下简称乙方)

地　　址:________________

电　　话:________________

双方同意按照下列条款由卖方出售、买方购进下列货物。

第一条 其产品名称、规格、质量(技术指标)、单价、总价等,如表所列:

材料名称及花色	规格(毫米)及型号	质量标准或技术指标	计量单位	单价(元)	合计(元)

第二条 产品包装规格及费用＿＿＿＿＿＿＿＿

第三条 验收方法＿＿＿＿＿＿＿＿

第四条 货款及费用等付款及结算办法＿＿＿＿＿＿＿＿

第五条 交货规定

1.交货方式:＿＿＿＿＿＿＿＿

2.交货地点:＿＿＿＿＿＿＿＿

3.交货日期:＿＿＿＿＿＿＿＿

4.运输费:＿＿＿＿＿＿＿＿

第六条 经济责任

1.乙方应负的经济责任

(1)产品花色、品种、规格、质量不符合本合同规定时,甲方同意利用者,按质论价。不能利用的,乙方应负责保修、保退、保换。由于上述原因致延误交货时间,每逾期一日,乙方应按逾期交货部分货款总值的万分之＿＿计算向甲方偿付逾期交货的违约金。

(2)乙方未按本合同规定的产品数量交货时,少交的部分,甲方如果需要,应照数补交。甲方如不需要,可以退货。由于退货所造成的损失,由乙方承担。如甲方需要而乙方不能交货,则乙方应付给甲方不能交货部分货款总值的＿＿%的罚金。

(3)产品包装不符合本合同规定时,乙方应负责返修或重新包装,并承担返修或重新包装的费用。如甲方要求不返修或不重新包装,乙方应按不符合同规定包装价值＿＿%的罚金付给甲方。

(4)产品交货时间不符合同规定时,每延期一天,乙方应偿付甲方以延期交货部分货款总值万分之＿＿的罚金。

(5)乙方未按照约定向甲方交付提取标的物单证以外的有关单证和资料,应当承担相关的赔偿责任。

2.甲方应负的经济责任

(1)甲方如中途变更产品花色、品种、规格、质量或包装的规格,应偿付变更部分货款(或包装价值)总值＿＿%的罚金。

(2)甲方如中途退货,应事先与乙方协商,乙方同意退货的,应由甲方偿付乙方退货部分货款总值＿＿%的罚金。乙方不同意退货的,甲方仍须按合同规定收货。

(3)甲方未按规定时间和要求向乙方交付技术资料、原材料或包装物时,除乙方愿将交货日期顺延外,每顺延一日,甲方应付给乙方顺延交货产品总值万分之____的罚金。如甲方始终不能提出应提交的上述资料等,应视中途退货处理。

(4)属甲方自提的材料,如甲方未按规定日期提货,每延期一天,应偿付乙方以延期提货部分货款总额万分之____的罚金。

(5)甲方如未按规定日期向乙方付款,每延期一天,应按延期付款总额万分之____计算付给乙方,作为延期罚金。

(6)乙方送货或代运的产品,如甲方拒绝接货,甲方应承担因此而造成的损失和运输费用及罚金。

第七条 产品价格如需调整,必须经双方协商。如乙方因价格问题而影响交货,则每延期交货一天,乙方应按延期交货部分总值的万分之____作为罚金付给甲方。

第八条 甲、乙任何一方如要求全部或部分注销合同,必须提出充分理由,经双方协商提出注销合同一方须向对方偿付注销合同部分总额____%的补偿金。

第九条 如因生产资料、生产设备、生产工艺或市场发生重大变化,乙方须变更产品品种、花色、规格、质量、包装时,应提前____天与甲方协商。

第十条 本合同所订一切条款,甲、乙任何一方不得擅自变更或修改。如一方单独变更、修改本合同,对方有权拒绝生产或收货,并要求单独变更、修改合同一方赔偿一切损失。

第十一条 甲、乙任何一方如确因不可抗力的原因,不能履行本合同时,应及时向对方通知不能履行或需延期履行、部分履行合同的理由。在取得有关机构证明后,本合同可以不履行或延期履行或部分履行,并全部或者部分免予承担违约责任。

第十二条 本合同在执行中如发生争议或纠纷,甲、乙双方应协商解决,解决不了时,双方可向仲裁机构申请仲裁或向人民法院提起诉讼。(两者选一)

第十三条 本合同自双方签章之日起生效,到乙方将全部订货送齐经甲方验收无误,并按本合同规定将货款结算以后作废。

第十四条 本合同在执行期间,如有未尽事宜,得由甲乙双方协商,另订附则附于本合同之内,所有附则在法律上均与本合同有同等效力。

第十五条 本合同一式____份,由甲、乙双方各执正本一份、副本____份。

订立合同人:

甲　方:______(盖章)	乙　方:______(盖章)
代理人:______(盖章)	代理人:______(盖章)
负责人:______(盖章)	负责人:______(盖章)
地　址:______	地　址:______
电　话:______	电　话:______
开户银行、账号______	开户银行、账号______

国际货物出口合同

合同编号(No.)：__________

签约地(Signed at)：__________

日 期(Date)：__________

卖方(Seller)：__________

地址(Address)：__________

电话(Tel)：__________传真(Fax)：__________

电子邮箱(E-mail)：__________

买方(Buyer)：__________

地址(Address)：__________

电话(Tel)：__________传真(Fax)：__________

电子邮箱(E-mail)：__________

买卖双方经协商同意按下列条款成交：

The undersigned Seller and Buyer have agreed to close the following transactions according to the terms and conditions set forth as below：

1. 货物名称、规格和质量(Name, Specifications and Quality of Commodity)：

2. 数量(Quantity)：

3. 单价及价格条款(Unit Price and Terms of Delivery)：

除非另有规定，"FOB"、"CFR"和"CIF"均应依照国际商会制定的《国际贸易术语解释通则》(INCOTERMS 1990)办理。

The terms "FOB" "CFR" or "CIF" shall be subject to the "International Rules for the Interpretation of Trade Terms" (INCOTERMS 1990) provided by International Chamber of Commerce (ICC) unless otherwise stipulated herein.

4. 总价 (Total Amount)：

5. 允许溢短装(More or Less)：_____%。

6. 装运期限(Time of Shipment)：

收到可以转船及分批装运之信用证_____天内装运。

Within _____ days after receipt of L/C allowing transshipment and partial shipment.

7. 付款条件(Terms of Payment)：

买方须于_____前将保兑的、不可撤销的、可转让的、可分割的即期付款信用证开到卖方，该信用证的有效期延至装运期后_____天在中国到期，并必须注明允许分批装运和转船。

By Confirmed, Irrevocable, Transferable and Divisible L/C to be available by sight draft to reach the Seller before _____ and to remain valid for negotiation in China until _____ after the Time of Shipment. The L/C must specify that transshipment and partial shipments are allowed.

买方未在规定的时间内开出信用证，卖方有权发出通知取消本合同，或接受买方对本合同未执行的全部或部分，或对因此遭受的损失提出索赔。

The Buyer shall establish the covering Letter of Credit before the above-stipulated time, failing which, the Seller shall have the right to rescind this Contract upon the arrival of the notice at Buyer or to accept whole of and part of this Contract non fulfilled by the Buyer, or to lodge a claim for the direct losses sustained if any.

8. 包装(Packing):

9. 保险(Insurance):

按发票金额的______%投保______险,由______负责投保。

Covering ______Risks for % of Invoice Value to be effected by the ______.

10. 品质/数量异议(Quality/Quantity discrepancy):

如买方提出索赔,凡属品质异议须于货到目的口岸之日起30天内提出,凡属数量异议须于货到目的口岸之日起15天内提出,对所装货物所提任何异议由保险公司、轮船公司、其他有关运输机构或邮递机构所负责者,卖方不负任何责任。

In case of quality discrepancy, claim should be filed by the Buyer within 30 days after the arrival of the goods at port of destination, while for quantity discrepancy, claim should be filed by the Buyer within 15 days after the arrival of the goods at port of destination. It is understood that the Seller shall not be liable for any discrepancy of the goods shipped due to causes for which the Insurance Company, Shipping Company, other Transportation Organization /or Post Office are liable.

11. 由于发生人力不可抗拒的原因,致使本合约不能履行,部分或全部商品延误交货,卖方概不负责。

The Seller shall not be held responsible for failure or delay in delivery of the entire lot or a portion of the goods under this Sales Contract in consequence of any Force Majeure incidents which might occur. Force Majeure as referred to in this contract means unforeseeable, unavoidable and insurmountable objective conditions.

12. 仲裁(Arbitration):

凡因本合同引起的或与本合同有关的任何争议,均应提交中国国际经济贸易仲裁委员会,按照申请仲裁时该会现行有效的仲裁规则进行仲裁。仲裁裁决是终局的,对双方均有约束力。

Any dispute arising from or in connection with this Contract shall be submitted to China International Economic and Trade Arbitration Commission for arbitration which shall be conducted in accordance with the Commission's arbitration rules in effect at the time of applying for arbitration. The arbitral awards is final and binding upon both parties.

13. 通知(Notices):

所有通知用______文写成,并按照如下地址用传真/快件送达给各方。如果地址有变更,一方应在变更后______日内书面通知另一方。

All notice shall be written in ______ and served to both parties by fax/courier according to the following addresses. If any changes of the addresses occur, one party shall inform the other party of the change of address within ______ days after the change.

14. 本合同为中英文两种文本,两种文本具有同等效力。本合同一式 ______份。自双方签字(盖章)之日起生效。

This Contract is executed in two counterparts each in Chinese and English, each of which shall be deemed equally authentic. This Contract is in ______ copies effective since being signed/sealed by both parties.

The Seller： The Buyer：

卖方签字： 买方签字：

任务实施

1. 实施思路

F公司谈判人员决定要力促交易成交，但是降价要慎重，在对方没有发出成交信号之前，不能做大幅度的让步。

2. 实施步骤

(1)讨价还价

"K经理，鉴于我们以前一直和你们有合作，我们这次给贵单位的报价是在内部申请特批价格的，真的很难再有空间。如果贵单位可以在付款时间、首付款的比例方面再配合一下的话，我争取再和公司申请一些的优惠，还不知道能不能申请下来，你看怎么样能够比较合理?"Cpost采购部K经理说："至少在原有价格上降低30%，否则免谈"。"哇，哇，哇，不可能，我们报的都是实价，根据我们和贵公司多年的合作，我们最多再降低15%。"财务部F经理质疑的表情，眉角下拉说："15%一点诚意也没有，我看你们根本就没有诚意，是不是不想谈了?"F公司代表摇了摇头，摊开双手，很无奈地说："真的我这边降价空间很小，如果贵公司有诚意，那么再说一个实际可以操作的心理预期幅度，我去申请一下，真的还不知道能不能申请下来。"采购部K经理说："至少降低25%，这是我们的底线，你也不用多说了，能申请就接着谈，没有的话，那就算了。"

(2)F公司第一次让步

又经过一段时间的磋商，F公司的谈判代表站立起来，斩钉截铁地说："好吧，我们最终价格再降低7%，就是总共降低了22%了，但是付款方式必须按照我们合同的内容进行……"采购部K经理脸上短暂地露出一丝高兴的表情，但是他还是装作不耐烦地说："好了，就按照你们说的付款方式，但是价格至少降低25%，这样总没有问题吧。"F公司的代表心里一阵高兴，这个价格已经在公司给予他们的授权价格范围内了，但还是不动声色地说："我尽量向公司申请优惠，以前都从来没有卖过这么低的价格，我只能说尽量申请。"F公司代表于是跑到休息室，假装打了个电话申请价格，其他代表在会议室向Cpost的代表诉说他们报价很低。过了一会，F公司代表告诉Cpost的与会人员，经过他和公司领导的努力，最后争取到了降价25%，我还因为这次价格让步申请被领导责备。于是双方达成了价格意向。

(3)F公司第二次让步

正当F公司的谈判代表感觉谈判进程都在他们计划内进行的时候，这时对方采购部K经理和生产部门的M经理，突然提出了一个非常尖锐、难缠的问题，K经理对于F公司现有的旧设备很快就要停止服务、并且不再提供耗材非常不满，K经理气势汹汹、表情非常严肃地要求F公司处理现有已经快要停服的设备后续工作，因为现有设备仅仅购买了5年，而且打印损耗很少，这样5年就进行资产折旧的话，会造成他们很大的财务压力，如果能够再延续维护3年，那么他们的折旧就会好很多，并且说如果不能解决这个问题，那么和F公司的这次合作基础就没有了。不愧是谈判的资深人员，CPost 这次采购针对 F 公司是有备而来，在商务谈判临近结束的时候，F 公司给予 CPost 的优惠条件也提供得差不多的时候，再推出这个 F 公司的软肋，作为新的谈判筹码，搞得对方措手不及。谈判都进行到这一步了，觉得放弃又很可惜，但是要走出这个困境难度相当的大。由于这个现有设备后续处理的问题在招标书上没有涉及，所以 F 公司也没有准备，这时给他们很大的压力，整个谈判顿时陷入僵局。于是 F 公司的代表提出关于现有设备延续服务的问题要请示总部，决定暂时中止谈判。

休会期间，F 公司现场的小组内部讨论了一下，首先分析他们的公司政策和客户的实际需求，寻找解决问题的办法。因为他们公司政策原因，对于该款产品的服务、配件中止供应是位于美国的公司全球服务部决定的，是全球范围内的行动，不是仅仅针对中国的行为，所以对于 CPost 的延续服务的承诺是无法实现的，也是无法签署到合同内的。但是，这时候 F 公司小组的售后服务部经理灵光一闪，依靠他多年的售后服务经验以及对公司内部政策的了解，想出了一个很好的解决方案。“客户其实就是需要我们提供 3 年内的服务以及耗材，目前基本的维修服务，经过 5 年的锻炼实践，客户基本也能自己进行维护了，实在不行我们工程师过来维修也没有问题，最主要的难点其实就是在耗材、备件更换上。因为等到停服的话，所有耗材、配件都会停止供应，到时候就会‘巧妇难为无米之炊’了，设备一旦发生故障，缺少更换的零部件，就无法修复。现在最可行的办法就是在公司还没有停服之前，我们根据工程师的经验以及客户维修记录，先申请大概 3 年内可能会用到的耗材、易损件、备件，然后再加强以后日常维护保养，这样应该可以增加设备的使用年限，减少设备的磨损。”现场初步决定下来后，通过电话和公司领导汇报了目前的情况，并提出了他们的建议，很快得到了领导的支持。

回到会议现场，因为刚才客户提出的问题让他们措手不及，所以 F 公司代表清了清嗓子，冷静一下心态，然后站立起来：“首先我需要说明的是，这次设备停服，是我们公司全球服务部的决定，并不是中国部门能够决定的，但是通过我们公司深入地讨论、积极努力地争取，提出以下的解决方案，供 CPost 参考：就是通过提前准备 3 年左右的耗材、易损件、备件来保证贵单位今后 3 年的设备正常使用……并且，考虑到具体操作的可行性，对于保证 3 年左右的备件，我们最终会以量化的形式体现，就是根据工程师的经验以及客户维修记录，计算出 3 年期间大概需要的数量，然后提前向公司申请，具体的数量还需要进一步计算，明天才能得到最终数据。需要再次强调的是这么大批量的申请库存、备货，是我们公司经过非常大的努力才申请审批通过的，我们公司为了维护贵单位这样的老客户，已经作出了巨大的让步和想尽一切办法协助解决贵单位存在的问题。另外，贵单位要求将该解决方案也一起写入合同书中，我们觉得有些不妥，因为该种方案是非常特殊的解决方法，而且和本次招标合同的正式文档无关，我们建议在合同签订的同时，我们售后服务部门现场签下该份申请资料，发回公司总部申请备货。”接着，该谈判人员坐下来，眼睛直视 K 经理，放慢语速压低语气：“K 经理，其实对于贵公司目前存在的设备延续使用的问题，只有我们公司能够帮助你们解决，其他公司都没有办法。这次招标如果和我们合作，那么不单只解决了你们单位下一步发展的问题，也解决了你们单位以前购买设备存在的问题，8 年的折旧可以完全满足你们行业内部折旧的要求和财务指标，你们也将得到最大的利益，我们也赢得合同，这样我们才能真正实现双赢。”F 公司谈判代表将双方的利益说明白，直接点到 CPost 最关心的两个核心利益，并且协助他们解决，使得客户感觉很有成就感。

(4)Cpost 公司传递成交信号

K 经理又扶了扶他的眼镜，和周围的各位同事低声交流了几句后，CPost 的谈判人员觉得真正取得了较大的利益，内部很快达成共识，所以非常爽快地说："好的，时间也不早了，双方大的分歧今天基本沟通完毕，那么你们接下来将材料再和生产部的 M 经理确认一下，明天早上我们最终谈判一次，主要是处理今天遗留的一些小问题。"

由于第一天谈判进行得比较顺利，当谈判到第二天，已经没有特别大的冲突，主要是针对遗留问题的一些确认，就达成了最终的协议，F 公司接着对所有的达成一致的问题加以清理，以防止遗漏，为日后的合同签署作好准备。最后，将所有的谈判的结果形成文字，即包括技术附件和合同文本，然后上报给 CPost 的 J 局长做最终决策。同时，F 公司还确定最终答复的时间与方式等具体操作性问题。这些文字总结和后续安排通告都是谈判即将结束的信号。

3. 实施结果

从谈判的过程来说，虽然跌宕起伏，发生了一些 F 公司预料以外的问题，整个谈判过程比较艰辛，但是经过 F 公司的努力，最终达到了他们预期的效果，客户通过 F 公司代表谈判过程中的表述，对于他们的整体解决方案比较满意，满足了 Cpost 公司今后业务发展需求，也解决了目前存在的设备延续服务的问题，达到了双方共赢的目的。果然，过了一周时间，CPost 就宣布他们公司的产品方案，在三家竞争厂家中脱颖而出，独家中标。

拓展性阅读

【拓展性阅读 1】

商务谈判终结的判断

1. 从谈判涉及的交易条件来判定

(1)考察交易条件中的分歧数。从数量上看，如果双方已达成一致的交易条件占据绝大多数，所剩的分歧数量仅占极小部分，就可以判定谈判已进入终结阶段。因为量变会导致质变，当达到共识的问题数量已经大大超过分歧数量时，谈判性质已经从磋商阶段转变为终结阶段，或者说成交阶段。其次，从质量上看，如果交易条件中最关键最重要的问题都已经达成一致，仅余留一些非实质性的无关大局的分歧点，就可以判定谈判已进入终结阶段。

(2)考察谈判对手交易条件是否进入己方成交线。成交线是指己方可以接受的最低交易条件，是达成协议的下限。如果对方认同的交易条件已经进入己方成交线范围之内，谈判自然进入终结阶段。当然己方还想争取到更好一些的交易条件，但是己方已经看到可以接受的成果，这无疑是值得珍惜的宝贵成果。

2. 从谈判时间来判定

(1)双方约定的谈判时间。在谈判之初，双方一起确定整个谈判所需要的时间，谈判进程完全按约定的时间安排，当谈判已接近规定的时间时，自然进入谈判终结阶段。按约定时间终结谈判对双方都有时间的紧迫感，促使双方提高工作效率，避免长时间地纠缠一些问题而争辩不休。如果在约定时间内不能达成协议，一般也应该遵守约定的时间将谈判告一段落，或者另约时间继续谈判，或者宣布谈判破裂，双方再重新寻找新的合作伙伴。

(2)单方限定的谈判时间。由谈判一方限定谈判时间，随着时间的终结，谈判随之终结。在谈判中占有优势的一方，或是出于对己方利益的考虑需要在一定时间内结束谈判；或是还有其他可选择的合作者，因此请求或通告对方在己方希望的时限内终结谈判。

(3)形势突变的谈判时间。本来双方已经约定好谈判时间，但是在谈判进行过程中形势发生突然变化,如市场行情突变、外汇行情大起或大落、公司内部发生重大事件等,谈判者突然改变原有计划,比如要求提前终结谈判。这是由于谈判的外部环境在不断发展变化,谈判进程不可能不受这些变化的影响。

3. 从谈判策略来判定

(1)最后立场策略。谈判者经过多次磋商之后仍无结果,己方阐明自己最后的立场,讲清只能让步到某种条件,如果对方不接受,谈判即宣布破裂;如果对方接受该条件,那么谈判成交。这种最后立场策略可以作为谈判终结的判定。

(2)折中进退策略。折中进退策略是指将双方条件差距之和取中间条件作为双方共同前进或妥协的策略。例如,谈判双方经过多次磋商互有让步,但还存在残余问题,而谈判时间已消耗很多,为了尽快达成一致实现合作,己方提出一个比较简单易行的方案,即双方都以同样的幅度妥协退让,如果对方接受此建议,即可判定谈 判终结。

【拓展性阅读 2】

商务谈判结束的另外两种方式:破裂、中止

1. 破裂是指双方经过最后的努力仍然不能达成共识和签订协议,从而结束谈判。谈判破裂的前提是双方经过多次努力之后,没有任何磋商的余地,至少在谈判范围内的交易已无任何希望,谈判再进行下去已无任何意义。谈判破裂依据双方的态度可分为友好破裂结束谈判和对立破裂结束谈判:

(1)友好破裂结束谈判是指双方互相体谅对方面临的困难,讲明难以逾越的实际障碍而友好地结束谈判的做法。友好谈判破裂并没有使双方关系破裂,反而通过充分的了解和沟通,产生了进一步合作的愿望,为今后双方再度合作留下可能的机会。我们应该提倡这种友好的破裂方式。

(2)对立破裂结束谈判是指双方或单方在对立的情绪中愤然结束未达成任何协议的谈判。这种破裂不仅没有达成任何协议,而且使双方关系恶化,今后很难再次合作。所以,在破裂不可避免的情况下,首先要尽力使双方情绪冷静下来,不要使用过激的语言,尽量使双方能以友好态度结束谈判,至少不要使双方关系恶化;其次,要摆事实讲道理,不要攻击对方,要以理服人,以情感人,以礼待人,这样才能体现出谈判者良好的修养和风度。

2. 中止谈判是谈判双方因为某种原因未能达成全部或部分成交协议而由双方约定或单方要求暂时终结谈判的方式。中止如果是发生在整个谈判进入最后阶段,在解决最后分歧时发生中止,就是终局性中止,并且作为一种谈判结束的方式被采用。中止可分为有约期中止与无约期中止。

(1)有约期中止谈判是指双方在中止谈判时对恢复谈判的时间予以约定的中止方式。如果双方认为成交价格超过了原规定计划或让步幅度超过了预定的权限,或者尚需等上级部门的批准,使谈判难以达成协议,而双方均有成交的意向和可能,于是经过协商,一致同意中止谈判。这种中止是一种积极姿态的中止,它的目的是促使双方创造条件最后达成协议。

(2)无约期中止谈判是指双方在中止谈判时对恢复谈判的时间无具体约定的中止方式。无约期中止的典型是冷冻政策。在谈判中,或者由于交易条件差距太大,或者由于特殊困难存在,而双方又有成交的需要而不愿使谈判破裂,双方于是采用冷冻政策暂时中止谈判。此外,如果双方对造成谈判中止的原因无法控制时,也会采取无约期中止的做法。例如,涉及国家政策突然变化,经济形势发生重大变化等超越谈判者意志之外的重大事件时,谈判双方难以约定

具体的恢复谈判的时间，只能表述为："一旦形势许可"、"一旦政策允许"，然后择机恢复谈判。这种中止双方均出于无奈，对谈判最终达成协议造成一定的干扰和拖延，是被动式中止方式。

综合案例

国际三大矿业公司拉开与日本的铁矿石谈判

2008年1月，国际三大矿业公司访问日本，并拉开了与日本方面进行的国际铁矿石价格谈判。三巨头之一的巴西淡水河谷(VALE)公司首席执行官也将访华，宝钢与矿业公司的第二轮谈判也将正式启动。日本钢厂方面人士表示，日本在2008年度的谈判中不会贸然与供方达成协议，很可能紧随中国。

在2005年日本因率先签订铁矿石上涨71.5%的协议而备受全球钢企埋怨，2008年，日本钢厂传来消息称，此次不会再贸然先达成协议，而是密切关注中国与矿业巨头的谈判进程。有市场消息称，巴西淡水河谷要求70%以上的涨幅，澳洲方面不急于定价，但是也提出涨价50%的心理价位，并要求另加海运费补偿。而中国钢厂普遍期望值是涨幅控制在30%以下，而且坚决反对海运补偿。中外都很难找到谈判的切入点。

联合金属分析师胡凯表示，这表明第二轮谈判双方达成一致的可能性仍然很小，目前影响2008年铁矿石价格的基本面都不明朗，且可能向有利于钢厂的方向发展，钢铁企业可继续等待最佳时机，不需要急于结束谈判。

国内建筑钢材的需求明显降低，近两周以来，国内钢材市场处于稳中缓跌的趋势，并且受到钢材电子远期交易价格下跌的影响，市场表现一般。同时多数研究机构认为全球经济减速将不可避免，对国内外钢材市场的影响也不甚明晰。

业内人士认为，随着国家对出口关税的调整，出口钢材的减少或将影响国内钢材使价格回落，从而令国内铁矿石需求暂时放缓，这有助于增大中国方面在谈判上的砝码。但是也有另一种可能，如果中方有意拖延，可能会刺激矿山进一步对中国削减长期协议的铁矿石供应量，转而投放到现货市场。

谈判的最后结果是中国宝钢集团代表中国钢企与全球最大铁矿石生产商——巴西淡水河谷达成协议，同意2008年度铁矿砂价格上调65%，高质量的卡拉加斯粉矿则上涨71%。

麦格理分析师 HenryLiu 表示："我并不感到惊讶，从中国的角度看，这是一个令人愉快的结果，多数钢铁企业更关注中国最终是否会为澳洲铁矿石出更高的价格。"

(资料来源：卞桂英，刘金波. 国际商务谈判. 北京大学出版社，2008.)

复习思考题

一、名词解释

成交　　破裂　　中止

二、课堂讨论题

1. 在商务谈判中，如果一方想成交，可以向对方发出什么信号？

2. 谈判合同签字前应注意什么问题？

3. 达成交易应具备哪些条件？

三、多项选择题

1. 商务合同的正文部分包括的内容主要有(　　)

A. 合同标的　　B. 合同的有效期限

C. 违约责任　　D. 价格与支付条件

E. 合同的签署与批准

2. 商务谈判成交的条件包括(　　)

A. 完全了解交易的产品及产品的价值

B. 使对方信赖自己和自己所代表的公司

C. 对方必须有成交的欲望

D. 准确把握时机

E. 为圆满结束做出精心安排

3. 以下属于成交的非语言信号的是(　　)

A. 动作信号　　B. 表情信号

C. 进程信号　　D. 语言信号

四、实训

1. 结合相关知识撰写商务谈判合同文本。

2. 模拟商务谈判，通过实践使学生掌握成交阶段的信号、方法及其注意事项等技能、技巧。

谈判内容：数字图书馆电教仪器。

采购方：长兴县教育局电教仪器站数字图书馆。

供货方：一鑫仪器设备有限公司。

要求：(1)由学生自行分组，每组3～5人，分别自行设定身份；

(2)活动方案的制订、可行性论证及方案的修改；

(3)活动结束后，各组分别进行谈判过程的回顾，并进行总结。

模块二

策 略 篇

任务6

商务谈判准备策略

知识（技能）框架图

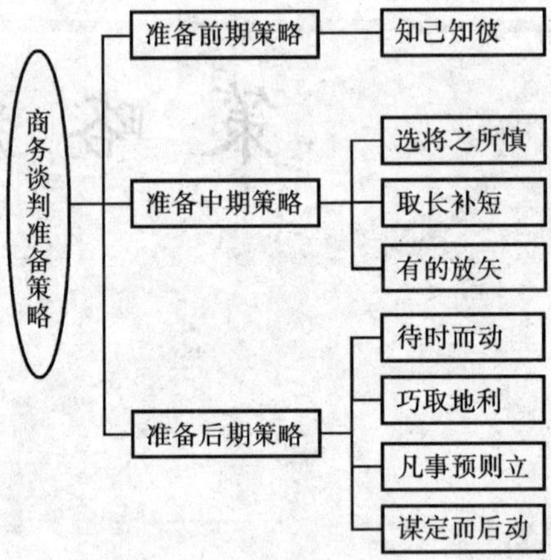

知识目标

- 了解商务谈判准备阶段有哪些策略

技能目标

- 能够运用商务谈判准备策略为商务谈判服务

任务导入

一场关系到松下电器公司前途命运的谈判

1952年，日本松下电器公司与荷兰菲利浦公司就有关技术合作问题进行商务谈判。菲利浦公司提出技术使用费的提成率为销售额的7%，松下幸之助先生经过艰苦的斗争，把提成率压低到4.5%，但菲利浦公司又提出新的要求作为提成率优惠的条件：专利转让费定为55万美元，并且必须以总付形式一次付清。

当时松下电器公司的资本总额不过五亿日元，而55万美元相当于两亿日元！这笔技术转让费对松下公司来说的确是一个相当沉重的负担。对方的要求、条件能否接受呢？妥协和退让值不值得做呢？松下幸之助感到极度的犹豫。合同文本是由菲利浦公司拟就的，其中的违约和处罚条款的订立也都有利于菲利浦公司。

任务分析

松下幸之助在形势对己不利的情况下考虑到了“假人之手，从中渔利”的策略：如果做些妥协、退让，接受对方的条件和要求，付出这笔钱，对松下公司的发展，对日本电子工业的发展都是有利的，因为接受了条件和要求，就可以利用对方的技术专利，为自己生财，这叫“借脑生财”。

主要知识和技能

策略6.1 商务谈判准备前期策略

准备就是一切！

——哈姆雷特

我不知道我的智商如何，我想它不很高。但是我可以说，无论我作为起诉人或是辩护律师，假如给我一个黄皮本，一支笔，给我一二百个小时的时间，我不在乎我的对手如何聪明，不在乎他是《哈佛法学评论》的总编，也不在乎他是全美模拟法庭竞赛的获胜者，倘若他在办理一个复杂的案件时在其辩论上只投入了少量的准备，尽管我并非一个赌徒，我也十有八九要在最后裁决上赢他。很明显，你同样能做到。如果这给人自负的感觉，那就让我把它称作自信！

——布格里奥西在哈佛校友会上的讲话

商务谈判准备前期很重要。准备前期策略中，主要介绍“知己知彼”策略。

准备前期策略 知己知彼——了解自己，探查对手

《孙子·谋攻篇》中说：“知己知彼，百战不殆；不知彼而知己，一胜一负；不知彼，不知己，每战必殆。”意思是说，在军事纷争中，既了解敌人，又了解自己，百战都不会有危险；不了解敌人而只了解自己，胜败的可能性各半；既不了解敌人，又不了解自己，那只有每战都有危险。

“知己知彼，百战不殆”，用在商务谈判中，重在了解谈判双方的实力。对自己本方的情况了如指掌，就能对自己在谈判中所处的位置有个清晰的实力定位，更为恰当地制订谈判的目标；对对手的情况了如指掌，才能探察对手的真实需要，才能避实击虚，掌握谈判的主动权。

【案例6-1】

日本人探知大庆油田信息

20世纪60年代，中国大庆油田还处于保密时期，但是日本人却最先判断、分析出大庆油田的情况，以至在后来与中国谈判购买设备时占了先机。

1964年4月20日《人民日报》社论《大庆油田大庆人》；

周总理接见王进喜时身穿大皮袄的画报；

《人民日报》一则新闻报道：“王进喜到马家窑，说了一声‘好大的油田呀！我们要把中国石油落后的帽子甩到太平洋去！”

1966年7月《中国画报》刊登表彰大庆油田炼油厂的照片；

《人民日报》上一幅含有钻台手柄的照片。

井喷，用身体搅拌水泥的图片

头戴大皮帽身穿大皮袄的图片

手拿钻台手柄的照片

日本人由上面的报道获取了如下信息：

通过画报封面上铁人王进喜身穿大皮袄的样式，以及下着鹅毛大雪的照片，推断出大庆可能位于东三省的结论；

通过《人民日报》一条新闻报道中“王进喜到马家窑，说了一声‘好大的油田呀！我们要把中国石油落后的帽子甩到太平洋去！’”，推断出马家窑就是大庆的中心；

从报刊报道的大庆的设备全是肩扛人抬，又得到一个推断：马家窑离火车站不远，远了就抬不动了；

通过王进喜进京参加全国人民代表大会的报道，日本人推断中国大庆油田一定出油了，不出油就当不上人大代表；

根据《人民日报》一幅照片上钻台手柄的架势，计算出了油井的直径；

根据中国国务院的政府工作报告，估算出了大庆油田的实际生产能力。

考虑到中国还没有生产油田专用设备的技术，他们推断，不久后中国肯定要向国际招标，根据这些材料，日本石油化工设备公司立即组织人力、物力进行精心设计。果然正如日本人所料，我国大庆油田出油后，向世界各国征求设计方案和油田专用设备，英、美等国虽然技术力量雄厚，但因毫无准备，被日本人抢先了一步，把这笔大生意夺走了。

从以上谈判事例我们不难看出，收集信息是每一位谈判专家在谈判前都必须做的事情，即使是看起来微不足道的信息也会对谈判的进展起重要作用。

在两军对垒的谈判中，认真收集信息的好处在于：一方面，这些信息可以使你能正确地评估出对方的立场是否有道理；另一方面，你可以根据这些信息，来估计这会对你方谈判方案的每个内容产生怎样的影响。

俗话说：巧妇难为无米之炊。信息情报就好像是谈判桌上谈判人员的给养，只有掌握了深入细致的情报信息，才能更好地制订出相应的战略决策，在扑朔迷离的谈判桌上争取到主动权。所以，对于谈判人员而言，应该尽一切可能，准备好各种相关的情报资料。谈判的情报资料的研究，是建立在有关信息资料的收集与整理基础之上的，是谈判的准备阶段中可行性研究的基础工作。在谈判开始之前，对资料的收集与分析越是充分，其可行性研究工作就越是准确。这就要求谈判人员在谈判之前，尽可能地更多、更好地掌握信息，占有资料。

正如英国著名哲学家弗朗西斯·培根在《谈判论》一文中所说："与人谋事，则须知其习性，以引导之；明其目的，以劝诱之；请其弱点，以威吓之；察其优势，以钳制之。与奸猾之人谋事，唯一刻不忘其所图，方能知其所言；说话宜少，且需出其最不当意之际，于一切艰难的谈判之中，不可存一蹴而就之想，唯徐而图之，以待瓜熟蒂落。"

策略6.2 商务谈判准备中期策略

策略6.2.1 选将之所慎——选择高素质主谈人员

文武兼备的人，才能胜任军队的将领，刚柔并用的人，才可以统兵作战。在战争之中随时存在着不确定的因素，而作为指挥官则需要迅速应变的能力，起协调指挥的作用。而遇到特殊情况则更有将在外，君命有所不受以求迅速地做出决断，取得胜利，这就必须有一个高素质的人担任统帅才可以做到。

【案例6-2】

吴仪谈判

1991年年底，出任对外经济贸易部副部长不到4个月的吴仪，即面对中美之间因知识产权而可能爆发的一场贸易大战。她临时上阵，参与中美知识产权谈判。美国代表一开头就说："我们是在和小偷谈判。"吴仪立即针锋相对："我们是在和强盗谈判，请看看你们博物馆的展品里，有多少是从中国抢来的。"美国代表立即对这位女子刮目相看。吴仪谈判，她代表的不仅仅是她个人，而且代表的是中国。侮辱吴仪，实际上就是侮辱中国。吴仪的行为表现了她的聪明才智，体现了维护人格最重要，人格神圣不可侵犯。说明了她把自己的人格和国格看得比什么都重要。吴仪是通过巧妙地回击美国代表的刁难和侮辱来维护人格尊严和我国的国家尊严的。

谈判在某种程度上是双方谈判人员的实力较量。谈判的成效如何，往往取决于谈判人员的知识方面和心理方面的素质。只有谈判者自身具备相应的素质和修养，在谈判中具有善于思考和快速反应的能力，才是谈判的关键所在。

主谈人员不仅仅是本方谈判过程中的指挥官，而且起着挂帅的作用。由于主谈人一方面掌握所属单位领导的意图，并使其在谈判小组从事的洽谈工作中得以实现；另一方面又可使谈判小组能够随时得到单位领导的指示。因此，主谈人员起着驾驭谈判进程的纽带作用，所以在一场谈判之中主谈人员的选择是至关重要的。主谈人员要能带领谈判人员坚持立场，用其敏捷的才思和出口成章的卓越口才灵活机智地应答对方随时可能提出的问题。根据大量不断变化的信息和不确定因素，适时地掌握谈判策略和进程。

策略 6.2.2 取长补短——组建高效的谈判团队

取长补短，意思为取别人的长处，弥补自己的不足。

谈判往往涉及的因素广泛而又复杂，所以通晓其相关知识十分重要。这就在一客程度上决定谈判的双方往往是一场群体间的交锋，单凭谈判者个人的丰富知识和熟练技能，并不一定能达到圆满的结局，所以要选择合适的人选组成谈判班子与对手谈判。谈判班子成员要有各自必备的专业知识，相互之间的知识结构要具有互补性，从而在解决各种专业问题时能驾轻就熟，并有助于提高谈判效率，在一定程度上减轻主谈人员的压力。

【案例 6－3】

龙永图选秘书

中国对外经济贸易合作部前副部长龙永图在中国入世谈判时曾选过一位秘书。当龙永图选该人当秘书时，全场哗然，因为这个人根本不适合当秘书。

在众人眼中秘书都是勤勤恳恳、少言少语、做事谨慎、对领导体贴入微的人。但是龙永图选的秘书，处事完全不一样。他是一个大大咧咧的人，从来不会照顾人。每次龙永图和他出门，都是龙永图走到他房间里说，请你起来，到点了。对于日程安排，他有时甚至不如龙永图清楚，原本 9 点的活动，他却说 9 点 30 分，且十次有九次他是错的。但为什么龙永图会选他当秘书呢？

原来龙永图是在其谈判最困难的时候选他当的秘书。当时由于谈判的压力大，龙永图的脾气也很大，有时候和外国人拍桌子，回来以后一句话也不说。每次龙永图回到房间后，其他人都不愿自讨没趣到他房间里来。唯有那位秘书，每次不敲门就大大咧咧走进来，坐到龙永图的房间就跷起腿，说他今天听到什么了，还说龙永图某句话讲得不一定对等等，而且他从来不叫龙永图为龙部长，都是老龙，或者是永图。他还经常出一些馊主意，被龙永图骂得一塌糊涂，但他最大的优点就是经得住骂。无论怎么骂，他 5 分钟以后又回来了，“哎呀，永图，你刚才那个说法不太对。”

这位秘书是个学者型的人物，他对很多事情不敏感，人家对他的批评他也不敏感，但是他是世贸专家，他对世贸问题简直像着迷一样。所以在龙永图脾气非常暴躁的情况下，在龙永图当时难以听到不同声音的情况下，有那位经骂的秘书，对龙永图就显得分外重要了。

任何一次谈判都需要大量的信息资料和多方面的专业知识，有时候，这往往是一个人的力量所不能达到的。因此，对于一次正规的谈判活动来说，要使谈判达到预定的目标，一般都需要组织一个规模适宜、结构合理、高质高效、性格互补的谈判小组。

策略 6.2.3 有的放矢——确定谈判所要达成的目标

射箭要对准靶子，言语、行动要有明确的目标。谈判目标是指谈判双方为满足各自的需要而制订的指标或指标体系。它既是谈判的基点，也是谈判的归宿，一切的谈判活动从开始到结束都是为了达成所确立的目标而进行的。在一项谈判活动中只有谈判人员明确了谈判目标，才能根据谈判目标和谈判双方的实力对比制订相应的谈判计划，完成其为谈判制订的总体设想，确定实施步骤。

【案例6-4】

死盯目标的采购员

1984年，正当“引滦入津”工程进入关键阶段的时候，隧洞施工部队需用的光爆炸药告急。没有炸药，整个工程就要延期。可这是立了军令状的！这时，一位连长挺身而出，要求去工厂弄炸药。首长信赖地说：“好，我们等着你的炸药！”这是命令。

连长驾驶卡车，昼夜兼程，行车2000多里，赶到某化工厂。他跳下车直奔供销科，一位漂亮的女办事员，不等听完他的陈述，就回绝了他：“上半年没货！”连长没法，又去找科长。科长十分热情客气，说明情况，态度挺好，但还是没东西给他。他想，这样空手返回，有辱使命。

他不死心，直奔厂长办公室。厂长很忙，他插不上话，就跟在身后，走进走出，一有机会，便说明情况，软缠硬磨，请求支援。厂长不耐烦地说：“告诉你了，上半年没货！”厂长把路堵死了，他再也不好意思张口重复那说了不知多少遍的理由。

这时，秘书给他倒了一杯水，打开盖一看，还泡着茶呢，品一口，比天津的水可甜多了。这下他又有了话题：“厂长啊，你们这儿的水真甜哪！你去过天津吧，天津人可没有这份口福，他们喝的是从海河槽和洼淀里收集起来的苦水，不用放茶就是黄的，可他们就是喝着这苦水搞生产，贡献多大呀！噢，您戴的是天津出的‘海鸥表’吧？天津出名牌可不少，听说全国每10块手表里就有一只是天津的，每10台拖拉机里就有一台是天津的；每4个人里就有一个人用的是天津的碱。你是生产行家，比我懂得多，您说生产能离开水吗？天津人连喝水都紧张，生产用水就更甭提了，引滦入津是解燃眉之急啊！”

连长硬是逼厂长开了口。他问：“你是什么地方人？”连长又找到了词：“河南的。厂长，说句心里话吧，我和您一样都喝不上滦河水！我是10年老兵了，等到滦河水进了天津，我可能脱军装回老家了！”

他没有再说下去。可是，厂长却被感动了，他点点头，抓起了电话，下达指令：“工厂加班三天，为引滦工程生产光爆炸药！”

连长既没有带酒，也没有带烟，就凭着一片诚心和一张嘴巴，硬是说动了厂长，拉回了炸药，保证了工期。

分析：所有的谈判都是围绕一个目标进行的，只有在有明确目标的情况下，才能保证谈判的良好运作，达到谈判之前所预定的目标。

策略6.3 商务谈判准备后期策略

策略6.3.1 待时而动——选择理想的谈判时间

待时而动，指在双方力量相差悬殊之时，弱的一方要等待时机，然后再采取行动，才能达到目的。

待时而动的谈判谋略主要可以运用到谈判的心理战中。缘于谁付出的代价越大，谁在谈判中便处于不利地位的原理，从而使其想方设法在人力、物力、财力、时间等方面对对手的实力进行消耗，以便自己掌握谈判的主动权，从而转败为胜，化劣势为优势。或在双方进行谈判之时，己方趁对方不留心造成可乘之机，迅速出击，抓住主题，控制谈判的议程，在心理上抢占优势，然后迫使对方按照自己的意图行事。

【案例 6-5】

三位日本人到美国谈判

三位日本商人代表日本航空公司来和美国一家公司谈判。会谈从早上 8 点开始,进行了两个半小时。美国代表以压倒性的准备资料淹没了日方代表,他们用图表解说,电脑计算,屏幕显示,各式的数据资料来回答日方提出的报价。而在整个过程中,日方代表只是静静地坐在一旁,一言不发,显得有点迟钝和麻木。终于,美方的负责人关掉了机器,重新扭亮了灯光,充满信心地问日方代表:"意下如何"第一位日方代表非常有礼貌地站起来说:"我们还不懂。"

美方代表的脸色忽地变得惨白:"你说还不懂是什么意思?你们哪一点不懂?"

第二位日方代表也斯文有礼,面带微笑地说:"我们全部都不懂。"

美方发言人带着心脏病随时将发作的样子问道:"从什么时候开始你们不懂?"

第三位日方代表以同样的方式慢慢答道:"从你关掉电灯,开始放映幻灯片时,我们就不懂。"

美方代表松开了领带,斜倚在墙旁,喘着气问:"那么,你们希望我们怎么做?"

三位日本代表异口同声、声音洪亮地回答道:"请你们从头开始再来一遍。"

美方代表彻底丧失了信心。谁又有可能将秩序混乱而又长达两小时半的介绍重新来过,美国公司终于不惜代价,只求达成协议。

【案例 6-6】

美越战争中的代价

20 世纪 60 年代,美国和越南发生了战争。战争的持续时间很长,双方一直僵持到 70 年代。为了结束这场漫长而残酷的争斗,1971 年,双方约定在巴黎举行谈判。越南方面早早地作好了准备,而美国却故意拖延时间,长达两年之久,使越南无端地付出了高昂的代价。

越南方面为了尽快结束这场战争,显得十分焦急,于是议价能力大受挫折,不知不觉地陷入了被动的谈判局面。其实,美国方面在对越战争中同样代价不菲,自从尼克松总统的"越南化"计划破产之后,美国国内掀起了一股强大的反战压力,所以也希望尽快结束战争。但是美国方面并没有把这种心态暴露出来,因为他们摸准了对手的心理,故而采取了"待时而动"的谈判谋略,最终掌握了谈判的主动权。

在上述案例中,我们可以看出掌握谈判时间,有多么的重要,它可以使己方在谈判之中充分掌握主动权,从而取得较好的谈判结果。

"待时而动"的关键在于掌握主动权,在上述的谈判实例中,已经充分地阐述了这个道理。日本航空公司的谈判代表之所以能扭转己方的劣势,正是因为他们成功地运用了待时而动的谈判谋略,进而为己方获得了最大的利益。

策略 6.3.2 巧取地利——确定有利的谈判地点

自古以来,中国的古代军事家就利用地理位置的不同与优势排兵布阵,将自己的士兵放在最为有利的位置上,用不同的策略克敌制胜。

【案例 6-7】

巧取地利 扭转乾坤

A 市的一家服务公司苦于没有业务,通过熟人的关系找到了 B 市的一家企业,愿意对该服务公司进行投资,联合建立一个加工分厂。双方约定在 B 市就有关联营的具体事项进行商谈，内容包括投资、分成、技术、管理、销售等问题。应当说，在这个谈判中，投资方是占绝对的优势的，因为它拥有资金，而服务公司则不同，他们能够找到这样一家既能投入部分资金，又能保证其长年有活可干的联营企业很不容易。就是说，厂方对该谈判的需求层次和依赖程度，肯定低于服务公司。所以，服务公司对谈判的态度十分积极，生怕抱不住这棵“摇钱树”。但是到了谈判的日期，服务公司却通知对方，请他们派出代表前往A市洽谈。本来，投资方是可以拒绝的，但他们已经在全厂开过会，对资金、技术、管理方面作了人员安排，所以他们不愿轻易放弃这场谈判，于是投资方如期派出代表到达A市。一连几天，服务公司或不见踪影，或以各种理由推托，使得谈判不能顺利进行。投资方代表住在宾馆，开支增大，正焦虑不安时，谈判对手出现在谈判桌前，但此时的服务公司不再是先前的那副求助于人的面孔了。他们找出种种理由，说明该项联营，已方劳民伤财，获益不大，因而没有多大的谈判兴趣，于是服务公司此时已经扭转了有求于人的被动地位，变成了投资方有求于己。投资方因为远道而来，投入较多，不想空手而归，因此变主动为被动，失去了优越的谈判形势，不得不向对方作出让步。双方原先协商的意见是：双方各投资50%，因投资方还有技术和管理方面的投入，故利润分成比例为3∶7；投资方占7成，服务公司占3成。但谈判的最后结果是双方各占一半。这是个出人意料的谈判结果。

【案例6-8】

日澳煤铁谈判中的“场地优势”

在谈判中，最好是能够争取到己方地点与对手进行谈判，这就是所谓的“天时地利人和”的道理。因为，在自己所熟悉的地点与对手进行谈判，在心理上就会产生一种认同感，而且可以随时向上级汇报谈判情况，听取有关专家的意见，在处理各种谈判事务方面比较主动。

日本人在与澳大利亚进行煤铁贸易的谈判中，就充分地认识到了这种“场地优势”的重要性，并且千方百计地发挥这种优势，从而掌握了谈判的主动权。

众所周知，日本是一个岛国，资源短缺，特别是煤铁等资源更是非常匮乏。而澳大利亚则以盛产煤铁而闻名于世。在国际贸易中，澳大利亚一直为找不到合适的买主而发愁，于是日商主动找到了澳大利亚，进行煤铁贸易谈判。应该说，在这场谈判上，澳大利亚是掌握了谈判的主动权的，而精明的日本人却把澳大利亚的谈判代表请到了日本，可谓是煞费苦心。因为澳大利亚人性格较拘谨，讲究礼仪，所以一旦到了日本，情况就发生了显著的变化。

澳大利亚人过惯了富裕舒适的生活，他们的谈判代表到了日本没有几天，就开始思念故乡的别墅、海滨以及家人，所以，他们在谈判桌上不时表现出一种急躁的情绪。而作为东道主的日本人，却可以不慌不忙地讨价还价，从而不知不觉地掌握了谈判的主动权。

谈判的结果是，日本方面仅仅花了少量的款待作“鱼饵”，就钓到了澳大利亚这条大鱼，获得了大量谈判桌上难以获得的东西。

谈判地点的选择，往往涉及了谈判的环境心理因素问题，它对于谈判效果的影响常常起着举足轻重的作用。在以上两则事例中，谈判双方的地点选择都是非常敏感而特殊的。谈判的地点选择通常有三种情况：主场、客场、中立地区。从某一个角度上讲，选择任何一种场地都有它的优势和劣势，关键在于谈判者本身如何将这种优势发挥出来，又如何地将这种劣势避免开去。

主场的优势是比较明显的。因为谈判是在你所熟悉的环境中进行，一方面免去了长途跋涉之苦，让你能够保持充沛的精力，去面对谈判对手，同时又应了古人“天时、地利、人和”的说法，给你从心理上减轻了压力，从策略方面也有许多派生的好处。首先，你可以随时找你的支援人员，来回答一些你难以回答的问题，你可以及时获得你所需要的资料和数据。对于一些特殊种类的谈判来说，还有助于你使用“展示讲述法”向对方讲述你方产品的优越性能和你方服务的方便可靠，同时，还会使你方的整个谈判活动变得更加有效。

当你出于种种原因，不得不同意对手在客场进行谈判时，也并不意味着你将处于劣势。在某些情况下，使谈判在对方的地域上进行，反而对你有利。例如，假设你买的是一种设备或产品，你当然会希望在生产现场看到演示，或者你还想参观一下供货商的生产设施，如果有可能的话，最好把这种参观活动安排在进行谈判之前。另一个好处就是，当你向对方提出要求更多的有关谈判标的的资料时，你的对手将难以拒绝。事实上，如果你想预先获得一大批有用的数据，你主动提出在对方的地盘上进行谈判，则显得更潇洒。

在中立地区谈判，一般情况下是出于以下几点理由：

①双方在会谈的地点问题上总是无法达成共识时，如果一方或双方都不愿意在对方的地盘上进行谈判，那最好选个中立的地带，这将对谈判的进展非常有利。

②从旅途花费这一点考虑，选择在中立地带会谈也是合适的，此外，还有可能把谈判地点安排在非你非我的地盘上，只是对双方更为方便些而已。

③选择一个风景优美的中立地带，将交易和乐趣融合在一起。

④当谈判的事项涉及第三方的利益时，谈判在第三方的地点进行就更有必要了。选择中立地带进行谈判多用于国际事务谈判或劳资纠纷的调停协议。

策略 6.3.3 凡事预则立——制订谈判计划

不论做什么事，事前都要有所准备，才能得到成功，不然就会失败。做任何事情都必须要制订一个详细而周密的计划，它可以确保做事有步骤地进行。

【案例 6-9】

董事长贷款的奇招

一家公司在资金的运作上出现了困难，急需向银行贷款。该银行行长的一位朋友对该公司产生了收购的兴趣，委托行长在和该公司接触的时候，了解该公司财务的实际现状。

这家公司的董事长在获知了这一信息之后，在与行长会面之前，作了一番精心的安排。他来到本城最好的一家饭店，找到该饭店的领班，告诉他自己将要在这里招待一位非常重要的客人。“届时，你不会感到遗憾的。”董事长对领班说，然后把自己的信用卡号码告诉领班，表示可以在账单上加上20%作为小费给服务员，但他希望不要当场结账。同时他要求预定该饭店最好的座位，最好的服务人员，在接待他们时对他直呼其名。在菜品的要求上，他又申明，服务员不用向他们提供菜单，直接上三四道该饭店的特色菜肴。为了防止服务员认错人，他又预先和他们见了面。

谈判的时间到了。行长因为掌握了主动权，因此态度十分地傲慢。董事长详细地讲述了他们的要求之后，就再也没有说什么，而是请行长愉快地进餐。饭菜非常可口，而进餐的气氛也很和谐。就餐完毕，董事长潇洒地对行长说：“我们走吧。”行长脸上露出了惊讶的表情，因为他看见主人没有付账，于是行长错误地认为，这家本城最为气派的饭店居然成了董事长私人的俱乐部。

在接下来的交谈中，行长傲慢的态度改变了，董事长又不失时机地告诉他自己的公司是实力雄厚的，只是由于面临新产品的推出问题，资金遇到了暂时的周转困难，所以希望银行能够给予援助。

这对于行长来说也不是坏消息，原来该公司并不像他想象的那样困难。于是合作成功了，该公司按照预期的计划得到了银行的贷款，并且成为了该银行最大的客户。

"人靠衣装，佛靠金装"，一般来说自己内在的东西很难让谈判对手察觉，所以在谈判之中给予谈判对手的表面印象是非常重要的，它有可能就此影响着谈判的成败。

策略6.3.4 谋定而后动——制订谈判策略

未打仗之前就预计能够获得胜利的，是因为筹划周密，获胜的条件多；未打仗之前就预计不能取胜的，是因为筹划不周，获胜条件少。筹划周密，条件充分就能取胜；筹划不周密，条件不足就不能取胜。

【案例6-10】

周密安排，计销红茶

南方某省的茶叶丰收了，茶农们踊跃地将茶叶交到了茶叶收购处，这使得本来库存量就不小的茶叶进出口公司，更增加了库存，形成了积压。如此多的茶叶让进出口公司的业务员很犯愁，如何设法销出去呢？

正在这时，有外商前来询盘。

我进出口公司感到这是一个极好的机会，一定要设法把握住，既要把茶叶卖出去，同时还要设法卖个好价钱。为此，他们做了周密的部署。

在向外商递盘时，我方将其他各种茶叶的价格按当时国际市场的行情逐一报出，唯独将红茶的价格报高了。

外商看了报价，当即提出疑问：

"其他茶叶的价格与国际市场行情相符，为什么红茶的价格要那么高？"

我方代表坦然地说道："红茶报价高是因为今年红茶收购量低，库存量小，加上前来求购的客户很多，所以价格就只得上涨。中国人有句古话叫'僧多粥少'，就是这个意思。"

外商对我方所讲的话将信将疑，谈判暂时中止了。

随后的几天，又有客户前来询盘。我方照旧以同样的理由，同样的价格回复他们：

"因红茶收购量小，库存量小，求购的客户很多，所以才会涨价。"

又有许多个客户再来询盘时，得到了同样的答复。

这是怎么回事？真的像所说的那样吗？若是真的需求量大而库存量小的话，那就得快些签订购货合同，否则有可能价格还会提高。外商心中没有底。

虽然说他们对红茶报价高心存疑问，想去了解真正的产量与需求量等问题。但他们在此地无法直接去了解这个问题，只能靠间接的途径来通过其他渠道去了解。而其他的途径，就只是向其他客户去询查，可询问的结果，与自己方面的信息是一致的。

于是外商赶快与我进出口公司关于购销红茶一事签订了合同，唯恐来迟了而无货可供。

价格当然按照我方所报的价而没有降低。

这样一来，其他客户纷纷仿效，在很短的时间内把积压的红茶销售一空，而且还卖了个好价钱。

在上面这个实例中，我进出口公司故意散布假信息，说是"红茶库存量小，需求量大，价格上涨。"并对自己提供的信息做好周密准备，使对方无法证实信息的真假，难辨真伪，最终我方不但销出了红茶，而且还卖了个好价钱。

任务实施

1. 实施思路

松下幸之助为了保证技术合作项目的效益稳定，决定对菲利浦公司进行深入细致的调查研究。

2. 实施步骤

在调查中，他发现菲利浦公司拥有一个 3000 名研究人员的研究所。他们设备先进，人员精良，每天都在进行着世界最新技术和最新产品的开发研究。松下幸之助暗自思忖：如果创造一个同样规模、同等水平的研究所，要花上几十亿日元和几年的时间，而现在，以两亿日元为代价，便可以充分利用菲利浦公司研究所的人员和设备，可以达到"假人之手，从中渔利"的效果，这事何乐而不为呢？

3. 实施结果

经过调查，松下幸之助先生毅然和菲利浦公司签订了合作合同。从此，菲利浦公司派出了技术骨干前去赴任，他们把技术、知识和管理经验传授给了松下公司。在双方的合作期间，松下公司便利、迅速地获得了菲利浦公司最新的技术发展。双方的合作，为松下电器公司发展成为驰名全日本乃至全世界的公司打下了坚实的基础。

任务小结

本章主要介绍了商务谈判的准备策略，其中包括：收集信息的知己知彼策略；选择高素质主谈人员的选将之所慎策略；组建高效谈判团队的取长补短策略；确定谈判目标的有的放矢策略；选择谈判时间的待时而动策略；确定谈判地点的巧取地利策略；制订谈判计划的凡事预则立策略；制订谈判策略的谋定而后动策略。

综合案例

利用竞争巧谈判

1985 年 7 月 25 日，珠海特区光纤公司与美国 ITT 公司正式在一份合同上签了字。根据这份合同，光纤公司引进的 ITT 型光导纤维成套设备及购买的技术专利都达到了 80 年代先进水平，更为引人注目的是把美方的报价压下了 186 万美元。中方主谈手庄敏女士也因而被港澳商界誉为"谈判女强手"。

商务中的谈判，就是讨价还价。吃不吃亏的标准就是国际市场行情，为了掌握行情，庄敏及其同伴先后同 12 家公司进行摸底性谈判。在此基础上才最后选定 ITT 进行实质性谈判。ITT 公司代表团的业务能力相当高，特别是主谈手莫尔，谈判几乎不用语言，全用数字，所有计算无一差错。但庄敏及其同伴没有表现出任何惶恐和被动，原因在于他们牢牢地把握行情，心中有数。掌握行情可以守住阵地，但要突破对方就必须巧妙地利用矛盾。庄敏他们在调查摸底中发现：想同中国做光纤生意的外商很多，存在着一定程度上的竞争。

于是他们决定利用这种竞争来压价，在确定选择 ITT 为合作伙伴之后，他们还同时拉了英国的STC公司谈判。这两家是兄弟公司，STC是从ITT分出去的，但为了各自的利益，手足相煎，形同水火。在一次谈判之后，英国人故意把两页文件遗忘在现场，这是有意留给美国人看的，因为两家公司一直在同一场所与中方谈判，英国人在文件上把价格压得很低，意在使美国人看后知难而退。美国人不知是计，捡到文件后如获至宝，赶忙在价格上让步，结果很快就同中方成交了。

复习思考题

一、名词解释题

知己知彼　选将之所慎　取长补短　有的放矢　待时而动　凡事预则立　谋定而后动

二、实训操作

【实训一】

谈判目标的确定模拟：根据本实训项目的谈判背景，如果你是苏州丝绸厂的谈判负责人，应用所学的知识为这次谈判制订价格谈判目标。

实训项目背景：

中国香港的丝绸市场长期以来是中国内地、日本、韩国、中国台湾和中国香港几大制造商的天下。然而中国内地生产的丝绸产品由于花色品种和质量等问题在香港的市场份额大幅度下降，企业的生存面临着极大的挑战。为改变这一不利状态，苏州丝绸厂决定开发新产品，拓展新市场，向欧美市场进军。在经过一番周密的市场调研后，苏州丝绸厂根据消费者的喜好、习惯和品位以及新的目标市场的特点和文化背景，开始小批量地生产各种不同花色、不同风格、不同图案的丝绸产品，力求满足不同层次、不同背景的人群需要。

苏州丝绸厂的产品平均成本价的构成为：原料坯绸的价格是每码（1码＝0.9144米）5美元，印染加工费是每码2.48美元。同类产品在欧洲市场上的最高价格可以卖到每码30美元，在香港的平均零售价是每码15美元左右。现有一位法国商人预购进一批丝绸产品，前来苏州丝绸厂洽谈购买事宜。

【实训二】

分别模拟谈判A方、B方，制订各自的商务谈判计划，包括组成谈判小组、进行人员分工、确定谈判目标、确定谈判地并做好相关准备、确定谈判进程、制订谈判策略、准备谈判资料、准备谈判文本、制订应急预案。

实训项目背景：保健品项目合资合作

谈判A方：某品牌绿茶公司（卖方）

谈判B方：某建材公司（买方）

A方背景资料：

1.品牌绿茶：产自美丽而神秘的某省，它位于中国的西南部，海拔超过2200米。在那里优越的气候条件下生长出优质且纯正的绿茶，它的茶多酚含量超过35%，高于其他（已被发现的）茶类产品。茶多酚具有降脂，降压，减少心脏病和癌症的发病几率。同时，它能提高人体免疫力，并对消化、防御系统有益。

2. 已注册生产某一品牌绿茶，品牌和创意都十分不错，品牌效应在省内正初步形成。

3. 已经拥有一套完备的策划、宣传战略。

4. 已经初步形成了一系列较为顺畅的销售渠道，在全省某一知名连锁药房及其他大型超市、茶叶连锁店都有设点，销售状况良好。

5. 品牌的知名度还不够，但相信此品牌在未来几年内将会有非常广阔的市场前景。

6. 缺乏足够的资金，需要吸引资金，用于：

(1)扩大生产规模。

(2)扩大宣传力度。

7. 现有的品牌、生产资料、宣传策划、营销渠道等一系列有形资产和无形资产，估算价值300万元人民币。

(除以上内容外，谈判代表还应自行查找一些相应的茶产品，茶叶市场等一系列资料，以供谈判使用)

A方谈判内容：

1. 要求B方出资额度不低于50万元人民币；

2. 保证控股；

3. 对资产评估的300万元人民币进行合理的解释(包含：品牌，现有的茶叶及制成品，生产资料，宣传策划，营销渠道等)；

4. 由己方负责进行生产，宣传以及销售；

5. B方要求年收益达到20%以上，并且希望A方能够用具体措施保证其实现；

6. B方要求A方对获得资金后的使用情况进行解释；

7. 风险分担问题(提示：例如可以购买保险，保险费用可计入成本)；

8. 利润分配问题。

B方背景资料：

1. 经营建材生意多年，积累了一定的资金。

2. 准备用闲置资金进行投资，由于近几年来保健品市场行情不错，投资的初步意向为保健品市场。

3. 投资预算在150万人民币以内。

4. 希望在一年内能够见到回报，并且年收益率在20%以上。

5. 对保健品市场的行情不甚了解，对绿茶的情况知之甚少，但A方对其产品提供了相应资料：茶产自美丽而神秘的某省，它位于中国的西南部，海拔超过2200米，在那里优越的气候条件下生长出优质且纯正的绿茶，它的茶多酚含量超过35%，高于其他(已被发现的)茶类产品。茶多酚具有降脂，降压，减少心脏病和癌症的发病几率。同时，它能提高人体免疫力，并对消化、防御系统有益。

6. 据调查得知A方的绿茶产品已经初步形成了一系列较为畅通的销售渠道，在全省某一知名连锁药房销售状况良好，但知名度还有待提高。

(除以上内容外，谈判代表还应自行查找一些相应的茶产品，茶叶市场等一系列资料，以供谈判使用)

B方谈判内容：

1. 得知A方要求出资额度不低于50万元人民币；

2. 要求由A方负责进行生产，宣传以及销售；

3. 要求A方对资产评估的300万元人民币进行合理的解释；

4. 如何保证资金的安全，对资金的投入是否会得到回报的保障措施进行相应的解释；

5. B方要求年收益达到20%以上，并且希望A方能够用具体情况保证其能够实现；
6. B方要求A方对获得资金后的使用情况进行解释；
7. 风险分担问题(例如可以购买保险，保险费用可计入成本)；
8. 利润分配问题。

谈判目标：

1. 解决双方合资(合作)前的疑难问题。
2. 达到合资(合作)目的。

任务7

商务谈判开局策略

知识（技能）框架图

- 商务谈判开局策略
  - 商务谈判开局策略
    - 策略1:一致式开局策略
    - 策略2:保留式开局策略
    - 策略3:坦诚式开局策略
    - 策略4:进攻式开局策略
    - 策略5:挑剔式开局策略
  - 策划开局策略应考虑的因素

知识目标

- 了解商务谈判开局有哪些策略
- 了解每一种开局策略应考虑的因素

技能目标

- 能够运用每一种开局策略
- 针对不同企业的具体谈判情况,能够设计恰当的开局

任务导入

美国著名的柯达公司创始人伊斯曼,捐赠巨款在罗彻斯特建造一座音乐堂、一座纪念馆和一座戏院。为承接这批建筑物内的坐椅,许多制造商展开了激烈的竞争。但是,找伊斯曼谈生意的商人无不乘兴而来,败兴而归,一无所获。正是在这样的情况下,"优美座位公司"的经理亚当森,前来会见伊斯曼,希望能够得到这笔价值 9 万美元的生意。

任务分析

伊斯曼的秘书在引见亚当森前,就对亚当森说:"我知道您急于想得到这批订货,但我现在可以告诉您,如果您占用了伊斯曼先生 5 分钟以上的时间,您就完了。他是一个很严厉的大忙人,所以您进去以后要抓紧时间谈您的要点。"亚当森微笑着点头称是。

主要知识和技能

策略 7.1　商务谈判开局策略

【重要知识 7-1】

商务谈判开局策略
谈判开局策略是谈判者谋求谈判开局中有利地位和实现对谈判开局的控制而采取的行动方式或手段。

1. 一致式开局策略

所谓一致式开局策略，是指在谈判开始时，为使对方对自己产生好感，以“协商”、“肯定”的方式，创造或建立起对谈判的“一致”的感觉，从而使谈判双方在友好愉快的气氛中不断将谈判引向深入的一种开局策略。

【案例 7-1】

美丽的亚美利加

1972 年 2 月，美国总统尼克松访华，中美双方将要展开一场具有重大历史意义的国际谈判。为了创造一种融洽和谐的谈判环境和气氛，中国方面在周恩来总理的亲自领导下，对谈判过程中的各种环境都做了精心而又周密的准备和安排，甚至对宴会上要演奏的中美两国民间乐曲都进行了精心的挑选。在欢迎尼克松一行的国宴上，当军乐队熟练地演奏起由周总理亲自选定的《美丽的亚美利加》时，尼克松总统简直听呆了，他绝没有想到能在中国的北京听到他如此熟悉的乐曲，因为，这是他平生最喜爱的并且指定在他的就职典礼上演奏的家乡乐曲。敬酒时，他特地到乐队前表示感谢，此时，国宴达到了高潮，而一种融洽而热烈的气氛也同时感染了美国客人。一个小小的精心安排，赢得了和谐融洽的谈判气氛，这不能不说是一种高超的谈判艺术。美国总统杰弗逊曾经针对谈判环境说过这样一句意味深长的话：“在不舒适的环境下，人们可能会违背本意，言不由衷。”英国政界领袖欧内斯特·贝文则说，根据他平生参加的各种会谈的经验，他发现，在舒适明朗、色彩悦目的房间内举行的会谈，大多比较成功。

【案例 7-2】

“17.8 度”的房间温度

日本首相田中角荣上个世纪 70 年代为恢复中日邦交正常化到达北京，他怀着等待中日间最高首脑会谈的紧张心情，在迎宾馆休息。迎宾馆内气温舒适，田中角荣的心情也十分舒畅，与随从的陪同人员谈笑风生。他的秘书早饭茂三仔细看了一下房间的温度计，是“17.8 度”。这一田中角荣习惯的“17.8 度”使得他心情舒畅，也为谈判的顺利进行创造了条件。

“美丽的亚美利加”乐曲、“17.8 度”的房间温度，都是人们针对特定的谈判对手，为了更好地实现谈判的目标而进行的一致式谈判策略的运用。

一致式开局策略的运用还有一种重要途径，就是在谈判开始时以问询方式或补充方式诱使谈判对手走入你的既定安排，从而在双方间达成一种一致和共识。所谓问询方式，是指将答案设计成问题来询问对方，所谓补充方式，是指借以对对方意见的补充，使自己的意见变成对方的意见。

2. 保留式开局策略

保留式开局策略是指在谈判开局时，对谈判对手提出的关键性问题不作彻底、确切的回答，而是有所保留，从而给对手造成神秘感，以吸引对手步入谈判。

【案例 7-3】

欲擒故纵

江西省某工艺雕刻厂原是一家濒临倒闭的小厂，经过几年的努力，发展为产值200多万元的规模，产品打入日本市场，战胜了其他国家在日本经营多年的厂家，被誉为“天下第一雕刻”。有一年，日本三家株式会社的老板同一天接踵而至，到该厂订货。其中一家资本雄厚的大商社，要求原价包销该厂的佛坛产品。这应该说是好消息。但该厂想到，这几家原来都是经销韩国、台湾地区产品的商社，为什么争先恐后、不约而同到本厂来订货？他们查阅了日本市场的资料，得出的结论是本厂的木材质量上乘，技艺高超是吸引外商订货的主要原因。于是该厂采用了“待价而沽”、“欲擒故纵”的谈判策略。先不理那家大商社，而是积极抓住两家小商社求货心切的心理，把佛坛的梁、榴、柱，分别与其他国家的产品做比较。在此基础上，该厂将产品当金条一样争价钱、论成色，使其价格达到理想的高度。首先与小商社拍板成交，造成那家大客商产生失落货源的危机感。那家大客商不但更急于订货，而且想垄断货源，于是大批订货，以致订货数量超过该厂现有生产能力的好几倍。

本案例中该厂谋略成功的关键在于其策略不是盲目的、消极的。首先，该厂产品确实好，而几家客商求货心切，在货比货后让客商折服。其次，是巧于审势布阵。先与小客商谈，并非疏远大客商，而是牵制大客商，促其产生失去货源的危机感。这样订货数量和价格才有大幅增加。

注意在采取保留式开局策略时不要违反商务谈判的道德原则，即以诚信为本，向对方传递的信息可以是模糊信息，但不能是虚假信息。否则，会将自己陷于非常难堪的局面之中。

保留式开局策略适用于低调气氛和自然气氛，而不适用于高调气氛。

3. 坦诚式开局策略

坦诚式开局策略是指以开诚布公的方式向谈判对手陈述自己的观点或想法，从而为谈判打开局面。坦诚式开局策略比较适合于有长期的业务合作关系的双方，以往的合作双方比较满意，双方彼此又互相比较了解，不用太多的客套，减少了很多外交辞令，节省了时间，直接坦率地提出自己一方的观点、要求，反而更能使对方对己方产生信任感。

【案例 7-4】

“洋”先生交“土”朋友

北京某企业党委书记在同外商谈判时，发现对方对自己的身份持有强烈的戒备心理。这种状态妨碍了谈判的进行。于是，这位党委书记当机立断，站起来向对方说道：“我是党委书记，但也懂经济、搞经济，并且拥有决策权。我们摊子小，实力不大，但人实在，愿真诚与贵方合作。咱们谈得成也好、谈不成也好，至少您这个外来的‘洋’先生可以交一个我这样的中国的‘土’朋友。”寥寥几句肺腑之言，一下子就打消了对方的疑虑，使谈判顺利地向纵深发展。

坦诚式开局策略可以在各种谈判气氛中应用。这种开局方式通常可以把低调气氛和自然气氛引向高调气氛。

4. 进攻式开局策略

进攻式开局策略是指通过语言或行为来表达己方强硬的姿态，从而获得谈判对手必要的尊重，并借以制造心理优势，使得谈判顺利地进行下去。进攻式开局策略通常只在这种情况下使用，即：发现谈判对手在刻意制造低调气氛，这种气氛对本方的讨价还价十分不利，如果不把这种气氛扭转过来，将损害本方的切身利益。

【案例 7-5】

日本代表迟到之后

日本一家著名的汽车公司在美国刚刚“登陆”时，急需找一个美国代理商来为其推销产品，以弥补他们不了解美国市场的缺陷。当日本公司准备同美国的一家公司就此问题进行谈判时，日本公司的谈判代表因路上塞车迟到了。美国公司的代表抓住这件事紧紧不放，想要以此为手段获取更多的优惠条件。日本公司的代表发现无路可退，于是站起来说：“我们十分抱歉耽误了您的时间，但是这绝非我们的本意，我们对美国的交通状况了解不足，所以导致了这个不愉快的结果，我希望我们不要再因为这个无所谓的问题耽误宝贵的时间了，如果因为这件事怀疑到我们合作的诚意，那么，我们只好结束这次谈判，我认为，我们所提出的优惠代理条件是不会在美国找不到合作伙伴的。”日本代表的一席话说得美国代理哑口无言，美国人也不想失去一次赚钱的机会，于是谈判顺利地进行下去了。

分析：本案例中，日本谈判代表采取进攻式的开局策略，阻止了美方谋求营造低调气氛的企图。日本谈判代表如果开局一味地忍让，那么美国代表就可能得寸进尺地进攻，在这种情形下，日本代表只有化被动为主动，才能避免这种尴尬的情况出现。

进攻式开局策略可以扭转不利于己方的低调气氛，使之走向自然气氛或高调气氛。但是，进攻式开局策略也可能使谈判陷入僵局。

5. 挑剔式开局策略

挑剔式开局策略是指开局时，对对手的某项错误或礼仪失误严加指责，使其感到内疚，从而达到营造低调气氛，迫使对手让步的目的。

【案例 7-6】

对错误耿耿于怀

巴西一家公司到美国去采购成套设备。巴西谈判小组成员因为上街购物耽误了时间，当他们到达谈判地点时，比预定时间晚了45分钟。美方代表对此极为不满，花了很长时间来指责巴西代表不遵守时间，没有信用，如果老这样下去的话，以后很多工作很难合作，浪费时间就是浪费资源、浪费金钱。对此巴西代表感到理亏，只好不停地向美方代表道歉。谈判开始以后美方代表似乎还对巴西代表来迟一事耿耿于怀，一时间弄得巴西代表手足无措，说话处处被动，无心与美方代表讨价还价，对美方提出的许多要求也没有静下心来认真考虑，匆匆忙忙就签订了合同。

等到合同签订以后，巴西代表平静下来，头脑不再发热时才发现自己吃了大亏，上了美方的当，但已经晚了。

本案例中美国谈判代表成功地使用挑剔式开局策略，迫使巴西谈判代表自觉理亏在来不及认真思考的情况而匆忙签下对美方有利的合同。

策略 7.2 策划开局策略应考虑的因素

一般来说，确定恰当的开局策略需要考虑以下几个因素：

1. 考虑谈判双方之间的关系

①如果双方在过去有过业务往来，且关系很好，那么这种友好的关系应作为双方谈判的基础，在这种情况下，开局阶段的气氛应是热烈、真诚、友好和轻松愉快的。

②如果双方有过业务往来，但关系一般，那么开局的目标是要争取创造一个比较友好、和谐的气氛。

③如果双方过去有过一定的业务往来，但我方对对方的印象不好，那么开局阶段谈判气氛应是严肃、凝重的。

④如果过去双方人员并没有业务往来，那么第一次的交往，应力争创造一个真诚、友好的气氛；以淡化和消除双方的陌生感以及由此带来的防备，为后面的实质性谈判奠定良好的基础。

2. 考虑双方的实力

①双方谈判实力相当，在开局阶段，仍然要力求创造一个友好、轻松、和谐的气氛。

②如果我方谈判实力明显强于对方，在开局阶段，在语言和姿态上，既要表现得礼貌友好，又要充分显示出本方的自信和气势。

③如果我方谈判实力弱于对方，开局阶段，在语言和姿态上，一方面要表示出友好，积极合作；另一方面也要充满自信，举止沉稳，谈吐大方，使对方不至于轻视我们。

3. 考虑谈判策略的需要

为了先入为主给对方施加某种影响，获得某种开局效果，谈判者有意营造某种谈判气氛，以赢得谈判的主动权。

任务实施

1. 实施思路

亚当森被引进伊斯曼的办公室后，看见伊斯曼正埋头于桌上的一堆文件，于是静静地站在那里仔细地打量起这间办公室来。

过了一会儿，伊斯曼抬起头来，发现了亚当森，便问道："先生有何见教？"

秘书把亚当森作了简单的介绍后，便退了出去。亚当森看着伊斯曼却没有急于谈生意，而是采取了攻心术——赞扬。

2. 实施步骤

(1)赞扬他的办公室

"伊斯曼先生，在我等您的时候，我仔细地观察了您这间办公室。我本人长期从事室内的木工装修，但从来没见过装修得这么精致的办公室。"

伊斯曼回答说："哎呀！您提醒了我差不多忘记了的事情。这间办公室是我亲自设计的，当初刚建好的时候，我喜欢极了。但是后来一忙，一连几个星期我都没有机会仔细欣赏一下这个房间。"

(2)赞扬他的地板

亚当森走到墙边,用手在木板上一擦,说:“我想这是英国橡木,是不是?意大利的橡木质地不是这样的。”

“是的”,伊斯曼高兴得站起身来回答说:“那是从英国进口的橡木,是我的一位专门研究室内橡木的朋友专程去英国为我订的货。”

伊斯曼心情极好,便带着亚当森仔细地参观起办公室来了。

他把办公室内所有的装饰一件件向亚当森作介绍,从木质谈到比例,又从比例扯到颜色,从手艺谈到价格,然后又详细介绍了他设计的经过。

(3)赞扬他的功德心

亚当森微笑着聆听,饶有兴致。他看到伊斯曼谈兴正浓,便好奇地询问起他的经历。伊斯曼便向他讲述了自己苦难的青少年时代的生活,母子俩如何在贫困中挣扎的情景,自己发明柯达相机的经过,以及自己打算为社会所作的巨额的捐赠……亚当森由衷地赞扬他的功德心。

3. 实施结果

本来秘书警告过亚当森,谈话不要超过5分钟。结果,亚当森和伊斯曼谈了一个小时又一个小时,一直谈到中午。

最后伊斯曼对亚当森说:“上次我在日本买了几张椅子,放在我家的走廊里,由于日晒,都脱了漆。昨天我上街买了油漆,打算由我自己把它们重新油漆好。您有兴趣看看我的油漆表演吗?好了,到我家里和我一起吃午饭,再看看我的手艺。”

午饭以后,伊斯曼便动手,把椅子一一漆好,并深感自豪。直到亚当森告别的时候,两人都未谈及生意。最后,亚当森不但得到了大批的订单,而且和伊斯曼结下了终生的友谊。

任务小结

本章主要介绍了商务谈判的开局策略。商务谈判开局策略主要包括:一致式开局策略 挑剔式开局策略、坦诚式开局策略、进攻式开局策略、保留式开局策略。在策划商务谈判开局策略时,应考虑的因素有:考虑谈判双方之间的关系、考虑双方的实力、考虑谈判策略的需要。

综合案例

【综合案例1】

江苏仪征巧用谈判策略获满意赔偿

江苏仪征工程是世界上最大的化纤工程,该项目引进了国际上最先进的技术设备,与多家公司合作,但是,在与前西德吉玛公司的合作中,发现从对方引进的圆盘反应器有问题,并给我方造成了重大的经济损失,由此引发了我方对德方的索赔谈判。中方提出了索赔1100万马克的要求,而德方只认可300万马克。由于双方要求差距太大,几个回合之后,谈判搁浅了。中方谈判首席代表、仪征化纤公司总经理任传俊反复考虑,决定以情感化,真诚相待。他提议陪德方公司总经理理扬·奈德到扬州游览。

在大明寺的鉴真和尚面前,任传俊真诚地说:“这里纪念的是一位为了信仰,六渡扶桑,双目失明,终于达到理想境界的高僧。你不是时常奇怪日本人对华投资比较容易吗?那是因为日本人理解中国人重感情、重友谊的心理。你我是打交道多年的老朋友了,除了彼此经济上的利益外，就没有一点个人之间的感情吗?”理扬·奈德深受震动。

双方从扬州直接回到仪征，谈判继续。任总开门见山地说:“问题既然出在贵公司身上，为索赔花太多的时间是不必要的，反正要赔偿……”理扬·奈德耸耸肩膀:“我在贵公司中标，才1亿多美元，我无法赔偿过多，总不能赔本干。”任总紧跟一句:“据我得到的消息，正是因为贵公司在世界上最大的化纤基地中标，才得以连续在全世界15次中标，这笔账又该怎么算呢?”对方语塞。

随后，任传俊直率地说:“我们是老朋友了，打开天窗说亮话，你究竟能赔多少？我们是重友谊的，总不能让你被董事长敲掉饭碗。但你也要为我想想，中国是个穷国，我总得对这里的1万多名建设者有个交代。”中方这种实事求是的态度，终于感化了德方，最终以德方赔偿800万马克达成谈判协议。

【综合案例2】

帮你找一个漂亮的女朋友

深圳市一家生产皮衣的公司与美国一位批发商签订了一笔几十万美元的皮衣生产合同，本应于元旦前发往美国。可是由于种种原因，过了元旦五天后货物才发出去。遭受了损失的美商从深圳一下飞机，就表示:他们不会为这批货付一分钱。双方的谈判也为此而一再陷入僵局。当总经理卢君接手谈判后，他却与美商一边参观厂区，一边和风细雨地谈起家常来。原来，这个美国商人祖籍波兰，年轻时因为政治问题偷渡到美国，赤手空拳打下如今这份天下。卢君一听，马上把自己由穷学生到总经理的经历说给美商听。

同样艰难的个人奋斗史，使美商对卢君有一种他乡遇故知的感觉。当卢君得知美商至今未婚，并有意在中国觅一佳偶时，便把自己认识的几位小姐郑重地介绍给他。于是，当美商同卢君再次坐到谈判桌上时，气氛发生了微妙的变化，卢君一边为拖延交货一事表示万分歉意，一边入情入理地解释拖期的原因。最后与美商达成谅解，几十万美元顺利地汇入了卢君所在公司的账面上。一场眼见泡汤的生意就这样峰回路转，柳暗花明。

复习思考题

一、名词解释

商务谈判开局策略　一致式开局策略　挑剔式开局策略　坦诚式开局策略

进攻式开局策略　保留式开局策略

二. 简答题

1. 商务谈判的开局策略包括哪些?

2. 策划商务谈判开局策略时应考虑哪些因素?

四、实训题

【实训一】

营造良好的谈判气氛:分别模拟谈判双方，即一方“乐天”乳品生产企业，一方“新一佳超市”，确定各自的开局计划;谈判双方模拟此次谈判的开局，重点是营造谈判气氛。

实训项目背景:

“乐天”乳品生产企业生产多种乳制品，包括袋装牛奶、盒装牛奶、酸奶等多种类型、多种包装的产品，是地方知名企业。“新一佳”超市是一家全国性连锁超市，分店遍布全国。“乐天”乳品生产企业与“新一佳”超市是长期合作伙伴，是“新一佳”超市的比较稳定的乳品供应商之一。

在新的一年,“新一佳”超市准备与乳品供应商就价格、入场、维护、促销、结款等问题展开新一轮的讨论,重新制订政策。“乐天”乳品生产企业销售部与“新一佳”超市采购部已预约好商谈时间,届时作为“乐天”乳品生产企业销售部的经理,你将率领你方的谈判小组如期前往。

【实训二】开局目标的建立:根据背景资料分别模拟谈判双方,即一方“乐天”乳品生产企业,一方“新一佳”超市,确定各自的开局目标、开局陈述内容。

实训项目背景:

根据第一个实训项目背景,“乐天”乳品生产企业一方派出了:①销售部经理,负责数量、价格、交货方式、保险等方面的事务;②企业主管会计,负责付款方式、信用保证、担保等财务方面的事务;③质量部代表,负责产品规格、质量保障、售后服务等方面的事务;④销售部职员,负责谈判的联络和衔接等相关事务。

“新一佳”超市一方派出了以下人员:①采购部经理,负责数量、价格、交货方式、保险等方面的事务;②财务部一名会计,负责付款方式、信用保证、担保等财务方面的事务;③法律顾问,负责相关法律的准备、合同文本的准备、合同条款的法律解释等法律方面的事务;④办公室秘书,负责信息资料的整理及保管,谈判过程的记录等后勤工作。

双方如期在“新一佳”超市会议室展开谈判,重点就价格、入场、维护、促销、结款、相关政策等问题进行讨论。

任务8 商务谈判磋商策略

知识（技能）框架图

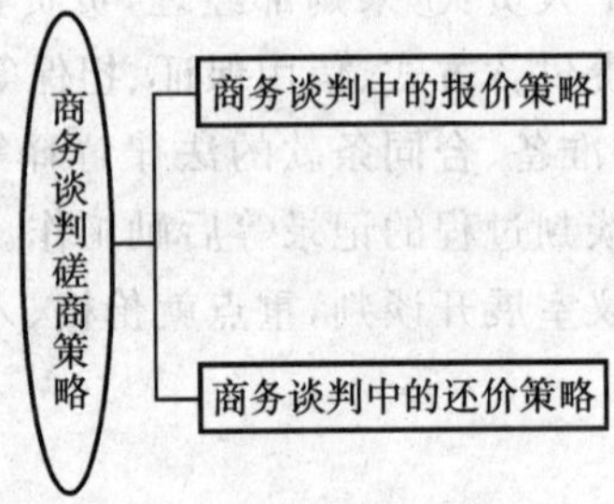

知识目标

- 学生应能掌握商务谈判磋商策略的定义及作用
- 熟悉商务谈判磋商策略的种类，能正确地把握其各自特点

技能目标

- 使谈判人员掌握一定的谈判策略，在谈判中灵活运用，以求达到谈判的成功
- 对谈判对手的种种谈判策略，不论其如何变化，都能清楚地予以识别，泰然处之

任务导入

谈判磋商阶段，是指一方报价以后到成交之前的这个时间段，这是整个谈判的核心阶段。为了争取己方的既得利益，在这个阶段就需要站定己方立场。尽管谈判会出现争论，使用某种策略、技巧，但谦和与坦诚是不变的信条，应当成为谈判者谨守的准则。

本任务试图对一些常见的谈判磋商策略进行分析，期望达到两个目的：使谈判人员掌握一定的谈判磋商策略，在谈判中灵活运用，以求达到对谈判对手的种种谈判策略不论其如何变化，都能清楚地予以识别，泰然处之。

任务分析

在具体的商务谈判磋商阶段中报价、还价时如何灵活运用一些策略和技巧，以谋求己方的最大利益。

主要知识和技能

策略 8.1　商务谈判中的报价策略

商务谈判磋商中的报价是指有关整个交易的各项条件，并非仅指价格条款。报价是谈判过程中的一个核心问题。一方面，报价的策略与技巧的应用很大程度上决定了生意是否能够成交；另一方面，一旦生意成交，还将在很大程度上决定是赢利还是亏损。为此，掌握报价阶段的策略与技巧，是商务谈判人员必须做到的。

报价阶段的策略与技巧主要体现在谁先报价、怎样报价和怎样对待对方的报价这三大方面。

1. 先报价的利与弊

商务谈判双方在结束了非实质性交谈之后，就要将话题转入到有关交易内容的正题上来。一经转入正题，双方即开始相互摸底。摸底的内容不外乎是了解对方对本次谈判的态度、兴趣、交易的大致内容和范围、谈判的议题等等。摸底的目的就是为提出本方的交易条件即报价作准备。经过摸底之后，双方即开始报价，即应该由哪一方先报价呢？换句话说，本方到底是先报价还是后报价？那要看先报价的利弊关系如何？

就一般情况而言，先报价有利也有弊：

先报价的有利之处在于：一方面，先报价对谈判的影响较大，它实际上等于为谈判划定了一个框架或基准线，最终协议将在这个范围内达成。比如，卖方报价某种计算机每台FOB1000 美元，那么经过双方磋商之后，最终成交价格一定不会超过 1000 美元这个界限的。另一方面，先报价如果出乎对方的预料和设想，往往会打乱对方的原有部署，甚至动摇对方原来的期望值，使其失去信心。比如，卖方首先报价 FOB 某货物 1000 美元一吨，而买方心里却只能承受 400 美元一吨，这与卖方报价相差甚远，即使经过进一步磋商也很难达成协议，因此，只好改变原来部署，要么提价，要么告吹。总之，先报价在整个谈判中都会持续地起作用，因此，先报价比后报价的影响要大得多。

先报价的弊在于：一方面，对方听了我方的报价后，可以对他们自己原有的想法进行最后的调整。由于我方的先报价，对方对我方的交易条件的起点有所了解，他们就可以修改原先准备的报价，获得本来得不到的好处。正如上边所举例子，卖方报价每台计算机 FOB1000 美元，而买方原来准备的报价可能为 1100 美元一台。这种情况下，很显然，在卖方报价以后，买方马上就会修改其原来准备的报价条件，于是其报价肯定会低于 1000 美元，那么对于买方来讲，后报价至少可以使他获得 100 美元的好处。另一方面，先报价后，对方还会试图在磋商过程中迫使我方按照他们的路子谈下去。其最常用的做法是：采取一切手段，调动一切积极因素，集中力量攻击我方的报价，逼迫我方进一步地降价，而并不透露他们自己究竟肯出多高的价值。

【案例 8－1】

某顾客买了某家具店的东西，但是发现有瑕疵，就去找店家赔偿。他们是这样谈判的：

家具店老板先发表了意见：“先生，我知道我们的家具使得您不愉快，可是恐怕我无法承受你的要价，我们公司若只出 1000 元的赔偿金，你看怎么样？”

顾客很长时间没有说话。

家具店老板沉不住气了:“对不起,我再加1000元,2000元如何?”

“抱歉,无法接受。”顾客终于开口了。

家具店老板继续说:“好吧,那么3000元如何?”

顾客又是很长时间没有说话。

家具店老板显得有点诧异,说:“好吧,4000元。”

“NO”顾客说。

“就赔5000元吧!”

“NO”顾客还是这样说。

“这样吧,6000元。”

“那好吧。”顾客勉强地说。

分析:本案例中,该顾客在谈判中先不开口,让对方尽情表演,或多向对方提问并设法使对方继续沿着正题谈论下去,以此暴露其真实的动机和最低谈判的目标并结合己方的意图采用有针对性的回答。

2. 何时先报价利大于弊

先报价有利也有弊,那么什么时候、什么情况下先报价利大于弊呢?一般来讲,我们要通过分析双方谈判实力的对比情况来决定何时先报价。

如果本方的谈判实力强于对方,或者说与对方相比,在谈判中处于相对有利的地位,那么本方先报价就是有利的。尤其是当对方对本次交易的行情不太熟悉的情况下,先报价的利更大。因为这样可为谈判先划定一个基准线,同时,由于本方了解行情,还会适当掌握成交的条件,对本方无疑是利大于弊。

如果通过调查研究,估计到双方的谈判实力相当,谈判过程中一定会竞争得十分激烈。那么,同样应该先报价,以便争取更大的影响。

如果本方谈判实力明显弱于对手,特别是缺乏谈判经验的情况下,应该让对方先报价。因为这样做可以通过对方的报价来观察对方,同时也可以扩大自己的思路和视野,然后再确定应对本方的报价作哪些相应的调整。

以上仅就一般情况而言,何时先报价利大于弊。有些国际及国内业务的谈判,谁先报价几乎已有惯例可以遵循。比如货物买卖业务的谈判,多半是由卖方首先报价,然后买方还价,经过几轮磋商后再告成交。相反,由买方先出价的情况是几乎不存在的。

3. 西欧式报价与日本式报价

在国际商务谈判活动中,有两种比较典型的报价战术,即西欧式报价术和日本式报价术。

西欧式报价战术与我们前边所讲到的有关报价原则是一致的。其一般的模式是,首先提出留有较大余地的价格,然后根据买卖双方的实力对比和该笔交易的外部竞争状况,通过给予各种优惠,如数量折扣、价格折扣、佣金和支付条件上的优惠(如延长支付期限、提供优惠信贷等等)来逐步软化和接近买方的市场和条件,最终达成成交的目的。实践证明,这种报价方法只要能够稳住买方,往往会有一个不错的结果。

日本式报价战术的一般做法是,将最低价格列在价格表上,以求首先引起买主的兴趣。由于这种低价格一般是以对卖方最有利的结算条件为前提条件的,并且,在这种低价交易条件下,各个方面都很难全部满足买方的需求,如果买方要求改变有关条件,则卖主就会相应提高价格。因此，买卖双方最后成交的价格，往往高于价格表中的价格。

日本式报价在面临众多外部对手时，是一种比较艺术和策略的报价方式。因为一方面可以排斥竞争对手而将买方吸引过来，取得与其他卖主竞争中的优势和胜利；另一方面，当其他卖主败下阵来纷纷走掉时，这时买主原有的买方市场的优势不复存在了，原来是一个买主对多个卖主，谈判中显然优势在买主手中，而当其他卖主不存在的情况下，变成了一个买主对一个卖主的情况，双方谁也不占优势，从而可以坐下来细细地谈，而买主这时要想达到一定的需求，只好任卖主一点一点地把价格抬高才能实现。

聪明的谈判人员，是不愿隐入日本式报价的圈套的。避免陷入日本式报价的最好做法就是把对方的报价内容与其他客商的报价内容进行一一的比较，看看它们所包含的内容是否一样，从而判断其报价与其他客商的报价是否具有可比性。不可只看表现形式，不顾内容实质，而误入圈套。如果在对比中发现内容不一致，即从中判断其内容与价格的关系，不可盲目从事。需要指出，如果报价内容不具备直接的可比性，那就要进行相应地调整，使之具有可比性，然后再作比较和决策。切忌只注重最后的价格，在对其报价所包含的内容没有进行认真的分析、比较的情况下，匆忙决策，造成不应有的被动和损失。另外，即使某个客商的报价的确比其他厂商优惠，富有竞争力，也不要完全放弃与其他客商的接触与联系，要知道这样做实际上就是要给对方一个持续的竞争压力，迫使其继续作出让步。

综上两种报价战术，虽说日本式报价较西欧式报价更具有竞争实力，但它不适合买方的心理，因为一般人总是习惯于价格由高到低，逐步降低，而不是不断地提高。因此，对于那些谈判高手，会一眼识破日本报价者的技谋，而不至于陷入其制造成形的圈套。

4. 报价必须遵循的原则

(1)开盘价卖方最高，买方最低

对于卖方来讲，开盘价必须是“最高的”；相应地，对买方来讲，开盘价必须是“最低的”，这是报价的首要原则。

首先，若我们为卖方，开盘价为我方的要价确定了一个最高限度，一般来讲，除特殊情况外，开盘价一经报出，就不能再提高或更改了。最终双方成交的价格肯定是在此开盘价格以下。若我们为买方，开盘价为我方的要价确定了一个最低限度。一般来讲，没有特殊情况，开盘价也是不能再降低的，最终双方成交的价格肯定在此开盘价格之上。

其次，从人们的观念上来看，“一分钱、一分货”是多数人信奉的观念。因此，开盘价较高，会影响对方对我方提供的商品或劳务的印象和评价。

再次，开盘价较高，能够为以后的讨价还价留下充分的回旋余地，使本方在谈判中更富有弹性，便于掌握成交时机。

第四，开盘价的高低往往对最终成交水平具有实质性的影响，即开盘价高，最终成交价的水平也就比较高；开盘价低，最终成交价的水平也相应地比较低。

(2)开盘价必须合情合理

开盘价要报得高一些，但绝不是漫天要价、毫无道理、毫无控制。恰恰相反，高的同时必须合乎情理，必须能够讲得通才成。可以想象，如果报价过高，又讲不出道理，对方必然会认为你缺少谈判的诚意，或者被逼无奈而中止谈判扬长而去；或者以其人之道还治其人之身，相对地来个“漫天还价”；抑或一一提出质疑，而我们又无法解释，其结果只好是被迫无条件地让步。在这种情况下，有时即使你已将交易条件降低到较公平合理的水平上，对方仍会认为尚有“水分”可挤，因而还是穷追不舍。可见，开盘价脱离现实，便会自找麻烦。

(3)报价应该坚定、明确、完整，且不加任何解释和说明

开盘价的报出要坚定、果断，不保留任何语尾，并且毫不犹豫。这样做能够给对方留下我方是认真而诚实的好印象。要记住，任何欲言又止，吞吞吐吐的行为，必然会导致对方的不良感受，甚至会产生不信任感。

开盘报价要明确、清晰而完整，以便对方能够准确地了解我方的期望。实践证明，报价时含糊不清最容易使对方产生误解，从而扰乱本方所定步骤，对已不利。

报价时不要对本方所报价格作过多的解释、说明和辩解，因为对方不管我方报价的水分多少都会提出质疑的。如果在对方还没有提出问题之前，我们便主动加以说明，会提醒对方意识到我方最关心的问题，而这种问题有可能是对方尚未考虑过的问题。因此，有时过多地说明和解释，会使对方从中找出破绽或突破口，向我们猛烈地反击，有时甚至会使我们自己十分难堪，无法收场。

【重要知识 8-1】

报价原则
①对于卖方来讲，开盘价必须是“最高的”；相应地，对买方来讲，开盘价必须是“最低的”，这是报价的首要原则。 ②开盘价必须合情合理。 ③报价应该坚定、明确、完整，且不加任何解释和说明。

5. 进行报价解释时必须遵循的原则

通常情况下，一方报价完毕之后，另一方会要求报价方进行价格解释。那么在做价格解释时，必须遵循一定的原则，即：不问不答，有问必答，避虚就实，能言不书。

不问不答是买方不主动问及的问题不要回答。其实，买方未问到一切问题，就不要进行解释或答复，以免造成言多有失的结果。

有问必答是指对对方提出的所有有关问题，都要一一做出回答，并且要很流畅、很痛快地予以回答。经验告诉人们既然要回答问题，就不能吞吞吐吐，欲言又止，这样极易引起对方的怀疑，甚至会提醒对方注意，从而穷追不舍。

避虚就实是指本方报价中比较实质的部分应多讲一些，对较虚的部分，或者说水分含量较大的部分，应该少讲一些，甚至不讲。

能言不书是指能用口头表达和解释的，就不要用文字来书写，因为当自己表达中有误时，口述和笔写的东西对自己的影响是截然不同的。有些国家的商人，只承认笔上的信息，而不重视口头信息，因此要格外慎重。

6. 对待对方报价的策略

在对方报价过程中，要认真倾听并尽力完整、准确、清楚地把握住对方的报价内容。在对方报价结束之后，对某些不清楚的地方可以要求对方予以解答。同时，应尽可能地将本方对对方报价的理解进行一下归纳和总结，并力争加以复述，以便对方确认自己的理解是正确无误的之后，方可进行下一步。

在对方报价完毕之后，比较策略的做法就是，不急于还价，而是要求对方对其价格的构成、

报价依据、计算的基础以及方式方法等作出详细的解释，即所谓的价格解释。通过对方的价格解释，可以了解对方报价的实质、态势、意图及其诚意，以便从中寻找破绽，从而动摇对方报价的基础，为我方争取重要的便利。

在进行完价格解释之后，针对对方的报价，有两种行动选择：一是要求对方降低其要价。这是一种比较有利的选择，因为这实质上是对对方报价的一种反击，如果反击成功，即可争取到对方的让步，而本方既没有暴露自己的报价内容，也没有作出任何相应的让步。二是提出自己的报价。这种做法不十分讲究，除非特殊情况，否则采用此法对己方不利。

7. 报价的方法

【案例 8-2】

中国某公司与日本某公司在上海著名的国际大厦，围绕进口农业加工机械设备，进行了一场别开生面的竞争与合作、竞争与让步的谈判。谈判一开局，按照国际惯例，首先由卖方报价。首次报价为 1000 万日元。

这一报价离实际卖价偏高许多。日方之所以这样做，是因为他们以前的确卖过这个价格。如果中方不了解谈判当时的国际行情，就会以此作为谈判的基础，那么，日方就可能获得厚利；如果中方不能接受，日方也能自圆其说，有台阶可下，可谓进可攻，退可守。由于中方事前已摸清了国际行情的变化，深知日方是在放“试探气球”。于是中方直截了当地指出：这个报价不能作为谈判的基础。日方对中方如此果断地拒绝了这个报价而感到震惊。他们分析，中方可能对国际市场行情的变化有所了解，因而己方的高目标恐难实现。于是日方便转移话题，介绍起产品的特点及其优良的质量，以求采取迂回前进的方法来支持己方的报价。这种做法既回避了正面被点破的危险，又宣传了自己的产品，还说明了报价偏高的理由，可谓一石三鸟，潜移默化地推进了己方的谈判方案。但中方一眼就看穿了对方在唱“空城计”。

因为，谈判之前，中方不仅摸清了国际行情，而且研究了日方产品的性能、质量、特点以及其他同类产品的有关情况。于是中方运用“明知故问，暗含回击”的发问艺术，不动声色地说：“不知贵国生产此种产品的公司有几家？贵公司的产品优于 A 国、C 国的依据是什么？”此问貌似请教，实则是点了对方两点：其一，中方非常了解所有此类产品的有关情况；其二，此类产品绝非你一家独有，中方是有选择权的。中方点到为止的问话，彻底摧毁了对方“筑高台”的企图。中方话未完，日方就领会了其中含意，顿时陷于答也不是、不答也不是的境地。但他们毕竟是生意场上的老手，其主谈人为避免难堪的局面借故离席，副主谈也装作找材料，埋头不语。过了一会儿，日方主谈神色自若地回到桌前，因为他已利用离席的这段时间，想好了应付这一局面的对策。果然，他一到谈判桌前，就问他的助手：“这个报价是什么时候定的？”他的助手早有准备，对此问话自然心领神会，便不假思索地答道：“以前定的。”于是日方主谈人笑着解释说：“唔，时间太久了，不知这个价格有否变动，我们只好回去请示总经理了。”老练的日方主谈人运用“踢皮球”战略，找到了退路。中方主谈人自然深谙谈判场上的这一手段，便采取了化解僵局的“给台阶”方法，主动提出“休会”，给双方有让步的余地。中方深知此轮谈判不会再有什么结果了，如果追紧了，就可能导致谈判的失败。而这是中日双方都不愿看到的结局。

此轮谈判，从日方的角度看，不过是放了一个“试探气球”。因此，凭此取胜是侥幸的，而“告吹”则是必然的。因为对交易谈判来说，很少有在开局的第一次报价中就获成功的。日方在这轮谈判中试探了中方的虚实，摸清了中方的态度。同时也了解了中方主谈人的谈判能力和风格。从中方角度来说，在谈判的开局就成功地抵制了对方的"筑高台"手段，使对方的高目标要求受挫。同时，也向对方展示了己方的实力，掌握了谈判中的主动。双方在这轮谈判中，互道了信息，加深了了解，增强了谈判成功的信心。从这一意义上看，首轮谈判对双方来说都是成功，而不是失败。

第二轮谈判开始后，双方首先漫谈了一阵，调节了情绪，融洽了感情，创造了有利于谈判的友好气氛。之后，日方再次报价："我们请示了总经理，又核实了一下成本，同意削价100万日元。"同时，他们夸张地表示，这个削价的幅度是不小的，要中方"还盘"。中方认为日方削价的幅度虽不小，但离中方的要价仍有较大距离，马上还盘还很困难。因为"还盘"就是向对方表明己方可以接受对方的报价。在弄不清对方的报价离实际卖价的"水分"有多大时就轻易"还盘"，往往造成被动，高了己方吃亏，低了可能刺激对方。"还盘"多少才是适当的，中方一时还拿不准。为了慎重起见，中方一面电话联系，再次核实该产品在国际市场的最新价格，一面对日方的二次报价进行分析。

根据分析，这个价格，虽日方表明是总经理批准的，但根据情况看，此次降价是谈判者自行决定的。由此可见，日方报价中所含水分仍然不小，弹性很大。基于此，中方确定"还盘"价格为750万日元。日方立即回绝，认为这个价格很难成交。中方坚持与日方探讨了几次，但没有结果。鉴于讨价还价的高潮已经过去，因此，中方认为谈判的"时钟已经到了"，该是展示自己实力、运用谈判技巧的时候了。于是，中方主谈人使用了具有决定意义的一招，郑重向对方指出："这次引进，我们从几家公司中选中了贵公司，这说明我们成交的诚意。此价虽比贵公司销往C国的价格低一点，但由于运往上海口岸比运往C国的费用低，所以利润并没有减少。另一点，诸位也知道我们有关部门的外汇政策规定，这笔生意允许我们使用的外汇只有这些。要增加，需再审批。如果这样，那就只好等下去，改日再谈。"

这是一种欲擒故纵的谈判方法，旨在向对方表示己方对该谈判已失去兴趣，以迫使其做出让步。但中方仍觉得这一招的分量还不够，又使用了类似"竞卖会"的高招，把对方推向了一个与"第三者竞争"的境地。中方主谈人接着说："A国、C国还等着我们的邀请。"说到这里，中方主谈人把一直捏在手里的王牌摊了出来，恰到好处地向对方泄露，把中国外汇使用批文和A国、C国的电传递给了日方主谈人。日方见后大为惊讶，他们坚持继续讨价还价的决心被摧毁了，陷入必须"竞卖"的困境：要么压价握手成交，要么谈判就此告吹。日方一时举棋不定，握手成交吧，利润不大，有失所望；告吹回国吧，跋山涉水，兴师动众，花费了不少的人力、物力和财力，最后空手而归，不好向公司交代。这时，中方主谈人便运用心理学知识，根据"自我防卫机制"的文饰心理，称赞日方此次谈判的确精明强干，中方就只能选择A国或C国的产品了。

日方掂量再三，还是认为成交可以获利，告吹只能赔本。这正如本杰明·富兰克林的观点所表明的那样："最好是尽自己的交易地位所能许可来做成最好的交易。"最坏的结局，则是由于过于贪婪而未能成交。

从本案例中我们也能知道报价的方法。通常报价的方法有：

(1)顺向报价法

顺向报价法是一种传统报价策略，即卖方报高价，或买方报低价策略。采用这种报价策略，价格中的虚报成分较多，为谈判双方进一步讨价还价留下了充分的空间。卖方报出高价后，如果买方认为该价位过高，完全没有依据时，会立即拒绝或怀疑卖方的谈判诚意，并坚决要求对方降价；而当买方认为卖方的高价比较合理时，虽然买方仍然会要求卖方降低价格，而一旦卖方降低了价位，买方就会有一种满足心理。这时只要卖方有耐心，把握好降价的尺度和时机，很可能促使交易在较高价位成交。相反，如果买方所报价格较为合理，双方则很有可能在较低价位成交。一般人都有一种希望实际所得高于其预期的心理。如果买方或卖方所报价格水分太多，超出对方可预见的最小收益，就变成了乱开价，可谈判空间也不存在了。在制订报价策略时，应结合本方的利益和对方的情况以及市场信息，合理报价。

(2)逆向报价法

逆向报价法则是一种反传统的报价法，其具体做法是：卖方或买方反其道而行之，先递出高价或低价，以排斥其他竞争对手，然后再从其他交易条件寻找突破口，逐步压低或抬高价格，最终在预期价位成交。例如，某商品的市场价格一般为每件 100 美元，甲商为了争取客户报价 98 美元，乙商作为买家大感兴趣，放弃了与其他客户的谈判而转向甲商。谈判过程中，甲商提出为扩大销路，包装应为精包装，但要求每件增加 1 美元。在谈到交货条件时，乙商提出在合同签订后 3 个月内交货，甲商则坚持在签约后 6 个月内交货。乙商坚持不退让，甲商表示与工厂商量后，可以满足对方的交货期，但需要支付加班费每件 50 美分。在以后支付等交易条件的谈判中，甲方又争取到了比较有利的条件，使总体价格水平接近每件 100 美元的市场价格。运用逆向报价策略，风险较大。在客观谈判地位并不很有利的情况下，报价方在报出或低或高的价格后，虽然很可能把其他谈判对手排斥在外，但也可能使价位难以回到预期水平，在实际商务谈判中，除非确有把握应避免使用。

【重要知识 8-2】

报价方法
①顺向报价法，是一种传统报价策略，即卖方报高价，或买方报低价策略。 ②逆向报价法则是一种反传统的报价法，其具体做法是：买方或卖方反其道而行之，先递出高价或低价，以排斥其他竞争对手，然后再从其他交易条件寻找突破口，逐步压低或抬高价格，最终在预期价位成交。

策略 8.2 商务谈判中的还价策略

要想在谈判中控制主动权，就要尽可能地懂得对方的情况，尽可能地懂得控制某一步骤，对对方的影响以及对方的反响如何，投石问路就是了解对方情况的一种战术。

交易谈判的报价是不可逾越的阶段，只有在报价的基础上，双方才能进行讨价还价。讨价还价是谈判中一项重要的内容。因为一般卖方或买方的初次报价都不可能马上被对方所接受，最后的成交价格是买卖双方进一步讨价还价的结果。一个优秀的谈判者不仅要控制谈判的基础原则、方法，还要学会熟练地运用讨价还价的策略，这是促成谈判成功的保证。讨价还价的一些策略有：

1. 投石问路策略

针对对方的报价，不急于还价，而是提出与价格有关的假设条件，请对方回答。以搜集对还价有利的情报和寻找还价机会，所投之石通常有

假如我们订货的数量加倍或减半呢？

假如我们与你签订长期订货合同呢？

假如我们以现金支付或分期付款呢？

假如我们按 FOB 或 OF 或 CIF 的价格条件成交呢？

假如工程由我们自己提供材料和工具呢

假如我们成套购买或仅购买主机或零部件呢?

假如把货物的品质提高标准呢?

假如我们自己提货呢?

通过以上的提问和对方的回答。有利于还价方了解其交易物的生产成本,设备折旧费的分摊,生产经营能力,价格政策乃至谈判的策略,进而提出有利的还价。

【案例 8-3】

一次,某食品加工厂为了购买某种山野菜与某县土产公司进行谈判,在谈判过程中,食品加工厂的报价是每公斤山野菜 15 元,为了试探对方的价格“底线”,土产公司的代表尤斌采用了投石问路的技巧,开口报价每公斤山野菜 22 元,尤斌摆出一副非此价不谈的架势。

急需山野菜的食品加工厂的代表急了:“老兄,市场的情况你都清楚,你怎么能指望将山野菜卖到每公斤 18 元呢?”

食品加工厂的代表在情急之中暴露了“底牌”,于是土产公司的代表紧追不放。

“那么,你是希望以每公斤 18 元的价格与我们成交?”

这时,食品加工厂的代表才恍然大悟,只是无奈地应道“可以考虑”。

最后,双方真的以每公斤 18 元的价格成交,这个结果比土产公司原定的成交价格要高出 1 元。

如果土产公司的代表不是巧妙地运用投石问路的技巧揭出对方的“底牌”,是很难找到一个如此合适又使本方利润最大的价位与对方成交。

(资料来源:hi. baidu. com/zjjhyks/blog/item/8331b01e)

【重要知识 8-3】

投石问路策略基本要求
当己方对对方的商业习惯或真实意图等不大了解时,通过巧妙地向对方提出大量问题,并引导对方尽量做出正面、全面的回答,然后从中得到一般不易获得的资料以达到其目的。 采用投石问路策略时,应注意以下几个问题:第一,提出问题要恰当。如果提问题规定的回答方式能够达到使对方接受的判断,那么这个问题就是恰当的问题,反之就是一个不恰当的问题。第二,提出问题要有针对性。在谈判中,一个问题的提出要把问题的解决引导到交易能否做成这个方向上去,并给予足够的时间使对方做尽可能详细地正面回答。第三,尽量避免暴露提问的真实意图,不要与对方争辩,也不必陈述己方的观点。

2. 小处入手

对于大型项目,成套设备和较复杂的交易,还价可采取分批还价的方式。一般可选择差距小的部分先还价。其好处是,还价相对容易被接受,引发谈判的激情,树立谈判的信心,了解对手风格。如果谈判出现僵持局面,不妨可以考虑在“小处”适当作一些让步,然后再在大项目、大金额的部分进行猛攻。比如对方报价主机价格 50 万元,技术费 10 万元,零配件价格 5 万元,还价可先从零配件或技术费入手。一旦谈判顺利,再谈主机价格,并且还价收紧,这样,有利于向对方施加压力,巩固谈判成果,取得价格谈判的主动权。

3. 利用竞争

在一些价格构成比较复杂的商品或大型劳务工程项目谈判中，还价一方为了争取最有利的价格和成交条件，可充分利用或制造对手竞争的局面。例如：采用“货比三家”的技巧，使多个卖方主动地做出价格解释证明其报价及交易条件的合理性。这比单一的还价要有利。再如，在工程项目发包中，采用招标的方法，使各承包商为了战胜竞争对手争取中标。除了提高工程质量外，还要尽量压低工程报价。下面，列举一例，说明该技巧的运用及效果：

某饭店改建，需建造一个标准游泳池。该饭店采用招标方式，初步选定甲、乙、丙三个承包商。饭店负责人在得到三个承包商的标单后。发现每个方案所提供的温水设备、过滤网、抽水设备、设计、装饰材料和价格均不相同。由于技术性强，选择十分困难。饭店负责人最后邀请三个承包商于同一天同一时间到达饭店，并在他们相互认识并了解意图之后，依次进行了谈判。谈判中，甲方告诉饭店负责人，他们建造的游泳池质量最好，乙方通常使用陈旧的抽水设备，丙方信誉不好；乙方告诉饭店负责人，甲方和丙方提供的都是塑料管道，而自己提供的是铜管道；丙方则告诉饭店负责人，甲方和乙方使用的过滤网品质低劣，报价太高……饭店负责人通过这种谈判，达到了以下目的：了解了有关建造游泳池的知识，积累了与承包商还价的经验。最后在要求修改工程预算和施工方案的基础上，选定了价格最低的承包商。

4. 灵活应对

还价的方式很多。不可被报价方牵着鼻子走。比如，在谈判中，价格一时降不下来。可根据具体情况，灵活运用其他交易条件。如改变支付方式，要求给予折扣以及免费提供售后服务等等。再比如，可根据报价方的价格解释情况及时间、态度及己方资料状况等，采用不同的还价方式：卖方价格解释清楚，己方手中比价材料丰富，卖方成交心切且有时间，可采用逐项还价方式；如果卖方解释不清，而买方掌握的价格资料少，卖方性急，时间紧，可根据价格差距档次分组还价，即价格高，压得多，以区别对待；如果卖方报价很粗，且态度强硬，或双方处于长时间的相持状态，但均有成交的愿望，在卖方已作数次调价后，买方也可以从“货物”或“软件”两大块还价，或者最后进行总价格还价。

5. 抬价压价战术

在谈判中，通常是没有一方一开价，另一方就马上批准，双方拍板成交的，都要经过多次的抬价、压价，才相互让步，断定一个一致的价格标准。由于谈判时抬价一方不明确对方请求多少，在什么情况下让步，所以这一策略运用的要害就是抬到多高才是对方能够接受的。一般而言，抬价是建立在科学的计算，准确的视察、断定、分析基础上，当然，忍耐力、经验、能力和信心也是十分重要的。

【案例 8-4】

李刚是某茶饮料企业的区域经理，A县大户经销商刘老板在中秋期间经申请举办了一场路演活动，由于当天下午突然下雨致使效果不佳，第二天刘老板举办了第二场路演活动。月终费用总结时，刘的报告传到区域办事处，注明申报费用“12500元”，其中场地租赁费多少，演出人员工资多少，赠品价值多少等等，最终，李刚根据督导意见签字同意核报4000元，为此，刘老板大为恼火，于是有了下面电话里的对决。

刘：李经理！我做的两场路演花了一万多元，你砍了我2/3的费用，路演以后没办法做了，你也别怪我不支持公司的促销活动了。

李：一场路演活动，你凭什么核报一万多元？公司的规定你不是不知道，县级市场2500元/场，地级市场3000元/场，你这不是明显地虚报费用吗？

刘：我举办了两场，第一天因为天气不好，请示你们余总（李刚的上级）后才举办第二场的，你们领导都同意了，怎么说话不算数？

李：我上次组织经销商及驻地业务员培训时就一再强调，做路演首先要注意的是天气，当时您也参加了，现在居然还出现这样的低级失误，我不怨您已经是不错了；另外，您为什么要组织两场路演？那是因为你第一场根本没有达到预期的效果！你举办两场才到达一场的效果，凭什么给你两场的费用？如果不是因为余总向我交代，刘老板您长期以来支持公司的回款工作，属A类客户，我也不可能破例给你签4000元费用，按制度只能核报2500元。

刘：我不听你这么多，我就不相信你们余总答应我的不给我兑现，过会就给你们余总打电话。

李：我不管你给哪位领导打电话，除非我被公司开除，我的签字是不可变更的，因为今天对你刘老板我的签字可以变更，明天张老板吴老板陈老板都来找我怎么办？当然，如果你可以通过我们上级领导申请其他特批费用支持（不纳入区域费用），我没有任何意见而且还大力支持。

（资料来源：www.28.com/cyzs/wl/n-30869.html）

在讨价还价中，双方都不能断定双方能走多远，能得到什么。因此，时间越久，局面就会越有利于有信心、有耐力的一方。压价可以说是对抬价的破解。如果是买方先报价格，可以低于预期进行报价，留有讨价还价的余地，如果是卖方先报价，买方压价，则可以采用多种方法：

①戳穿对方的花招，直接指出本质。比如算出对方产品的成本费用，挤出对方报价的水分。

②制订一个不断超过预算的金额，或是一个价格的高低限，然后围绕这些标准，进行讨价还价。

③用反抬价来回击，如果在价格上迁就对方，必须在其他方面获得补偿。

④召开小组会议，集思广益思考对策。

⑤在合同没有签订以前，请求对方做出某种保证，以防反悔。

⑥使对方在合同上签字的人越多越好，这样，对方就难以改口。

任务实施

1. 实施思路

在具体商务磋商中，尤其是报价、还价时，谈判双方会有原则地运用一些策略和技巧使得己方达到在谈判中的最大的利益。

2. 实施步骤：报价策略

报价阶段的策略与技巧主要体现在谁先报价、怎样报价和怎样对待对方的报价这三大方面，以及这些策略技巧运用时所遵循的报价原则。如何报价、怎样报价、报价的效果好坏会直接影响还价。

3. 实施结果：还价策略

还价阶段的策略主要体现谈判者要控制谈判的方法与技巧，还要学会熟练地运用讨价还价的策略。

综合案例

中日索赔谈判中的议价沟通与说服

我国从日本S汽车公司进口大批FP－148货车，使用时普遍发生严重质量问题，致使我国蒙受巨大经济损失。为此，我国向日方提出索赔。

谈判一开始，中方简明扼要地介绍了FP－148货车在中国各地的损坏情况以及用户对此的反应。中方在此虽然只字未提索赔问题，但已为索赔说明了理由和事实根据，展示了中方谈判威势，恰到好处地拉开了谈判的序幕，日方对中方的这一招早有预料，因为货车的质量问题是一个无法回避的事实，日方无心在这一不利的问题上纠缠。日方为避免劣势，便不动声色地说："是的，有的车子轮胎炸裂，挡风玻璃炸碎，电路有故障，铆钉震断；有的车架偶有裂纹。"中方觉察到对方的用意，便反驳道："贵公司代表都到现场看过，经商检和专家小组鉴定，铆钉非属震断，而是剪断，车架出现的不仅仅是裂纹，而是裂缝、断裂！而车架断裂不能用'有的'或'偶有'，最好还是用比例数据表达，更科学、更准确……"日方淡然一笑说："请原谅，比例数据尚未准确统计。""那么，对货车质量问题贵公司能否取得一致意见？"中方对这一关键问题紧追不舍。"中国的道路是有问题的。"日方转了话题，答非所问。中方立即反驳："诸位已去过现场，这种说法是缺乏事实根据的。""当然，我们对贵国实际情况考虑不够……""不，在设计时就应该考虑到中国的实际情况，因为这批车是专门为中国生产的。"中方步步紧逼，日方步步为营，谈判气氛渐趋紧张。中日双方在谈判开始不久，就在如何认定货车质量问题上陷入僵局。日方坚持说中方有意夸大货车的质量问题："货车质量的问题不至于到如此严重的程度吧？这对我们公司来说，是从未发生过的，也是不可理解的。"此时，中方觉得该是举证的时候了，并将有关材料向对方一推说："这里有商检、公证机关的公证结论，还有商检拍摄的录像。如果……""不！不！对商检公证机关的结论，我们是相信的，我们是说贵国是否能够作出适当让步。否则，我们无法向公司交代。"日方在中方所提质量问题攻势下，及时调整了谈判方案，采用以柔克刚的手法，向对方踢皮球，但不管怎么说，日方在质量问题上设下的防线已被攻克了，这就为中方进一步提出索赔价格要求打开了缺口。随后，对FP－148货车损坏归属问题上取得了一致的意见。日方一位部长不得不承认，这属于设计和制作上的质量问题所致。虽初战告捷，但是我方代表意识到更艰巨的较量还在后头。索赔金额的谈判才是根本性的。

随即，双方谈判的问题升级到索赔的具体金额上——报价、还价、提价、压价、比价，一场毅力和技巧较量的谈判展开了。中方主谈代表擅长经济管理和统计，精通测算。他翻阅了许多国内外的有关资料，甚至在技术业务谈判中，他也不凭大概和想当然，认为只有事实和科学的数据才能服人。此刻，在他的纸笺上，在大大小小的索赔项目旁，写满了密密麻麻的阿拉伯数字。这就是技术业务谈判，不能凭大概，只能依靠科学准确的计算。根据多年的经验，他不紧不慢地提出："贵公司对每辆车支付加工费是多少？这项总额又是多少？""每辆车10万日元，计5.84亿日元。"日方接着反问道："贵国报价是多少？"中方立即回答："每辆16万日元，此项共计9.5亿日元。"精明强干的日方主谈人淡然一笑，与其副手耳语了一阵，问："贵国报价的依据是什么？"中方主谈人将车辆损坏后各部件需如何修理、加固、花费多少工时等逐一报价。"我们提出的这笔加工费并不高。"接着中方代表又用了欲擒故纵的一招："如果贵公司感到不合算，派员维修也可以。但这样一来，贵公司的耗费恐怕是这个数的好几倍。"这一招很奏效，顿时把对方将住了。日方被中方如此精确的计算所折服，自知理亏，转而以恳切的态度征询：

"贵国能否再压低一点。"此刻,中方意识到,就具体数目的实质性讨价还价开始了。中方答道:"为了表示我们的诚意,可以考虑贵方的要求,那么,贵公司每辆出价多少呢?""12万日元"日方回答。"13.4万日元怎么样?"中方问。"可以接受"。日方深知,中方在这一问题上已作出了让步。于是双方很快就此项索赔达成了协议。日方在此项目费用上共支付7.76亿日元。

然而,中日双方争论索赔的最大数额的项目却不在此,而在于高达几十亿日元的间接经济损失赔偿金。在这一巨大数目的索赔谈判中,日方率先发言。他们也采用了逐项报价的做法,报完一项就停一下,看看中方代表的反应,但他们的口气却好似报出的每一个数据都是不容打折扣的。最后,日方统计可以给中方支付赔偿金30亿日元。中方对日方的报价一直沉默不语,用心揣摩日方所报数据中的漏洞,把所有的"大概"、"大约"、"预计"等含糊不清的字眼都挑了出来,有力地抵制了对方所采用的浑水摸鱼的谈判手段。

在此之前,中方谈判班子昼夜奋战,液晶体数码不停地在电子计算机的荧光屏上跳动着,显示出各种数字。在谈判桌上,我方报完每个项目的金额后,讲明这个数字测算的依据,在那些有理有据的数字上,打的都是惊叹号。最后我方提出间接经济损失费70亿日元!

日方代表听了这个数字后,惊得目瞪口呆,老半天说不出话来,连连说:"差额太大,差额太大!"于是,进行无休止的报价、压价。

"贵国提的索赔额过高,若不压半,我们会被解雇的。我们是有妻儿老小的……"日方代表哀求着。老谋深算的日方主谈人使用了哀兵制胜的谈判策略。

"贵公司生产如此低劣的产品,给我国造成多么大的经济损失啊!"中方主谈接过日方的话头,顺水推舟地使用了欲擒故纵的一招:"我们不愿为难诸位代表,如果你们作不了主,请贵方决策人来与我们谈判。"双方各不相让,只好暂时休会。这种拉锯式的讨价还价,对双方来说是一种毅力和耐心的较量。因为谈判桌上,率先让步的一方就可能被动。

随后,日方代表急用电话与日本S公司的决策人密谈了数小时。接着谈判重新开始了,此轮谈判一接火就进入了高潮,双方舌战了几个回合,又沉默下来。此时,中方意识到,己方毕竟是实际经济损失的承受者,如果谈判破裂,就会使己方获得的谈判成果付诸东流;而要诉诸法律,麻烦就更大。为了使谈判已获得的成果得到巩固,并争取有新的突破,适当的让步是打开成功大门的钥匙。中方主谈人与助手们交换了一下眼色,率先打破沉默说:"如果贵公司真有诚意的话,彼此均可适当让步。"中方主谈为了防止由于己方率先让步所带来的不利局面,建议双方采用"计分法",即双方等量让步。"我公司愿意付40亿日元。"日方退了一步,并声称:"这是最高突破数了。""我们希望贵公司最低限度必须支付60亿日元。"中方坚持说。

这样一来,中日双方各自从己方的立场上退让了10万日元。双方比分相等。谈判又出现了转机。双方界守点之间仍有20亿日元的逆差。但一个界守点对双方来说,都是虚设的。更准确地说,这不过是双方的一道最后的争取线。该如何解决这"百米赛程"最后冲刺阶段的难题呢?双方的谈判专家都是精明的,谁也不愿看到一个前功尽弃的局面。几经周折,双方共同接受了由双方最后报价金额相加除以2,即50亿日元的最终谈判方案。

复习思考题

一、课堂讨论题

1. 报价先后的利弊、报价的原则、报价的策略和方法有哪些?
2. 投石问路策略的概念是什么?

3. 还价策略有哪些?

4. 在讨价还价中买方压价的方法有哪些?

二、选择题

1. 进行报价解释时必须遵循的原则是(　　)

A. 不问不答　　B. 有问必答　　C. 避实就虚　　D. 能言不书

2. 对方报价完毕后,己方正确的做法是(　　)

A. 马上还价　　B. 要求对方进行价格解释

C. 提出自己的报价　　D. 否定对方报价

三、名词解释

1. 进行报价解释时必须遵循哪些原则?

2. 西欧式报价法。

四、实训操作

背景材料:某代理人接受交易一方的委托与对方代表会谈,而委托人并不出席谈判会场。随着谈判的进行,对方代表作出一个又一个承诺,而等到对方要求该代理人作出相应承诺时,他却以委托人未到为由而委婉地拒绝了。这样他以一个代理人的身份为委托人争取到了对方的许多让步,而几乎没有付出任何代价。

试问:

1. 该委托人使用的是什么谈判策略?

2. 该谈判策略在什么样的情况下使用?

3. 这种策略的实现途径有哪些?

4. 对方代表如何应对这种策略?

任务9 商务谈判成交策略

知识（技能）框架图

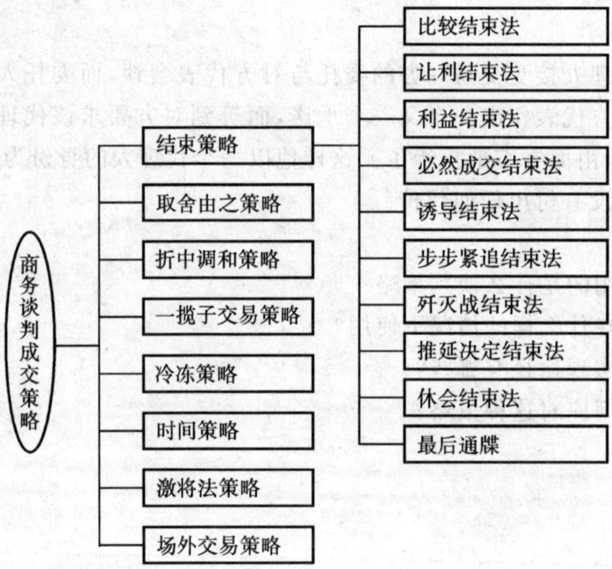

知识目标

- 理解各种谈判成交策略的概念
- 了解各种策略在使用时的注意事项

技能目标

- 能够自由运用谈判成交的各种策略

任务导入

弗兰克帕克经营的 Park-Net 公司负责一个小城市的有线电视系统。帕克决定出售他的公司。当地的 Culf-Cable 公司提出 1000 万美元的收购价格；与此同时，Park-Net 公司正与 C-Com 公司谈判。

该案例的谈判进程一波三折，具有三种可能性：

①如果帕克急于出售公司，可以考虑向 Culf-Cable 讨价还价（比如 1150 万美元），也可以

向 C-Com 公司开出远高于 1000 万美元的售价。

②如果帕克公司和 C-Com 公司对现金交易感兴趣，假设 C-Com 公司不能提出更高的报价，帕克公司可接受 Gulf-Cable 公司 1000 万美元的报价。相反，C-Com 公司经过对帕克公司的财务分析，愿意出 1300 万美元的价格进行收购。

③帕克公司推出捆绑策略，希望在出售自己公司前收购 Aurora Partners 公司。该公司总裁的态度非常强硬，1500 万美元的价格 1 美元也不能少。而该价格比帕克自己的最高上限高出几百万美元。Au-rora 公司总裁强硬的态度使得该谈判陷入僵局，从自己的角度出发歪曲了谈判可能的结果。就在谈判陷入僵局时，帕克突然向 Aurora 公司总裁提出一个令人惊讶的问题："如果你认为你的公司值 1500 万美元，那么你愿意出多少钱收购我的公司？""1400 万美元。" Aurora 公司总裁回答。

最终，Aurora 公司决定以 1450 万美元收购 Park-Net 公司，双方就此达成协议。

任务分析

参与谈判双方都有各自的利益需求，或者代表某个组织的需要，因而在整个谈判过程中，双方就共同关心的问题进行磋商，协调利害冲突，从而能使双方在保障各自利益的条件下达成协议，并且实现双赢，这便是市场经济条件下商务谈判的目的。为了在复杂多变的谈判过程中保证利益目标实现，双方必须适时而灵活地遵守各阶段谈判策略和原则，尤其是成交阶段策略的实施。

在这种还有第三方竞争对手参与谈判的情况下，如何顺利地推进谈判，进而达成交易，就要适时地灵活地采用各种能促进成交的策略。

主要知识和技能

在谈判的结束阶段，谈判者可以运用许多策略来促成交易，总结谈判终局阶段运用谈判策略主要有以下三个目的：一是通过终局策略使谈判对手改变惰性十足的状态，能够使双方以最有效的方式成交；二是通过终局策略可以为己方获得最后的利益；三是向谈判对手发出结束谈判的信号，以便于双方能够达成协议。尽管这些策略并非都能适用于各种交易谈判，但是，作为一名谈判者，所有结束的策略都应了解，具备这方面的知识，有助于谈判者选定最适当的办法取得较好的结果。

策略 9.1　结束策略

策略 9.1.1　比较结束法

1. 有利的比较结束法

这是置对方于很高地位的成交法。如，"这种型号的产品某名牌厂商已经订货了。你是否也需要……"，"某某厂家刚开始总是购买五部，你们是否也登记订购五部？"……

2. 不利的比较结束法

根据对方的不利情况而进行说明的成交方法。如，"你们推迟一天，就有被竞争者抢先的危险，像某某公司的遭遇一样"，"你们知道，某某公司的市场地位一直很稳固，但自从那家新工厂购买了自动生产设备后……"

【案例 9-1】

张先生想购买一辆小汽车，于是他到各汽车展销处向经销者询问价格，但是没有一个地方向他提供明确的最低价格。可是，他认为一部定价为6万元的汽车，可还价3000元左右。

一般人碰到这种情形，很可能会去找汽车经销处的负责人直接谈判。张先生却认为，那些负责人个个都精明强干，和他们谈判，成功机会太小。于是，他找到一家由助理业务员负责的小型经销店，告诉业务员："我在一家经销处看上了和你们这里一样的一部车，他们提供的条件很优惠，非常希望能够成交这桩生意。因为他们存货太多了，担心没有办法及时将车子销售出去，而每辆汽车如果连续6个月卖不出去，他们就要支付银行20%以上的利息，所以他们急于成交。"

张先生说完准备离去时，业务员叫住了他："那么，您希望还多少价钱？"

"4000元。"业务员请他稍候一会儿，然后进去与负责人商量，结果双方顺利成交。张先生比一般人少花了许多钱，买到了一部心爱的汽车。

策略 9.1.2 让利结束法

让利结束法是谈判中最常用的结束方式，它通过一些让步来终止继续磋商，以求达成协议。当对方对大部分交易条件不很满意，而价格又较高的情况下，谈判人员可以考虑对方压价的要求，让利给对方，如用回扣、减价以及附赠品等方式，进而促成交易。如"你们若能把履约的时间提前一个月，我们将优惠你们或降低价款"，"你们所订的数量实在太少，这个合同似乎都不值得签约，如果你们能再多订出两倍的量，我们还可以降价5%，这可是难得的优惠条件"等。

另外，谈判者可以提议让对方订购一笔少量廉价的样品，或者无偿使用，来达到让利给对方的目的，从而促成交易。国外的一家办公设备生产商，曾允许谈判人员把机器留给顾客使用一个星期，其结果使谈判的成功率大为提高。

策略 9.1.3 利益结束法

使用利益结束法要强调以下三点：

1. 强调产品的好处

业务洽谈时，可以把所有的有利因素醒目地写在双方都可以看到的一张大纸上，高度概括有利于成交的一切因素，这是圆满结束洽谈的一种有效方法。在谈判过程中，谈判者随时都可以看见这些条件，这会收到较好的直观效果。当然，谈判者也可以把产品的优缺点、有利和不利的因素，全都写下来，这样，对方就可以清楚地认识到你的产品会给他带来哪些利益，在利益权衡之下来选择产品。

2. 突出对方的利益或损失

这种方法强调，对方如果不尽早购入他们所需的产品，他们会错过目前这一时期的所有利益。例如，说："你们在犹豫或等待期间，将会失掉产品所带给你们的一切利益。你知道，将来你们会随时需要这种产品，你现在就买，并享受过渡时期的那些利益，不是很好吗？"或者说："当你们在等待时，其他厂家将比你们提前采用这种新技术，千万不要失去你们现在的优势，现在犹豫不决，就等于放弃了你们目前的利益和长远的利益。"

3. 满足对方的特殊要求

有时，对方可能用提出希望或提出反对意见的方式来表达他们的特殊要求。这种情况下，

如果可以满足对方的特殊要求,则会增加购买的可能性。如:

"我不喜欢产品的颜色。"

"如果我们更换为你们满意的颜色,你能决定吗?"

"如果可以提前交货就好了。"

"如果我们后天可以交货,你现在能签字的话,我们马上就可以为你准备。"

如上所述,提问的方法要比肯定的说法好,没有任何约束,容易使对方做出决定。例如,为了满足对方的某种特殊需要,主动向对方提出改变产品式样或者支付方式,会促使对方尽快做出最后的决定。

策略9.1.4 必然成交结束法

1. 假定性成交

假定对方已完全同意,或者对方对几个主要条件印象不错,但又迟疑是否马上做出决定,成交就成了当务之急。此时这种方法非常灵验。假定性成交结束法可以采用以下形式:

(1)通过签字成交

这是将自己拟定的合同或是双方研究过的合同要点与条款,逐一地向对方解释一遍,然后征求对方的意见,请其签字。这一般比较适用于简单的交易。

(2)直接或间接地表示

作为谈判者,可以拿出合同或订单,一面填写一面问对方:"请不要错过这次机会,现在就订货吧!现在订货,我们就能在本月交货。你们需要多少……"同时谈判者应该填写合同或订单,如果对方没有制止你,那么谈判马上要结束了。

(3)给对方选择的机会

提供对方可以选择的内容,然后就可以签合同了。例如,"你喜欢白色的还是红色的,是30件还是40件。"这种方法是不让对方过多地考虑,而是把对方的思路引导到选择的问题上。向对方提供两种或三种选择会减少遭到拒绝的危险。一般来说,谈判中都可以采用选择方法来诱使对方做出决定。可以向对方提供选择的方面很多,如数量、质量、型号、颜色、交付条件等。谈判者要动脑筋多提供一些选择方法,即使各种选择之间只有微小的区别,也应该尽量使用这种方法。

2. 自信必然成交

谈判者必须乐观、自信,如果你想使对方在合同上签字,那么你必须相信你的产品及交易条件非常符合对方的要求。使用这种方法时要注意:不要降低身份去请求对方,也不要向对方讨人情。如不要说"我们曾帮助过你们,你们现在应该……"之类的话,尤其在谈判即将结束时,有些人更容易犯这样低级的错误。

如果谈判者确信对方马上就会做出决定,那么,就一定要稳住阵脚,尽量避免谈论急于成交的事宜。越希望对方订货,你就越要小心谨慎,说话要放慢速度,让对方有认真思考的时间。艺术地表现自己的信心更能使对方下定决心。

另外在结束的时候不要流露出任何慌张的迹象,那样对方就会产生怀疑,认为你之所以那样,完全是为了获得订单。所以,谈判的时候一定要表现得轻松,忧虑和紧张的神态会使对方有意无意地推迟决定。

3. 着眼于未来的成交法

这一方法是通过绕过成交这一问题去谈成交以后的事情。也就是说,假设交易已经达成,现在至关重要的是成交的后续工作。向对方描述购买和使用产品后的情况,从而引导对方放眼未来。例如,"如果明天进行第一次测试,你们就会知道这样能节省成本。"谈判者应注意的是,不要把合同强加给对方。

策略 9.1.5 诱导结束法

1. 诱导对方同意你的看法

这要求谈判者以逻辑推理的方法对问题进行思考,使对方对所提出的问题总是给予肯定的回答,最后迫使对方得出结论。针对每一个问题,要引导对方回答,同意己方的看法。如:

问:你认为获得利润最重要的因素是经营管理方法了?

答:当然。

问:专家的建议是否也有助于获得利润呢?

答:那是没有疑问的。

问:过去我们的建议对你们有帮助吗?

答:有帮助。

问:考虑到目前市场情况,技术改革是否有助于生产一些畅销的产品呢?

答:应该说是有利的。

问:如果把产品的最后加工再做得精细一点,那是否有利于你们在市场上销售呢?

答:是的。

问:如果在适当的时间,以合理的价格销售质量较好的产品,你们是否会得到更多的订单?

答:会的。

问:在试用我们的技术以前,贵方还需要了解哪些情况吗?

答:不需要了。

问:我可以把你说的话向我们公司汇报吗?

答:当然可以。

……

在使用这种方法时要注意逻辑性,不要让对方感觉到被诱导。

2. 诱导对方提出反对意见

当对方对产品已产生兴趣,而对是否购买又犹豫不决时,可能有这样几个原因:他还有一些疑问或反对意见,他感觉自己还缺少全盘考虑,他本人无权做出决定,他感觉产品的缺点或优点相等。此时,向对方提出问题才是发现这些原因的最好办法。这样能诱导对方暴露出埋藏在内心的反对意见,进而有针对性地进行解答,从而导致尽快成交。

策略 9.1.6 步步紧追结束法

如果谈判双方能够利用第一次洽谈达到成交,那是最理想不过了,双方都可以节省很多时间。一般来说,谈判人员极怕遭到对方的拒绝,所以往往不敢诱导对方做出最终决定。而只是希望在业务洽谈继续进行时,对方会突然打断他的谈话,愉快地表示接受订货。如果对方无所表示,谈判者就会不知所措,以为时机还不成熟,把本来经过努力可以成交的机会给错过了。

有经验的谈判者声称："我们不能总是把成交机会留给明天。"因此，谈判者必须抓住可以成交的瞬间机会，趁热打铁，促成交易成功。

【案例 9－2】

某厂家空调的售价很高，但其厂家代表对价格的解释吸引了经销商，经销商说："说得对，只要想到这台空调能给人们带来很多好处，那它就是不贵的，是值得购买的。"厂家代表紧随其后问道："那最好马上展出这种空调，与广大消费者见面，并尽快销售出去，你说呢？"在这种情况下，即使对方做出了否定的回答，洽谈也不会终结。如果对方接受了这一建议，这笔买卖就做成了。当然，作为成功的谈判者，就要趁此机会，步步紧追。厂方代表又继续问："使用这种空调，一年最起码可以节省80元。关于这点，你知道吗？""当然，数字不可能太精确，大概80元吧。""所以，我们还可以这样说：消费者越是尽快地使用这种空调，他省的钱也就越多，对吧？"经销商赞同了厂家代表的意见，他自然而然地做出了批量经销这一产品的决定，并且他会竭尽所能，向消费者宣传该空调的优势。

策略 9.1.7 歼灭战结束法

这种结束谈判的方法是指当谈判者面临许多问题时，谈判者将力量集中在说服对方接受某一对他做出决定有重大影响的问题上，随着一两个重要问题的解决，双方也即将达成交易。这是一种极其有效的方法，它可以大大缩短洽谈的时间，简化洽谈的内容。

使用这种方法，要抓住主要矛盾，打歼灭战，只要在关键性问题上达到了预期的目的，谈判马上就会结束。

策略 9.1.8 推延决定结束法

如果对方不能马上做出决定，而且确实有原因，应立即建议对方推迟做出决定，而不应错误地极力说服对方马上做出决定或施加某种压力。这样做的结果可以使双方真正建立起一种信任的关系。当然，在运用这一方法时，重要的是要分清对方不能做出决定的真实原因，如果对方只是找借口而犹豫不决的情况下，就不能使用这种方法。一般来说，造成对方不能马上做出决定的原因有三个：

①权力限制因素。

②资料限制因素。在谈判过程中，也会出现运用资料限制因素来拖延时间的情况。当对方要求己方就某一个具体问题进行进一步解释，或要求让步时，就可以用抱歉的口气告诉对方："实在对不起，有关这个方面问题的详细资料我方手头暂时没有，因此暂时还不能做出答复。"

③其他方面的限制因素。以自然环境、人力资源、技术要求和时间因素等作为进行拖延的工具，必要时可以运用。

策略 9.1.9 休会结束法

有时，谈判者必须使用休会方式结束谈判，让对方有时间去考虑你开出的条件，以及一旦无法达成协议时的后果。如果对方确实需要这些时间，而谈判者也认为这样做对谈判者本身有利，就应该给对方这个机会。可以这样说："我们也已经很坦白地告诉你，这就是我们最后的底线。因此，我们建议现在暂时休会，让你好好考虑一下整件事的利弊得失，等你准备好你的答复之后，我们可以再回来研究。"

策略 9.1.10 最后通牒

“最后通牒”策略即在谈判进行到中后期遇到僵局时,为打破僵局,又为避免对方的纠缠,一方提出某个新条件或某个新期限,作为决定合同成败的最后条件,并逼对方做出最终答复或选择的做法。

该策略典型的表达方式有:在某方改善了二次条件后,可能说:“这是我方的最后条件,请贵方研究”,还可能郑重宣布:“我已无别的条件。我等贵方的新条件到明天中午,如接受我方建议,则我留下签合同;不然,便乘下午2点的飞机回国。”不仅如此,有的谈判者还玩“最后一分钟”的游戏,即在某个上午或下午将即时宣布:“给贵方最后几分钟,没有新的立场或建议,我建议就此散会,至于下一步怎么办,再商量。”概括地讲,“最后通牒”的表现应包括所有带威胁性的宣告。

使用该策略时应注意:“通牒”令人可信,即宣布的警告有可能存在。例如,说不同意,下午2点便乘飞机回国,若航班表上无此航班,该警告就不实,也无效果。此外,该策略不可滥用,用多了就不灵了,且于谈判气氛不利,对自己形象也有损害。

【案例 9-3】

艾柯卡与工会的谈判

美国汽车界名人艾柯卡在接受管理濒临绝境的克莱斯勒公司后,感到必须压低工人的工资。他首先将自己的年薪从36万美元减到10万美元,又降低了高级职员的工资。随后,他对工会领导说:“17美元1小时的活有的是,20美元1小时的活1件也没有。现在好比我拿着手枪顶着你们的脑袋,你们还是聪明些。”工会并没有答应艾柯卡的条件。双方僵持了1年。最后,形势迫使艾柯卡发出了“最后通牒”。一天晚上10点,艾柯卡找到了工会谈判委员会,对他们说:“明天早晨以前,你们非做出决定不可。如果你们不帮我的忙,我也要让你们不好受。明天上午我可以宣布公司破产。你们还可以考虑8小时。怎么决定,你们看着办吧!”最后,工会答应了艾柯卡的要求。

策略 9.2 取舍由之策略

该策略往往与最后通牒策略一起使用比较有效,即当最后通牒策略使用之后对方仍然对条件进行纠缠时,可以采取让对方了解己方可以以谈好的条件成交,当然如果对方不接受的话,我方对于谈判破裂的后果也可以轻松承受,这就是所谓的“取舍由之”。这一策略需要让对方知道如果不与己方成交,己方也可以找到其他的成交对手,从而向对方施压。

另外,从使用该策略的时间来看,越在谈判后期使用效果越好,如果在谈判前期就使用该策略,会使对方感觉没有受到尊重。如果是在谈判之中采用该策略,会使对方怀疑有第三方竞争人介入谈判,必然会产生质疑,从而影响谈判进程。

策略 9.3 折中调和策略

“折中调和”策略即以分担差距,相互向对方靠拢,以解决谈判最后差距的做法。折中有一次折中和二次折中,也可以不同内容但意义相当的条件参与折中。“折中调和”策略虽然不够科学,但是在双方很难说服对方,各自坚持己方条件的情况下,也是寻求尽快解决分歧的一种方法。其目的就是化解双方矛盾,比较公平地让双方分别承担相同的义务,避免在剩余问题上过多地耗费时间和精力。

该策略的具体做法为：当买卖双方价格条件仅差10万美元时，为结束谈判，双方同意折中解决，即各让5万美元。有时，某一方(买方)不同意这次折中结果，又提出再折中要求，即5万美元与10万美元折中，再降7.5万美元成交。对此，卖方也可能再还一手，以5万美元与买方同意的7.5万美元折中，即以6.25万美元成交。在有的谈判中，折中还可用价格与货物相抵。如一方同意降价2万美元，另一方同意增加2万美元的货物，以解决4万美元的差距。

运用此策略时应注意：

(1)时机必须是双方均已作了明显的让步之后，在最后的条件决定之时。

(2)不宜率先提出折中，以免离成交点太远。

(3)在提出折中或响应折中时，不宜宣称“最后的折中”，以保留“再折中”、“留一手”的权力。

(4)折中时，应注意手上留“牌”，即让步的余量。

策略9.4 一揽子交易策略

该策略是指双方将所有分歧条件以有的利于对方、有的利于己方的新条件，组成一个方案向对方提出的做法。也就是说，把对己方有利的条件和对己方不利的条件以及对谈判对手有利和不利的条件进行区分之后，在分别承担一些不利条件的同时获得一些有利条件而组成一个新的谈判方案，由于该方案包括了所有谈判存在的分歧，故称“一揽子交易”。

如果是对方提出的条件，己方谈判人员可以在不利的问题上提出质疑，目的是再争取一些对自己有利的条件，如果对方坚决拒绝，但交易条件已经达到自己的底线，则可以成交。而如果是己方提出的条件而对方要求再谈时，己方只需讲“yes”或“no”。如果对手自以为聪明，非要纠缠，则坚决予以回击，否则，该策略就会失效。

策略9.5 冷冻策略

所谓冷冻策略，即暂时中止谈判的做法。在谈判中，由于条件差距太大，但双方又有成交的需要而不愿使谈判破裂；或者由于谈判标的还有可比较、可选择的其他机会，而需腾出人手来加以利用；再或者由于特殊困难(如许可证、外汇、行政、政治或人事的重大变故等)，而谈判双方又有成交诚意时，冷冻谈判会出现。这时，谈判将进入终局。

对于冷冻了的谈判，双方可以在条件或时机成熟时重新开始谈判，以此来达到成交的目的。

策略9.6 时间策略

时间策略是通过时间因素给对方施加压力，目的是强调我方的优势从而在谈判终结时争取更大的利益以及对对方施加压力使谈判成果能够尽快确定下来，结束谈判。

在商务谈判中，经常会听到这样一些话：“从5月1日起，这种电视机就要限制进口了”、“如果贵公司不在7日内汇来款项，我们将无法按期交货”、“明天5点钟之前如果没有收到你方的答复，我们将同别人签订合同。”这就是提出时间期限的策略。

在谈判中，期限能使犹豫不决的谈判对手尽快做出决定，因为他们害怕错过这个机会就不会再有相同的机会，从而通过时间给人造成某种压力，这种压力常常迫使对方改变战略。谈判专家科思说：“时间是除信息和权力之外影响谈判结果的主要因素之一”。时间策略也是当谈判陷入停滞不前的境地时，使之快速前行的最佳方法。要注意的是，当谈判处于僵局状态时，贸然采取时间策略只能激怒对方造成谈判的破裂,所以应用时间策略要把握好时机和氛围而灵活使用。在终局阶段使用时间策略需要注意以下几个问题。

1. 不要盲目地定一个截止期

一旦盲目地定了一个截止期,而对方又识破了你这一招,留给己方的选择可就剩下使谈判真的告吹了,要么就是承认自己是在弄虚作假。就是说,过了己方规定的时限,己方还在继续跟对手谈判。这样作为一种策略,自己已经失策了。因此,定截止期一定要谨慎。

2. 确定截止日期时的语气要委婉

因为确定截止日期从某种程度来说是对谈判对手施加的一种压力,为了使时间策略能够发挥正的作用,而不是起反作用,确定截止日期时语气一定要委婉,尤其是在谈判终局阶段,双方在前期的谈判中都做出了很多努力,付出了很多人力物力成本,态度生硬地使用时间策略会使谈判对手产生反感或逆反心理,从而导致谈判的破裂。

【案例 9-4】

有位保险公司的承办人在接待一个保险索赔人时,态度十分热情,一口答应了对方提出的索赔请求,并告知 对方自己星期天要去度假,让他马上把全部索赔资料找来,保险公司会立即查清结账赔偿的。索赔人因担心这位承办人去度假,就按对方的要求,仓促地把全部索赔资料送到保险公司。但那位承办人接过资料却说:"哎呀,这么大的赔偿数目已超过我的职权范围,我得向上级请示一下。"等他请示上级回来,竟改口说:"领导只同意赔偿其中的一半,这原因便是你提供的资料有很多不实。我马上要去度假了,你看要么接受保险赔偿金,要么先搁 置起来,等我度完一段假再说。"索赔人听后无可奈何,后悔莫及,他为了赶送这批资料,忙了一夜,不料露出了不少破绽,让对方抓住了把柄,不敢再拖,只好答应了承办人的条件。其实,保险公司承办人根本就无意度假,只是使用了选择时间的策略,借助一个虚假的时间限制,强迫对手在来不及准 备的情况下仓促应战,从而赢得了这场谈判的成功。可见,提出时间限制,对于速战速决,尽快达成协议,尽快签约方面不失为一种非常好的策略。

(资料来源:卞桂英,刘金波. 国际商务谈判. 北京大学出版社,2008.)

策略 9.7 激将法策略

激将法策略是指以话语刺激对方主谈人,或其重要助手,使其感到坚持自己的立场和观点,已直接损害自己的形象、自尊心、荣誉,从而动摇或改变其所持的态度和条件。

该策略的具体做法有直接刺激对方主谈人。例如,某方说:"贵方谁是主谈人?我要求能决定问题的人与我谈判。"此话贬了面前的主谈人,使其急于表现自己的决定权或去争取决定权。或者说:"既然您已有决定权,为什么不马上回答我方明明合理的要求,反倒要回国或向上级请示呢?"迫使对方正视自己的要求。此外,还有间接刺激对方主谈人的做法,即通过主谈人的主要助手来刺激主谈人。例如,主谈人不吃直接激将,但其律师被说动了,同是该论题,该理由,从律师的角度,无言以辩,只能接受。此时,主谈人在被激时,就难以抗拒了。

激将的武器多为:能力大小、权力高低、荣誉好坏等直接与自尊心相关的话。

使用该策略时应注意两点:第一要善于运用话题,而不是态度,既让说话切中对方心理和个性,也切合己方所追求的谈判目标。第二激将言语应掌握分寸,不过分牵扯说话人本身,以防激怒对手,迁怒于己。

【案例 9－5】

哈尔滨某橡胶厂曾进口一整套现代化胶鞋生产设备，由于原料与技术力量跟不上，搁置三年无法使用。后来新任厂长决定转卖给湖北一家橡胶厂。正式谈判前，哈方了解到湖北两个重要情况：一是该厂经济实力雄厚，但基本上都投入了再生产，要马上腾挪200万元添置设备困难很大；二是该厂厂长年轻志大，自负好胜，几乎在任何情况下都不甘示弱，甚至常以拿破仑自喻，不相信有什么办不到的事。古人云：知彼知己，百战不殆。对内情有所了解后，哈方厂长决定亲自与鄂方厂长直接谈判。

哈方厂长：经过这两天的交流和了解，我详细了解到了贵厂的生产情况，你们的经营管理水平确实使我肃然起敬。厂长年轻有为，能力非凡，有胆识魄力，着实令我由衷钦佩。可以断言，贵厂在您这位厂长的领导下，不久将成为中国橡胶行业的明星。

鄂方厂长：老兄过奖了！我身为厂长，年轻无知，恳切希望得到老兄的指教！

哈方厂长：我向来不会奉承人，只会一尺十寸，实事求是。贵厂今天办得好，我就说好，明天办得不好，我就说不好。昨天，我的助理从哈尔滨打来电话，总厂里有个棘手的事等着我去办，催我一两天内返回。关于咱们洽谈的进口西德GD公司制造的现代化胶鞋生产设备转让问题，通过在贵厂转了一天后，我的想法又有所改变了。

鄂方厂长：有何高见？

哈方厂长：当然谈不上高见。只是担心挺大，疑问挺多：第一，我怀疑贵厂真有经济实力能在一两天里拿出这么多资金；第二，怀疑贵厂是否有或者说能招聘到管理操作这套设备的技术力量。所以，我并不像原先考虑的那样，确信将设备转卖给贵厂，能使贵厂三年之内青云直上。

鄂方厂长听到这些，觉得受到哈方厂长的轻视，十分不悦，于是不无炫耀地向哈方介绍了经济实力与技术力量，表明完全有能力购买和管理操作这套新设备。这样，鄂方为了急于炫耀和购买，迫于时间压力，就不好意思再在价格上设置障碍，斤斤计较。在激将法的作用下，为了显示鄂方的大厂风度，很爽快地答应了哈方200万元的报价，并当即拟写了协议，双方签约，握手共庆。

经一番言语盘旋，哈方成功地将“休养”三年的设备转卖给了湖北这家橡胶厂。

策略9.8　场外交易策略

当谈判进入成交阶段，双方已经在绝大多数的议题上取得一致意见，只在某一两个问题上存在分歧、相持不下而影响成交时，仍把问题摆到谈判桌上来商讨往往难以达成协议，即可考虑采取场外交易，例如酒宴上、游玩场所等。采取场外交易的原因有：

①经过长时间的谈判，已经令人很烦闷，影响谈判人员的情绪，还会影响谈判协商的结果。

②谈判桌上紧张、激烈、对立的气氛及情绪，迫使谈判人员自然地去争取对方让步，而即使是正常的、应该的，但在最后的一个环节上的让步，让步方会认为丢了面子，可能被对方视为投降或战败。

③即使某一方主谈或领导人头脑很清楚、冷静，认为做出适当的让步以求尽快达成协议是符合本方利益的，也会因同伴态度坚决、情绪激昂而难以当场作出让步的决定。

场外轻松、友好、融洽的气氛和情绪则很容易缓和双方剑拔弩张的紧张局面。轻松自在地谈论自己感兴趣的话题，交流私人感情，有助于化解谈判桌上激烈交锋带来的种种不快。这时，巧妙地将话题引回到谈判桌上遗留的问题上来，双方往往会很大度地做出让步而达成协议。

需要指出的是，场外交易的运用，一定要注意谈判对手的不同习惯。有些国家的商人忌讳在酒席上谈生意，为此必须事先搞清楚，以防弄巧成拙。

拓展性阅读

【拓展性阅读 1】

本·富兰克林成交策略

富兰克林曾经写信给英国化学家约瑟夫·普里斯特利(Joseph Priestley)。在这封信中，富兰克林谈到了自己是如何作决定的，他写道："我(作决定)的方式是，在一张纸上划出两栏，在一栏写上赞同的理由，另一栏写上反对的理由。在考虑了三四天之后，我会在不同的栏目中，写下自己在不同时间段对这些理由的思考。然后我会把它们全部综合到一起，衡量它们各自的分量，当我发现栏目两边理由的分量相当时，我就会把它们勾掉。如果发现 1 个赞同的理由可以抵消 2 个反对的理由时，我就会把 3 个理由全部勾掉。如果发现 2 个反对的理由可以抵消 3 个赞同的理由时，我就会把这 5 个全部勾掉，然后我会接着继续判断，就这样，又考虑了一两天，当我实在想不出新的理由时，我就会根据自己得到的结果作出决定。"

本·富兰克林策略的目的在于，当人们不知该如何作出决定时，该策略可以帮助他们建立更加良好的自我感觉。在使用该策略时，一定要把握好一个前提，那就是在使用该策略之前，你可以告诉自己，"先生，你一定需要仔细想想，这毫不奇怪，因为很多聪明人都会这样做"。

【拓展性阅读 2】

文斯·隆巴尔迪策略

当你希望提供一些新加条目时，比如说新功能或延长保修期等，不妨考虑使用文斯·隆巴尔迪(Vince Lombardi，美国历史上最著名的橄榄球教练——译者注)策略。你也可以使用该策略来让客户选择更好的产品或服务。在面对销售人员时，有时客户心里会逐渐形成一种抵触情绪。一旦到了要开始作出决定时，他们就会开始抵制内心那种花钱的冲动，然后他们会产生负罪感：可能会非常担心自己作出了错误的决定，或者自己并没有争取到最好的交易条件。无论是出于什么原因，在他们作出最终决定之前，他们内心的这种压力会不断加大。而一旦作出购买决定，他们的大脑中就会发生一个奇妙的变化。作出购买决定之后，他们的大脑会不遗余力地强调自己刚刚作出的决定的正确性。在这时，你可以让他们作出更多的决定，甚至说服他们购买一些更加昂贵的型号。

汽车销售员都知道这一点，不是吗？他们知道，如果自己能够说服客户购买任何型号的汽车，即便是简装版，他们就有机会把客户请进成交室，想尽办法让你购买更多的东西——正是这些给他们的交易带来了利润。

所以，优势成交秘诀的规则之一就是，你一定要在一开始就提出所有要求。一旦双方达成了协议，客户就不再是你的对手，他会在销售过程中成为你的伙伴。这时你就可以进行第二轮努力，并提出所有那些能够帮你获利的额外建议。

综合案例

澳大利亚 A 公司、德国 B 公司与中国 C 公司，就在中国合作投资滑石矿事宜进行谈判。中方 C 公司欲控制出口货源，但又不能为该合作投入现金，只想用人力与无形资产投入。A 公司和 B 公司代表来华欲参观考察矿山，C 公司积极派人配合并陪同前往，整个日程安排周到，准备有效，在有限的时间里满足了A公司和B公司的该次访问的要求。双方在预备会和小结会上对合作投资方式进行了讨论。

A公司：我公司是较大的滑石产品的专业公司，产品在国际市场占有相当份额，尤其在精细滑石产品方面。

B公司：他们在中国投资过，但失败了，正在纠纷中，但他们认为中国资源丰富，潜在市场大，很想找一个合作伙伴再重新干。

C公司：贵公司算找对了人了。谢谢贵方这么看重我公司，贵方欲与我公司怎么合作呢？

A公司：我公司的计划是在中国找一个有信誉有能力的大公司，一起投资中国矿山。

C公司：我公司是出口滑石的公司，若要投资则需集团审批，据我集团的近期发展规划看这个行业不是投资重点。

B公司：贵公司的情况，我们理解，不过A公司有诚心在中国投资。但由于第一次的失败，使这次投资十分犹豫。

C公司：的确，中国是个投资环境不平衡的地方。有的地区发达，有的地区不发达，要钱时，说得很好，钱到手后就不是那么回事了，尤其是采矿投资，与地质条件关系很大，而当矿床跨越不同村镇时，还会发生所有权的问题。过去，我们已遇到这类问题，作为外国投资者需要解决：地质探测，矿山合伙人选择，国家政策，人文，商务法律，市场等问题。这些均影响投资成本和成败。

A公司：贵公司讲的正是我们担忧的，我们希望像贵公司这样的公司可以解决这些问题。

C公司：我公司是国际化的公司，按国际规范进行工作，尽管我们是中国人，但我们认为，使中国企业按国际规范与外国投资者合作是中国经济发展的重要条件。

B公司：若贵公司能参与合作，将是有意义的。

C公司：刚才我们已谈到贵方这样投资的问题所在，但我们十分赞赏贵公司对中国投资的勇气，作为中国公司，我们很愿意提供帮助，不过，我方将不以现金投入，而可以我们的商誉和协助解决上述问题的义务投入。

A公司：贵方这种投入也是有意义的。

C公司：如贵方认为是有价值的，那么我建议贵方可以将它罗列出来，并予以作价。当贵方与中方矿山谈判合资时，我方可与贵方作为一方谈判。我方在合资企业的股份，将从贵方所占份额中划出。

B公司：贵方的建议可以考虑。

C公司：若贵方同意我方合作的方式，那么，请贵方提供协议方案以确定双方关系，便于以后的工作。

C公司：待我回国汇报后，将书面回答贵方。

A、B公司代表回国后三周，给C公司来电，同意C公司以其商誉和服务入股。C公司为保出口货源和不出现金入股的方案谈判成功。

复习思考题

一、名词解释

最后通牒　假定性成交　折中调和策略　歼灭战结束法　一揽子交易策略

二、课堂讨论题

1. 运用最后通牒策略时应注意哪些问题?

2. 举例说明如何运用利益结束法?

3. 举例说明如何运用诱导结束法?

4. 谈谈你对激将法策略的认识。

三、案例分析

1. 试分析在上述综合案例中,A公司、B公司和C公司都分别运用了哪些成交策略。

2. 在谈判结束采用最后通牒策略时,某谈判人员考虑如何表达,他心里有3种表达方法,分别是:

A"就是这个价钱,不然没什么可谈的了。"

B"接受这个条件,我们就结束谈判,不然就到这里了!"

C"贵方的问题我们能充分理解,但是我们出的条件只能到这里了,您看看这个最后的价位贵方能否接受?"

如果你是这个谈判人员,你会采用哪种说法呢?为什么?

3. 意大利与中国某公司谈判出售某项技术。谈判已进行了一周,但仍进展不快,于是意方代表罗尼先生在前一天做了一次发问后告诉中方代表李先生:他还有两天时间可谈判,希望中方配合在次日拿出新的方案来。次日上午中方李先生在分析的基础上拿了一个比中方原要求(意方降价40%)改善5%(要求意方降价35%)的方案。意方罗尼先生讲:"李先生,我已降了两次价,计划15%,还要再降35%,实在困难。"双方相互评论,解释一阵后,建议休会下午2:00再谈。下午复会后,意方先要中方报新的条件,李先生将其定价的基础和理由向意方做了解释并再次要求意方考虑其要求。罗尼先生又讲了一遍其努力,讲中方要求太高。谈判到4:00时,罗尼先生说:"我为表示诚意向中方拿出最后的价格,请中方考虑,最迟明天12:00以前告诉我是否接受。若不接受我就乘下午2:30的飞机回国。"说着把机票从包里抽出在李先生面前显了一下。中方把意方的条件理清后,(意方再降5%)表示仍有困难,但可以研究。谈判即结束。中方研究意方价格后认为还差15%,但能不能再压价呢?明天怎么答?李先生一方面与领导汇报,与助手、项目单位商量对策,一方面派人调查明天下午2:30的航班是否有。结果该日下午2:30没有去欧洲的飞机,李先生认为意方的最后还价、机票是演戏,判定意方还有可能让步。于是在次日10点给意方去了电话,表示:"意方的努力,中方很赞赏,但双方距离仍存在,需要双方进一步努力。作为响应,中方可以在意方改善的基础上,再降5%,即从30%,降到25%。"意方听到中方有改进的意见后,没有走。只是认为中方要求仍太高。

问题:

(1)意方的戏做得如何?效果如何?它还有别的方式做戏吗?

(2)中方破戏的做法怎么评价?

(3)意方和中方在谈判的进取性上各表现如何?

四、模拟谈判

目的:通过模拟,使学生理解和掌握成交策略的运用及其注意事项。

内容:甲乙双方就某种产品交易价格进行谈判。目前的市场价格为100元,卖方甲在制订谈判价格目标时认为,自己产品的销售价格至少不低于该市场价格,但凭借品牌优势,争取加价10%,以110元价格成交。

谈判人员:分组模拟,每组6人,分别扮演甲乙两方角色。

要求:运用成交策略来达成交易。

模块三

禁 忌 篇

任务10 商务谈判准备禁忌

知识（技能）框架图

商务谈判准备禁忌
- 谈判调查中的禁忌
- 制订谈判计划方案中的禁忌
- 谈判心理禁忌

知识目标

- 了解商务谈判准备阶段有哪些禁忌
- 理解这些禁忌的实质和内容

技能目标

- 能够明白准备阶段所犯禁忌的原因
- 掌握禁忌的本质，避免犯错

任务导入

老王的精品店里有一张从埃及进口的纯正芦苇画，以芦苇做纸，背后衬有金箔。这种画进价为200美元。一天，有一个客人来店里，看上了这幅芦苇画，可是一听要260美元，立刻就变脸走了，嘟哝着："这画在埃及才一美元一张呢！"老王一听哭笑不得，因为在埃及的旅游景点的确有假的芦苇画卖，也的确是一美元一张。此后，过了好久都没有人光顾那张画，老王有点灰心，决定通过贱卖来赎回本钱。这时，刚好有一个客人看中了那张画，老王无精打采地告诉他："便宜处理了，你看着给吧。"没想到客人一听，扭头就走，并说道："真正的芦苇画进价都得几百美元，你这么说这画一定是假的了。"剩下老王呆立在那里，不知如何是好。

任务分析

在这个案例中，老王犯了一个极大的错误就是在两次谈判中都没有提前做好充足的准备工作，没有区别对待两个对手，运用正确的谈判策略，进而对谈判进行有效的控制。谈判不可能一蹴而就，盲目应对只会使自己处境被动、追悔莫及。

主要知识和技能

禁忌10.1 商务谈判调查中的禁忌

《孙子·谋攻篇》中说："知己知彼，百战不殆；不知彼而知己，一胜一负；不知彼，不知己，每战必殆。"意思是说，在军事纷争中，既了解敌人，又了解自己，战斗多次都不会失败；不了解敌人而只了解自己，胜败的可能性各半；既不了解敌人，又不了解自己，那只有每战必败的份儿了。这句话给我们的启示是：谈判人员在商务谈判之前要做认真详细的准备，才能确保谈判从总体上做到"知己知彼"，才有可能实现"百战不殆"的有利局面。"预则立，不预则废"，周密的计划、细致的准备是谈判成功的必要条件。这一点，对于商战中的谈判来说，也具有相当的指导意义。常言道："商场如战场"，想要谈判能够从容应对，甚至想兵不血刃，准备阶段的功课是至关重要的。调查、了解、评估谈判中的禁忌，就不能不清楚明白地对商务谈判者提出来。具体到准备阶段，有信息、物质、人员、心理还有资料方面的准备，根据准备的内容和任务，我们还需要了解这一阶段谈判需要注意的禁忌。

【重要知识10-1】

商务谈判调查中的禁忌
商务谈判调查活动中的禁忌即三不知：不知情，不知己，不知彼。 不知情，即对市场行情和谈判内容不了解、不熟悉。 不知己，不能清楚地认识自己，低估或高估自己的谈判实力。 不知彼，即对谈判对手的情况毫无所知或知之甚少，不能够做到对症下药。

1. 不知情，不能为制订方案提供依据

信息是一种财富，或者可以变为财富。因此，信息是商务活动的先导，也是商务谈判的依据。如果谈判者对市场行情不了解，对谈判内容不熟悉，必将使自己在谈判中陷入被动，遭受损失。在准备阶段，谈判者要尽可能专业细致地分析国内外市场现状和发展趋势，掌握市场容量和销售量的相关信息，通过调查摸清己方产品所处的环境，有助于制订谈判目标。同时，信息是商务谈判成功与否的决定性因素。通过对市场竞争情况的调查，谈判者能够掌握己方同类竞争者的信息，寻找他们的弱点，有利于在谈判桌上击败竞争者，掌握谈判的主动权。此外，对一般社会公众和消费者进行调查也具有重要作用。摸清消费公众的需求心理，就可以基本把握消费动态与发展趋势，预测己方以及其产品的竞争能力，也有助于跟谈判对手讨价还价。

对有关谈判内容进行客观的调查研究，掌握大量的情报资料，是进行谈判的重要基础工作。对谈判内容的调查包括对谈判议题和内容的预测及其相适应的谈判策略的拟定。在谈判之前，谈判者要通过调查分析，预测谈判中可能遇到的问题。比如对方可能会对价格方面提出问题，或者对己方的谈判解决方案对方不满意的地方可能在哪里，对方真实的需求和谈判总目标会是什么等。针对诸多问题，谈判者应当事先做出应付计划，收集有关解决这些问题的多方资料和信息，寻找说服对方的理由，提出解决矛盾的方案，做到有备无患。当然，不同谈判的目标对象决定了不同的谈判内容，需要调查分析的行情资料也就有所不同。如在许多购销谈判中，要掌握该产品过去和现在的生产销售情况，以及市场行情、价格波动的幅度、影响价格变动的因素、预期价格的变动趋势、产品的包装装潢、运输方式和运价多少。加工协议的订做方谈

判代表要熟悉原材料的消耗定额、市场要价水平等；仓储保管协议中的存货方谈判代表要了解仓储保管技术，不同的保管方法、保管质量和保管费用等。不论是哪一种谈判活动，都必须按其不同的具体要求对有关行情信息进行深入的调查了解，以便对谈判的具体内容和议程做出决策。

【案例 10-1】

谈判情景：周经天是搞工程承包的，他现在正与一家承包商谈判，想让对方把工程转包给他。但是，对方总是避开主要话题，一会儿让周经天说说未来发展，一会儿又让他说说公司的过去历史，或者跟周经天闲扯其他无关紧要的话题。周经天搞不懂对方的真实意图，但是唯一得知的信息是对方透露给周经天，其他竞争者的条件更优惠而有吸引力。周经天很想进一步探询其他竞争者的竞争信息，但对方口风很紧不肯再透露一点儿消息。上周在对方的办公室又是无关紧要的谈判，对方谈了一会儿去了洗手间。趁此工夫，周经天发现废纸篓里有好些报价单，周经天迅速地查看了这些资料，发现上面有很多有关报价的内容，他迅速地浏览了，并且记得了大概。今天当双方再次谈判时，周经天报出了自认为不高的价格，结果对方没有丝毫犹豫，立即答应签订协议。周经天心里暗暗窃喜，心想终于有了大赚头。但是最终工程结束后结算，工程虽大却根本没能让他获得多少利润。

错误解析：谈判前的市场调查特别重要，调查对手，调查其他竞争者，调查行业，调查企业，获得必要的信息情报后方可参加谈判。周经天在谈判之前根本不进行市场调研，连其他竞争对手的信息丝毫不知就参加了谈判。谈判对手其实是在设计一些圈套等着周经天去钻。周经天的谈判对手故意在容易被人发现的地方遗漏下资料，让周经天去看，给周经天提供错误的信息，而周经天不加证实就轻易相信，并据此做出新的报价表，降低自己的期望值，虽然达成协议，但并未获多大利。这是一种谈判策略，周经天欠缺谈判经验，有时候"眼见为实"也是错误的。

解决策略："耳听为虚，眼见为实"，这是古人留下的真理，但是在谈判中不一定有效，周经天就上当了。因为谈判者利用人们的这种心理，故意在容易被发现的地方遗失他的手稿、文件或备忘录，或借故离开让人无意看到他的材料，以此达到误导对手，使对手离开自己原来的思路。所以，谈判之前一定要进行市场调查与分析，探询竞争对手的相关信息，包括第一手资料与二手资料，还要加以认真研究，要擦亮自己的双眼。

2. 不知己，不能清楚地认识自己

谈判之前，要正确客观地评价自己的谈判实力，低估或者高估自己的谈判实力对谈判都是不利的。谈判实力是一种综合能力和素质的反映，由多种因素构成，包括谈判方人员自身的能力、谈判组织的实力，国家整体实力的辐射以及外部形势的倾向等。其中，企业实力对谈判实力很有影响，一般来说企业实力强，谈判的实力就强，但并不是绝对的对应关系。需要指出的是企业实力主要包括财力、生产能力、技术水平、管理水平、销售能力等。所以，企业实力相对较强的谈判人员不能对谈判掉以轻心；企业的实力较弱，谈判人员只能更加积极地准备谈判，寻找对自己有利的谈判策略。国家的经济、科学技术实力对谈判实力也是有影响的，这种影响基本上是间接的，其作用也是有限的，但却不容忽视。总之，对谈判实力的分析评价应该主要根据交易的具体情况，清楚地认识自己的实力和处境对谈判是至关重要的。

3. 不知彼，不能够做到有的放矢

谈判的实质就是互相说服和妥协，最后和对方达成一致协议的过程。所以谈判必须全面调查和透彻了解谈判对手。具体来说，熟悉谈判对手一是要了解谈判对手的经营方式、业务范围、信用状况、供货能力、产品质量、技术装备和市场形象等。不仅要从横向角度剖析谈判对手的全面状况，还要纵观对手的发展历程、企业发生过和正在发生的重大事件、对企业有深远影响的人物、企业曾经成功的经验或失败的缘由。除了要了解对方本身的经营情况，还要了解企业的资质和信用，了解以往谈判协议的履行情况，有没有发生违约纠纷，以及最终是如何得到解决的。通过不同渠道不同方面的全面了解，做到"知己知彼"，对谈判对手做出正确的评估，使谈判最后达成的协议具有可靠的基础。二是要熟悉对方参加谈判的人员。要了解谈判队伍中特别是首席谈判代表个人的性格特征、兴趣爱好和擅长的谈判风格与谈判模式。因为谈判其实就是一种沟通交流，是人际交往的一种表现形式，所以这些因素都会影响谈判气氛和谈判过程，以至影响谈判时采取的策略和手段。对待不同性格、不同谈判风格的对手己方采取的谈判策略会有所不同。比如，按照不同性格的人在谈判桌上接受别人意见的方式和敏感程度不一样，我们可以区别对待。对好胜的、急于建功立业的对手可用"激将法"；对好面子、喜欢被追捧的人可用"推崇法"；对性格怯懦、胆小怕事的人要设法增强他的自信心；对没有主见、凡事都要请示上级的人，用制订最后期限的办法循序渐进使之接受。总之，了解对方战将的脾性、特点，对症下药，才有可能打赢谈判这一战役。

禁忌 10.2　制订谈判计划方案中的禁忌

"处事识为先，断次之"，在谈判前为谈判做好情报的收集、分析和整理工作，谈判中就有可能占据主动地位，变得游刃有余，获得成功。当然，在谈判过程中想要运筹帷幄，准备阶段除了做好信息调查以外，还要做好谈判的计划。

【重要知识 10－2】

商务谈判计划方案的内容
商务谈判计划方案包括：①商务谈判人员准备；②谈判的主题；③谈判的目标；④谈判的议程；⑤商务谈判策略；⑥地点选择、时间与环境准备；⑦交易条件或合同条款；⑧可替代方案。

根据谈判方案包括的内容，我们逐一分析商务谈判计划中各准备内容需要注意的禁忌。

1. 组建谈判队伍禁忌

谈判是表面上对利益的取舍，其实就是人和人之间的交流和沟通，所以谈判人员的选择和配合的作用可想而知。谈判小组的组建及其以后的合作，需要注意防范如下几个问题：

(1)队伍组成有缺位

谈判看起来似乎只是谈判者个人之间的磋商，实际上是集体智慧的凝结。谈判队伍的组成主要分为四种：谈判组长、主谈人、观察记录人员、其他辅助人员。这些人员之间分工合作、共同努力、缺一不可。任何一方出问题或各方衔接不当都会导致谈判的失利。如果小组领导人不理想，才能低于对方领导人，就不能使整个小组有效地开展工作。如果小组人员年龄和知识的搭配不恰当，会导致谈判小组队伍组成不够科学和专业，就不能保障谈判的可预见性结果。谈判人员不熟悉业务,不懂谈判规则或者谈判队伍各成员之间只分工不合作,或者只在谈判桌上合作,其他场合不交流,与后方沟通也不及时,这些都不能有效地贯彻谈判意图,实现谈判目标。甚至谈判小组的规模也会影响谈判效果。一般来说,谈判小组的规模太大容易导致主从不分,缺乏一种工作习惯和合作默契。谈判小组与后援小组需要有效的合作。谈判小组出发前,需要与留在公司的后援小组进行充分的讨论。谈判小组需要有留在公司里面的人协助工作,这些人包括公司老板、同事、秘书和其他职员,参与谈判的人需要明白自己在谈判中的职责范围,无论是正式的还是非正式的。谈判小组还需要与后援小组安排好联络工作。这样,虽然他们远在公司之外谈判,也能得到公司的帮助。洽谈小组与后援小组经常面对面的接触,可以使得后援小组了解谈判的进展和遇到的困难。

(2)岗位性质与人员性格不协调,导致谈判队伍内耗

性格是一个人比较稳定的对现实的态度和习惯化的行为方式。根据内外向和情绪稳定性可以将人的性格特征分为四种:即外向稳定型、内向稳定型、外向不稳定型、内向不稳定型。而在谈判当中谈判人员最关心的是两个问题:一是与谈判人员建立良好的人际关系,二是谈判最终目标的实现。按照对人际关系和对谈判目标的关心程度不同,我们又可以把谈判人员的性格分为四种:

①漠不关心型。谈判能成功就成功,不能成功跟我也没什么关系,抱无所谓的态度。

②谈判目标导向型。为了达到目标可以不择手段,坚信"必要面前无道德"。

③谈判对手导向型。只关心与谈判对手建立良好的人际关系,常常忽略了自己的谈判目的。经常放弃自己的观点和谈判底线,一味地顺从对方。

④谈判技术导向型,又称谈判谋略型。表现为既关心谈判目标又关心人际关系。这类人员比较擅长捕捉对方心理,能够有效地促使对方做出决策。但成交之后对方可能有一种上当受骗的感觉。许多业绩不错的推销人员属于这种。

⑤谈判专家型。谈判中积极热情、但不失原则;不把自己的主观愿望强加给对方,能设身处地地为对方着想,甚至努力地帮助对方解决问题,实现双赢。

总之,不同的性格会导致不同的谈判结果,适当合理地安排谈判人员,会收到事半功倍的效果。

2. 谈判的主题禁忌

主题是谈判活动的中心内容。任何谈判都会围绕着谈判双方共同关心并希望解决的问题而展开,那就是谈判主题。它可以是属于理论观点方面的,也可以是属于基本利益方面的,还可以是属于行为方式方面的等等。在实践中,一次谈判一般只为一个主题服务,因此在制订谈判方案时,也多以此主题为中心。为保证全体谈判人员牢记谈判的主题,在表述主题的方式上就要言简意赅,切忌赘述,一般都能用一句话来加以概括和表述,如"以最优惠的条件达成某项交易"。另外需要注意的是,谈判方案中的主题,应是双方公开的观点。

3. 谈判的目标禁忌

在谈判的主题确定之后,接下来的工作就是对这一主题的具体化,即制订出具体的谈判目标。注意做准备时,需要确定的是一个目标范围,而不是一个单一的目标。

谈判的目标范围可分为三个层次:第一层次的目标是必须达到的有形或无形的目标,即最低目标,有时也称临界目标,这是衡量谈判成败的尺度。如果通过谈判不能满足这个目标,就需要重新考虑谈判的基本形势或终止谈判。第二层次的目标是可以接受的目标，如果说第一层次的目标可以用一个点来表示的话，那么第二层次目标则是一个区间范围。第三层次的目标是期望目标，是一方在谈判中所要追求的最高目标水平，它也是一个点。如果要求超过这个目标，往往要冒谈判破裂的风险。谈判人员应充分发挥个人的聪明才智，在最低目标和期望目标之间取得尽可能多的利益。但并非所有的问题和争议都要有一个目标范围。例如，当涉及某种原则性问题时，可能就不存在所谓的区间范围了。

【案例 10-2】

谈判情景：罗圆圆是一个细心的人，她虑事周全，很善于为他人着想。日常工作生活中，罗圆圆总是站在别人的立场，尽可能根据别人的实际情况，提出让对方满意的处理意见和处理方法。谈判中，罗圆圆也总是将搜集到的资料加以整理后，估计出对方可能接受的限度，然后设置一个较低的数值目标。由于罗圆圆站在对方立场思考问题，总是将自己的目标设置成一个比较低的数字，因此以往谈判都轻松快捷地达成了协议。在这次要求对方赔偿的谈判中，罗圆圆同样只给自己预定了一个刚刚能弥补直接经济损失的数目。谈判开始，罗圆圆便直接告知底牌，以为像往常一样可以尽快结束谈判。不料对方一再要求赔偿数额再降低一些。但当罗圆圆告诉对方不能再降时，对方很是不满，说："我们还价半天，贵方也应该给我一点儿心理上的安慰吧！"此时，罗圆圆已经处于进退两难的地步。

错误解析：目标设置应该是一个体系，一个区域值、范围值而不是一个点值、具体值。罗圆圆将目标定成一个较低的数值，以往都成功了，原以为这次对方也会接受。她应该知道谈判是一个双方相互讨价还价、相互进退的过程，因为罗圆圆一开始就把目标设置成一个低值，当对方进一步要求罗圆圆让步时，罗圆圆便陷入进退两难的境地：如果罗圆圆拒绝对方的要求，对方可能会视罗圆圆为强硬派，不利于谈判的继续进行；如果罗圆圆接受对方的要求，可是她的目标值已经设置较低，几乎没有退路了。

解决策略：谈判双方各自设立目标，然后依照目标进行磋商，每一项子目标的实现都要经过讨价还价这个过程。把自己的目标设置得过低，而且设置为一个具体的数值而不是一个区域值，那么自然而然地便失去了讨价还价的弹性，不利于谈判继续进行，更不利于自己总目标的实现。罗圆圆显然在这个问题上考虑得太简单了。

要注意的禁忌是：

①忽视谈判底线的制订和对谈判底线泄密。谈判之前，一定要有设底价的习惯。明确自己能够接受的最底目标，也就明确了谈判的破裂点。而且谈判目标的"底数"与"死线"要严格保密。除了参加谈判的己方有关人员之外，绝对不能透露给其他人士。在现代商战中，商业间谍越来越多地介入。在一些重要的谈判场合，有的谈判方不惜花费重金聘请"商业间谍"刺探对方的底牌，摸清对手的底细，做到知己知彼。如果对此重视不够，随意将自己的谈判"底牌"透露出去，必然会造成不应有的损失。

【案例 10-3】

谈判情景：张立兵在仪器购买的谈判之前，并没有设定自己一个底价，他认为事先设了也没有用，到时候还得改，这是他的一个习惯。抱着一份没有底价的草案，张立兵一步步地与对方交谈，进行到谈判的关键阶段时，谈判对手加强了攻势，张立兵沉着冷静应对，驳斥对方抬价的要求。但是对方继续向张立兵施加压力，不断地抬出其他购买者的出价，而每个出价都比张立兵的要高。此时张立兵有点乱了，到底是多少价格合适呢？因为他并未设置底线，在这种凌厉的攻势下就像一个没有围墙的园地，不知不觉被对方侵入，张立兵一步步地让步却浑然不觉。协议签了，可是张立兵事后研究才发现损失很大，与其他同类产品相比，张立兵的出价高出了许多。

错误解析：谈判之前，不设置底价，是没有防患意识的表现；谈判前不设底价，也是准备不充分或未有准备的表现。张立兵谈判前不设置底价的习惯相当不好，到了谈判关键时刻就会让步再让步，因为自己不清楚底价在哪里、是多少，只是想当然地根据现场情势来判断。当出现紧急情况或发生意外时，张立兵便只能处于被动的不利地位，在对方的攻势和强大压力下张立兵可能会作出更大的让步。

解决策略：作为一个谈判人员，设置底价意味着预先确定自己可以接受的最差结果，为自己设置一道安全的谈判底线。制订一个最低的底价，一旦谈判结论超过自己的底价，就拒绝成交，以免造成不必要的损失。同时，设置一个底价，也是抵制对方压力、控制自己冲动的最有效的方法，是保护己方利益的必要的防范措施。

②没有把谈判目标设置成一个体系来看待。可能存在只考虑眼前利益而忽视长远利益或期望过高，企求过多的情况。在谈判过程中，目标决定着人们谈判行为的方向。通常，目标也是一个多层面的有机整体。目标可以分为大目标与小目标、长期目标与近期目标、总目标与具体目标、最高目标与最低目标。人们在实现这些不同类型的目标时，一般是有步骤、分阶段地进行的。不可能一下子就实现全部目标。同样，在谈判过程中，人们一般也应考虑这一因素，不能期望过高，企求过多。有的专家认为，遵循最低目标原则是谈判获得成功的基本前提，这是有一定道理的。在谈判中，双方在不违背总体利益的条件下，按照各自的意愿作些适当的让步和妥协，这应当说是明智之举。尤其是初次洽谈，人们最忌讳的便是过高的要求和苛刻的条件，如果对人过于苛求，那就难以有良好的合作前景，只有先确定一个最低目标，并进而加深了解，取得对方的信任，才有可能逐步地接近最高目标。

③设定自己的目标时不参照对方的实力。无视对手是非常危险的。因为谈判不是独舞秀，而是在练对打。连对方的目标都不清楚，怎样能够判断己方目标的合理性和可实现性？

【案例 10-4】

谈判情景：这次跟钱总谈判的是一家小型生产厂家，跟钱总的公司相比，他们是太弱小了，除了十间生产厂房，一百名工人，他们几乎没有周转资金。但是，钱总一直是一个我行我素的人，在谈判中，从不考虑对方的实际情况，这个习惯也一直伴随着他。这次面对这样的小对手他制订了双方各投资现金一半的谈判目标。这并不是不合理的要求，钱总认为，他必须用现金购买原材料。对方面对这样的要求无可奈何，因为对方只有技术和厂房，没有现钱。谈判如火如荼，钱总用尽各种办法和各种策略，迫使对方答应他提出的条件。对方在苦苦挣扎，因为他们不愿失去这个难得的机会。最后，他们在无力回天的情况下不得不同意钱总的提议。协议签下来后，对方开始为这笔资金疲于奔命，对于生产、质量等方面的计划和安排工作迟迟不能到位，至于管理，更是谈不上，结果使这个项目处于半瘫痪状态，严重影响到了钱总的企业运营计划，可是钱总呢，有苦也说不出。

错误解析：钱总的错误是设定自己的谈判目标时不参照对方的实力，这是不从实际出发，不尊重客观事实的错误表现，最终会导致诸多的麻烦和弊端。因为钱总的目标设置不参照对方的实力，貌似对方吃亏自己得利，可是最终的结果是陷双方于进退两难的境地，让双方的合作都遭受到损失，造成“双输”的结果，这是谈判中的最大失败。

解决策略：钱总完全可以根据对方的实际情况，针对对方的实力，制订一个于双方都有利的目标。如让对方出厂房和技术，钱总出资金，在其他运输、服务等方面争取优惠，在利润分成上获得好处，而不必像原先那样造成项目的合作困难，结果致使双方都遭受损失。所谓“知己知彼，百战不殆”，只有在充分了解对方的基础上，依据对方的实力，制订对方也能轻松愉快地接受的目标，才能真正达到谈判双赢的目的。

对于谈判的另一方——小型生产厂家，也有不对的地方，他们觉得目标设置不合自己实力时，要敢于反对，勇于调整。

4. 谈判的议程禁忌

谈判议程的制订步骤如下：第一步是把与本谈判有关的所有问题罗列出来，尽可能不遗漏。第二步是根据对本方利益是否有利的标准，将所列出的问题进行分类。第三步是尽可能将对本方有利和对本方危害不大的问题列入谈判的议题，而将对本方不利或危害大的问题排除在谈判的议题之外。

谈判议程制订禁忌：①对谈判议程的准备不够重视。忽视议程在谈判过程中的作用，就不能确定谈判的内容次序和结构层次，不利于谈判策略的发挥。②没有细则议程，就不能把握谈判的进度和节奏，就不利于实现谈判的阶段性目标，从而对谈判总体目标实现造成一定影响。

【案例10-5】

谈判情景：姚娜是个谈判高手，自认为久经沙场。凭借她的经验，她认为谈判的内容是关键，谈判人员的能力、技巧也很重要，至于谈判的议程，却是可有可无的。她说谈判议程只是谈判内容的次序，并没有什么深奥的东西，只要具备深厚的谈判功底，了解谈判的内容，并有明确的目标，加上相关谈判策略和自己的谈判技能，就完全可以把任何谈判拿下。于是，姚娜从不拟定谈判议程，甚至在对方送来谈判议程时，姚娜也只是粗略看看，随手签字了事。这次是与某公司就市场竞争的谈判。姚娜自认为大势已定，根本没有看对方提出的谈判议程。结果是，在姚娜认为协议应该达成时，对方却告诉姚娜，双方只是达到了某个程度上的谅解；在姚娜认为协议快达成时，对方又说，谈判才进行了几个简单的程序。

错误解析：姚娜没有足够理解谈判议程的实质，忽视了它在谈判过程中所起到的规则作用，这使姚娜把握不准谈判的进程和程度，因此会出现上述现象。这就好比在夜晚摸黑赶路，不知道走到哪里也不知道何时是尽头。这样对方就有可能将姚娜引入事先设置的圈套，陷姚娜于被动境地，而姚娜只急于得到谈判结果，因此可能处处碰壁，对方很可能有意地多设置几个程序，拖延谈判时间，甚至改变谈判目标，这对姚娜来说是很不利的。

解决策略：谈判议程的真正意义在于：不只是对谈判内容先后顺序的时间分配，还隐含着许多重要信息，可以从中挖掘信息，由议程窥见对方谈判的目的和意图，以及谈判过程中每个阶段和议题的重要程度。姚娜如果仔细审议或在会谈开始不久后，发现议程不妥，还可以提出修正。姚娜还可以主动要求拟定议程，掌握主动权。如果对方非常重视，并主动要求由他们拟定议程的话，姚娜要积极参与，主动与他们协商，以免议程不利于自己。这里需要强调的是拟定议程时，要注意把自己尚未考虑成熟的部分放在后面讨论，自己最为关注的问题要安排在最佳时机提出。总之，谈判正式开始前，一定要重视谈判议程的重要作用，以便掌握谈判的进展，准确地与自己的谈判策略相配合。

5. 商务谈判策略禁忌

在制订计划方案时,需要注意将来运用的策略体现商务谈判的基本原则。谈判策略的作用表现在:有利于创设良好的开局气氛,有利于把握谈判的方向和进程,有利于实现双方的友好合作,有利于取得最佳的谈判效果。因此,高质量的策略方案可以为谈判成功奠定坚实的基础。

商务谈判策略禁忌:太依赖谈判策略,即重视谈判的艺术要超过对谈判技术的重视程度;同时应避免没有妥协和让步的考虑;一厢情愿,没有换位考虑,不顾及对方利益。谈判是参与方双赢的过程,不能为眼前利益无视谈判对手的需求满足,这样只会引起对方的报复和强烈反应,也无法保障己方谈判目标的最终实现。

6. 地点、时间的选择与环境准备禁忌

(1)地点的选择

不同的谈判地点对谈判的气氛和结果会有不同的影响。谈判高手都会把谈判地点的选择作为谈判准备阶段非常重要的一个环节。

在己方所在地谈判称为主场谈判。主场谈判有很多优势:谈判环境熟悉,有安全感;与上级、专家顾问沟通方便,容易获得智力支持;可以安排对己方有利的谈判议程、地点;可以利用本国的法律、地方习俗、物质条件等因素巧妙地对谈判施加影响;节省旅行的时间和费用。

在对方所在地谈判称为客场谈判。客场谈判可以省却那些东道主必须承担的迎来送往义务;可以到对方企业进行实地考察,获取准确的一手资料;能够防止对方借权力有限为由故意拖延时间。客场谈判的时候,应提前一两天到达目的地,以适应环境和恢复精力。

选择谈判地点应遵循的原则是:在因素和条件具备的状况下,应力求主场谈判;在各方面条件与因素不利但谈判又必须举行的状况下,必须以充分的准备与计划进行客场谈判;确立中立地点必须经过双方的协商认可。在比较正式的谈判中,一般都是谈判双方轮流做东。值得注意的是,如果没有事先约定,尽量应让对方过来谈判。在很多情况下,过于主动、积极地到对方所在地谈判会削弱谈判者的实力和地位。

例如:日本的钢铁和煤炭资源短缺,而澳大利亚盛产铁和煤,按理说,日本人的谈判地位低,澳大利亚一方在谈判桌上占据主动。可是,日本人却把澳大利亚的谈判者请到日本去谈生意。一旦他们到了日本,一般都比较谨慎,讲究礼仪,而不至于过分侵犯东道主的利益,因而日本方面在谈判中的相对地位就发生了显著的变化。澳大利亚人过惯了富裕的舒畅生活,他们的谈判代表到了日本之后不过几天,就急于想回去,所以在谈判桌上常常表现出急躁的情绪。但日本谈判代表却不慌不忙地讨价还价,掌握了谈判中的主动权,结果日本方面仅仅花费了少量款待做"诱饵"就钓到了"大鱼",取得了大量一般难以获得的材料。

(2)时间的选择

谈判时间适当与否,对谈判是否获得成功影响颇大,因此,谈判者进行谈判决策时,不能对谈判时间的选择掉以轻心。出现下列情况中的任何一种,决不可将其择定为谈判时间:

①己方准备严重不足,在这种情况下应坚决拒谈;

②谈判人员,特别是主谈人员身体、情绪状况不佳,如患病、疲惫、烦躁、情绪低落、心理负担沉重等,应推迟谈判;

③不利的自然条件状况,如不利的气候、季节、天气等,特别是这些原因已对己方谈判人员

造成了不利影响的状况下，应改变谈判时间；

④在己方谈判紧迫程度很高的状态下，往往会给对方造成许多乘虚而入的机会，应适当提前或推后进行，并采用种种方法隐蔽己方的紧迫性。

谈判的时间安排原则是：将对己方有利、己方想要得到而对方又有可能作出让步的议题排在前面讨论，而将对己方不利，或己方要作出让步的议题放在后面讨论。对前面一种议题安排尽可能多的时间，而对后一种议题则给予较少的时间。

(3)环境的布置

谈判地点确定之后，应当进行一定的布置，谈判环境的布置合理、恰当，有利于良好谈判气氛的建立，促成谈判活动的圆满成功。谈判环境的布置以高雅、宁静、和谐为宜，最好选择一个幽静、没有外人和电话干扰的地方，房间的大小也要适中，桌椅的摆设要紧凑但不拥挤，室内温度适宜，灯光明亮，会谈桌上最好设置一些文具、标志物和少许花草盆景。

【案例10-6】

谈判情景：作为一家房地产开发商，高总积极响应政府城市规划的政策，他需要和一条街道的住户商谈，请他们搬迁到别的地方。但是，在搬迁费、安置方式方法方面，住户与开发商的意见分歧很大。为此，公司做了好几次工作，均没有取得成功。高总一点不敢大意，着手收集住户们的资料，了解住户们的各种实际情况，最后与对方派出的几位代表进行谈判。双方的谈判地点选择在工地旁边的一间僻静的小屋，屋里设施极其简陋，除了两排相对的靠墙的椅子外，什么都没有。等双方面对面坐下商谈时，住户们根本就不能集中精力，他们仔细地打量四周，而且始终保持戒备的心理，以警觉的眼光，注视着高总的一举一动。只要高总稍有靠近，他们就表现得十分紧张，似乎高总是进攻者，他们随时得准备还击一样。在这种充满敌意的氛围下，高总使出了浑身解数，也未能使谈判进行下去，他们的不合作态度，让高总不得不宣告谈判暂停。

错误解析：谈判现场的布置过分简陋，引起对方的怀疑，进而引发对方的不合作情绪，再高明的谈判专家，也会叫苦不迭的。尤其是开发商与住户们的谈判，他们需要融洽气氛，需要双方理解与配合，现场的布置要正式，让住户们相信谈话算数。

解决策略：谈判现场是否正式常给人以谈判是否算数的感觉，所以布置一个好的谈判现场很重要。谈判现场的布置应包括如下两个方面：一是谈判室及室内用具的布置选择。一般以两个房间为宜，其中一间作主要谈判室，另一间为私下会议室。主谈室内应当具备良好的灯光、冷暖调节、通风、隔音等条件，并配有一定的装饰、烟茶用具等，给人舒适的感觉，以便畅所欲言。有一点值得注意，房间内应摆上一张供谈判人员使用的桌子，把谈判双方隔开，否则易让人缺乏安全感。谈判桌子的形状和大小很重要，椅子的距离和舒适程度合适也是必要的，相互间的距离不宜太远也不宜太近。第二方面，谈判时的座位安排是很有学问的，双方平等地相对而坐，可以产生较好的团结气氛和控制力，可以提高士气；而如果同坐一边，则更易拉近距离，减少对方的敌对情绪。当然高总也可以根据谈判气氛和谈判作风再做安排。

【案例10-7】

谈判情景：三个月前，小王带着公司的最新研制成果：一种笔记本电脑配件的样品，参加了一个展览会。会上，一位外地经销商看中了此产品，索取资料回去研究，后又通过电话传真交流，有了初步意向，只待见面详细商谈。作为公司经理，小王早已经历过无数次类似的谈判，可以说是一个谈判的老手了。于是,小王爽快地答应了携带产品去对方那儿商谈。到了那儿,小王和助手因不适应气候,而烦躁不堪。时值夏天,潮湿闷热,总觉得身上黏黏糊糊,极不舒畅,影响自己大脑的思维。更为可惜的是,小王携带的产品在旅途中不幸损坏,有些接触不良,在演示时总出错。对方的条件很苛刻,小王觉得无法接受便返回了公司。但不久,对方自愿放弃了许多苛刻条件,请求小王他们的再次"光临"。小王很惧怕那儿的天气,但又不好意思说出来,最后还是同意了。这次情况好了许多,但天气仍然令人难以忍受。小王决定速战速决,只要条件可以接受,就与对方签合同。最终以公司可以接受的最低价位签订了合同,相比另一地区同样数量少了数十万元。

错误解析:天时地利人和,这其中谈判地点的选择是一个谈判前准备的重要的问题。谈判环境往往对谈判者的心理有很大的影响,对谈判效果也起着异常重要的作用。小王不重视这一点,任由对方选择有利于自己发挥优势的地点,在谈判过程中不利的环境使小王的情绪不佳,影响了耐心与思维判断,这对小王是极为不利的。正是由于自己的不适应而无法坚持,又不能及时调整自己的心态,小王才仓促地答应以低价与对方签约,未能为自己争取到本可以获得的更大的利益。可以说,任由对方挑选谈判地点,从一开始就没有很好地考虑天时地利人和,而把自己置于被动的劣势地位。

解决策略:一般说来,谈判场地有三种:己方、对方与第三方。人们在自己所熟悉的环境里谈判,无需分散精力去熟悉和适应环境,可以以最佳的精神状态、饱满的热情,最大限度地发挥出谈判的才能,还可以随时寻求支援或获取所需资料等,以辅助谈判,使谈判更容易成功。所以,应当竭力争取在主场谈判,也即自己所熟悉的环境里进行谈判,尤其是需要演示自己产品的谈判。如果争取不到,要到对方熟悉的环境中谈判,就需要有更充分的思想准备,避免被动不能被对方牵着鼻子走。当然如果不能在主座谈判,能争取选择中立地区即第三方场地最好。这样做的好处是,因为双方都不熟悉当地环境,都需要适应和熟悉,彼此的心理优势不明显。

【案例 10-8】

谈判情景:张大波与对方的谈判就要大功告成,只剩明天最后的扫尾谈判工作了。兴奋之余,张大波欣然同意谈判小组成员去歌舞厅纵情欢庆。他们尽情释放多日来谈判的紧张情绪。已是凌晨,他们还没有休息的意思,张大波认为他们谈判日久,紧张了很长时间,放松一下也好,而且他们都是高水平的谈判人员,少休息一点也不至于影响谈判的质量和效果。一直玩到第二天早晨五点才回来稍作休息。紧接着八点半开始谈判,张大波领着他们进入谈判室,他们一个个都是眼皮打架、哈欠连连,丝毫没有了歌舞厅那样的激情,根本发挥不出应有的水平,在对方最后确认某个关键技术时,张大波甚至不得不代替精神不振的技术专家回答。张大波一方人员的糟糕表现,使谈判一度不得不暂停。

错误解析:研究表明,睡眠与休息严重不足的人,其体能和智能都会受到一定影响。张大波和他的谈判小组成员,认为谈判成功在望,于是彻夜狂欢,不仅影响了体力还影响了自己的智力与精力,第二天反应十分迟缓,甚至犯下不应该犯的错误,这是预料中的事情。张大波作为谈判领导人,没有注意到这一点,甚至可以说他不是一个称职的领导者。

解决策略:谈判是一项十分紧张的工作,不到最后一刻都不可放松警惕。这中间需要谈判者时刻保持清醒的逻辑思维和充沛的体力。而清醒的逻辑思维和充沛的体力来自于良好的休息和睡眠。所以,作为谈判人员,尤其是谈判小组的领导成员,应该重视谈判前的休息与睡眠。张大波方应该认识到这一点,不到签约都不算谈判成功,即使成功在望,也不可麻痹大意,因为

"福兮祸所伏"。

7. 交易条件和合同条款禁忌

(1)提出交易条件

因为谈判就是要实现自己的方案,使之最大限度地为对方所接受。所以谈判能顺着自己提出的交易条件展开磋商,无疑利多弊少。交易条件的提出是谈判切入正题的开始,常需要采用策略、讲究技巧,以产生良好的效果。有一位擅长谈判的企业家曾这样总结过:"大部分的人,天生就富有正义感。与这些先生对阵谈判,如果我向他们作了四次让步,他们就会于心不安,似乎也应该退让一点才公平。于是我在谈判前,就找好一大堆对我并不重要的条件,作为陪衬一并向对方提出。一旦我需要对方让步时,就有计划地使用这些筹码,屡屡都有收获。"这位企业家的一番话,充分说明了提出交易条件应该讲究策略和技巧,以谋求更大的经济利益的道理。

(2)合同条款的撰写

通常,谈判的依据合同条文实际上就是在打"笔墨官司"。商务合同条款撰写要体现以下原则:条款语句简洁、准确,术语清晰,合同条款要体现公平实用的原则。同时注意对合同条文保密,不能对谈判内容守口如瓶,事先泄密会对谈判造成不可估量的损失。

【案例 10-9】

谈判情景:赵素洋以前的一个同事突然到赵素洋家做客,送给她精心挑选的礼物。同事多年不见,见面格外高兴。而此时,赵素洋正准备与一家公司进行谈判,想代理那家公司的产品。但是又不忍心丢下以前的同事,赵素洋于是让她随行。谈判间隙,赵素洋和助手讨论起刚才双方的争议点,一点也不回避昔日同事,甚至还与她一起讨论。后来赵素洋的同事借故离开了。晚饭过后,双方重新进入谈判,对方的态度突然变得非常强硬,要么答应他的条件,要么取消谈判。赵素洋深感疑惑,在同类产品中,自己的产品是过硬的,市场一打开,对方必能获大利,怎么会就这样轻易放弃呢?经过对方一位工作人员透露的信息得知,下午又有一家公司联系了他们,并提出了更优惠的代理条件。赵素洋后来百般打听,才知道正是她那曾经的同事捷足先登,她此时正就职于那家公司营销部。

错误解析:商场如战场,信息就是克敌制胜的法宝。在这场原本有利的谈判中,赵素洋不慎将重要谈判信息透露给第三方,不仅给第三方提供了谈判的信息内容,而且间接地教给他们谈判成功的应对策略。谈判重要信息不可泄露,即使自己的亲戚朋友也不例外,这是商务谈判的基本规则,赵素洋经验太欠缺,一着不慎,全盘皆输。

解决策略:友情归友情,谈判归谈判,不可因为要陪朋友而耽误谈判。即使当时没有陪伴,后来去道歉也行。而且赵素洋在谈判中应该警觉,多年不见的同事突然造访,不应当问问她的职业与发展吗?无论是赵素洋的亲朋还是好友,只要不是跟赵素洋在同一利益立场的,都不应该参与到赵素洋的谈判中来。赵素洋绝对应该分清公事和私事,分清工作关系和私人感情,不应该因为怕丢下朋友,而让她随同前去,还让她了解到谈判的具体内容。正确的做法是在重要谈判的过程中,对身边所有的人都应该保守谈判的秘密,警惕消息泄漏。

8. 替代方案禁忌

激烈的谈判中,双方可能都对对方提出的方案不予接受,谈判处于僵局状态。一方提出新的替代方案,常可以打破这种僵局,并最终达成协议。所以,事先要准备好替代方案。这项准备,能防止你接受不利的条件,也能防止你拒绝有利的条件。没有替代方案,就没有选择的余地;替代方案越好,选择的机会越充分,取胜的概率就越大。谈判中忌只准备一种谈判方案。

【案例 10-10】

谈判情景:李名扬的公司因为软硬件没有及时更新,再加上市场弱肉强食,如果再不进行调整,不引进先进技术(软件)和新式设施设备(硬件),公司极有可能会倒闭。为此,李名扬和有关部门领导进行磋商,选定了一家合资公司进行谈判,准备采购部分设备试用看看。他们制订了详细的谈判方案,包括要谈判的目标、所采用的资料、使用的谈判方式等等,希望能说服对方。但是,那家合资公司通过市场调查已经知道李名扬公司的情况,坚持要采购就全套购买,部分不卖。这是有关李名扬公司未来发展的大事,岂能就这样算了。于是,李名扬又几次按照既定方案,与该企业进行谈判,详细解释了只能部分采购的理由,可是,对方还是不同意李名扬的部分引进生产线和配套设施的提议。双方各抒己见,谈判陷入了僵局。李名扬非常焦急,不明白如此完好又有说服力的方案怎么就不能达成。

错误解析:不做市场调查仅根据己方的所想制订方案,因为不知对方的情况,所以很难按照既定的方案取得谈判的成功。对方通过市场调查明白李名扬公司的现状,抓住李名扬急于购进的心理,自然不会轻易让步。对方不肯让步,而李名扬由于既没有市场调查所掌握的情报也没有做其他备选方案,只按照原先计划的既定方案走下去,因此自然会陷入僵局。

解决策略:任何谈判,都应该视双方的实际情况而灵活机动,权宜应变,不可抱守既定方案,一成不变。为了打破僵局,李名扬可以采取以下策略:第一,转换话题,先诚恳地赞扬对方公司一流的硬件与软件,激发和满足对方自尊的需要;第二,以情动人,向对方诉说自己的苦衷,明确表示自己的资金有限,买不了那么多的东西,而且视对方为自己的朋友,请朋友伸出援助之手,帮自己渡过难关;第三,换位思考,设身处地为对方着想,说明谈判成功与否对双方关系重大;第四,适当适时适度地改变一下己方的既定方案,不可抱死锯子拉;第五,看情形可以适当地做出一些小小让步。这样,对方也会权衡利弊得失,也许会认为虽不能一下子做大生意,但从长远考虑是有利的,那么这次陷入僵局的谈判或许会最终达成协议。

禁忌 10.3　商务谈判心理禁忌

1. 一般谈判心理禁忌

【重要知识 10-3】

商务谈判一般心理禁忌
① 戒急;② 戒轻;③ 戒俗;④ 戒狭;⑤ 戒弱

(1)戒急

在商务谈判中,有的谈判者急于显示自己的口才,讲起来滔滔不绝,全然不顾对方的感受;有的谈判者过早暴露自己的最低要求,不利于谈判目标的实现;有的谈判者急于显示自己谈判的实力或者急于展示自己对市场、对技术、对产品的熟悉程度,这些行为很容易暴露自己,易陷于被动地位。

(2)戒轻

在商务谈判中,戒轻即“轻视”和“轻信”。谈判者过分自信从而轻视谈判对手是非常危险的。同时，轻信对方的强硬态度，暴露所卖产品的真实价格，没有得到对方切实的交换条件就轻易做出让步，遇到障碍轻易放弃谈判等。"轻"的弊病：一是"授人以柄"，二是"示人以弱"，三是"假人以痴"，都是自置窘境的心理弊病。

【案例10－11】

谈判情景：最近，小李一直为一个重要的谈判而奔波忙碌，因为这次有关投资项目的合作洽谈将决定着小李公司未来的发展规模。经过双方的前期接触，总算在一周前通过了谈判议程。双方约定于本周三晚上六点开始第一回合的谈判。万万没有想到的是，小李竟然因为其他事情耽搁了一刻钟，而正是这仅仅一刻钟的迟到给这次谈判一开始就蒙上了阴影，给小李接下来的谈判带来了不少阻碍。小李也觉得自己很委屈，按原计划当时他把其他事情办完还可以提前半小时到达会场。出乎意料的是，等小李忙完其他事情驱车赶往谈判会场时，恰巧遇上交通阻塞，小李再三解释，对方表面上没有说什么，但是神态上却表示了极为不满。在谈判过程中对方没有小李预想中的积极与热情，而且一再提出一些有关投资能否安全收回的疑问，谈判进行得极为艰难。事后，他们还一再重新核实小李公司的财务管理、考察投资的可靠性等，并将下一轮的谈判延后了一个半月。

错误解析：在约定的谈判时间迟到，哪怕是短短一刻钟，也是一种不礼貌、不尊重对方的表现，而且很容易被对方误认为小李是一个不守信用的人，那么他们要与小李这样的人合作时，心里不免有些担忧，这是正常的表现。虽然小李做出了解释，但在重视效益的今天，他们也不能完全排除心里的疑惑，以致再次考核和调查。时间就是金钱，时间就是信用，一个做大事的人更加应该理解时间的价值与意义，谈判的迟延完全是小李自己对谈判准备不足造成的。谈判之前一定需要对谈判中可能遇到的突发事件有充足的考虑，比如本案例中提到的堵车现象，如果能够更认真一点对待谈判，确保提前到达会场，静静心，疏导疏导思绪，后面的事情就不会发生了。

解决策略：养成加强时间管理的习惯，为重要谈判腾出充裕的时间，这样不仅可以避免迟到等意外事情的发生，而且还有足够的时间为谈判做好充分的准备。第一，在谈判议程的制订过程中就应该考虑一下届时能否可以安排出充裕的时间；第二，将谈判时间相邻近的其他会议延迟或提前召开；第三，至于不太紧要的、细小的事情，要充分授权其他人去做，千万别让任何事情耽误了至关重要的谈判；第四，为避免一些不能预料和抗拒的外界因素的干扰，如大雾、塞车等等，应该提前在谈判地点附近预定休息室或住宿房间，提前半天或一天到达那儿，以确保谈判时能准时到场。最好的住宿地点应步行就可以到达谈判地点。不要太远，也别太近。实际就是步行在10分钟左右的路程，通过步行，呼吸一点新鲜空气，头脑也清楚了。重视时间准时赴约被视为是否守信誉的标志。在谈判时间不迟到，可以增强对方对自己的信任度。最后，在安排好自己的时间之后，还可以再让同事或助手提醒一下，这样就可以做到万无一失。

(3)戒俗

在商务谈判中，有的谈判者因对方有求于他就态度傲慢，有的谈判者因有求于对方就卑躬屈膝。这些行为可能会使谈判者既失去谈判的利益，又失去谈判者的尊严。

(4)戒狭

在商务谈判中，心理狭隘的人不适合介入谈判，有的谈判者容易把个人感情带入谈判，或喜怒哀乐喜形于色，脾气急躁、一触即跳，或太在乎对方的言语、态度。这种心理不成熟的谈判者一般都是"成事不足，败事有余"，容易中别人的圈套。

(5)戒弱

俗话说"未被打死先被吓死"就是弱。在商务谈判中,有的谈判者过高地估计对手的实力,不敢与对方的老手正面交锋、据理力争,有的谈判者始终以低姿态面对对手,虚弱之态可掬,忠厚之状可欺。

2. 专业谈判心理禁忌

【重要知识 10-4】

专业谈判心理禁忌
①忌缺乏信心;②忌热情过度;③忌举措失度;④忌失去耐心

(1)忌缺乏信心

在激烈的商务谈判中,尤其是同强者的谈判中,如果缺乏求胜的信心,是很难取得谈判成功的。"高度重视,充分准备,方法得当,不断坚持",这是取得谈判胜利的普遍法则。成功的信念是谈判者从事谈判活动必备的心理要素,谈判者要相信自己的实力和优势,相信集体的智慧和力量,相信谈判双方的合作意愿,具有说服对方的信心。自信心的获得是建立在充分调研的基础上的,而不是盲目的自信,更不是固执地坚持自己的错误。

(2)忌热情过度

严格来讲,谈判是一件非常严肃的事情,关乎企业的利益实现甚至企业的发展前途。商务谈判时,适度的热心和关怀会使对方感觉受到重视,但过分热情,就会暴露出你的缺点,给人以有求于人的感觉。这样就削弱了己方的谈判力,提高了对手的谈判地位,使本来比较容易解决的问题可能付出更大的代价。因此,对于谈判者而言,热情的把握关键在于一个"度"的问题。无论谈判实力较强或实力较弱,都要表现出热情但不过度,感兴趣却不强求,不卑不亢,泰然处之,从而增加谈判力量。

(3)忌举措失度

在商务谈判中,各种情形复杂多变,难以预料。如果没有心理准备,当出现谈判僵局的情况时,不知所措,只会乱了自己,帮了对手,可能就会签订对自己利益有损的协议,或者处理不当,不利于谈判的顺利进行。谈判当事人随时应保持清醒的头脑,沉着冷静,随机应变,具体问题具体分析,谈判者一定要学会"临危而不乱,遇挫而不惊"才行。

(4)忌失去耐心

耐心是在心理上战胜谈判对手的一种战术,它在商务谈判中表现为不急于求得谈判的结果,而是通过自己有意识的言论和行动,使对方知道合作的诚意与可能。谈判是一种耐力的竞赛和比拼,没有耐力素质的人不宜参与谈判。耐心是提高谈判效率赢得谈判主动权的一种手段,让对方了解自己,又使自己详尽地了解对手。只有双方相互了解、彼此信任的谈判才能获得成功,所以,耐心是商务谈判过程中一个不可忽视的制胜因素。

【案例 10-12】

戴维营和平协议

著名的戴维营和平协议是一个由于美国前总统卡特的耐心而促成谈判成功的经典案例。为了促成埃及和以色列的和平谈判,卡特精心地将谈判地点选择在戴维营,尽管那里环境幽静、风景优美、生活设施配套完善,但卡特总统仅为谈判者安排了两辆自行车的娱乐设备,晚上休息，住宿的人可以任选三部乏味的电影中的任何一部看。住到第6天，每个人都把这些电影至少看过两次了，他们厌烦得近乎发疯。但是接下来的每天早上8点钟，埃及总统萨达特和以色列总理贝京都会准时听到卡特的敲门声和那句熟悉而单调的话语，“您好！我是卡特，再把那个乏味的题目讨论上一天吧。”正是由于卡特总统的耐心，到第13天，萨达特和贝京都忍耐不住了，再也不想为谈判中的一些问题争论不休了，这就有了著名的戴维营和平协议。

综合案例

被对方琐碎的资料和冗长的问答困住

就好像王东光参加盛宴一般，吃点这道菜，吃点那道菜，等主菜上桌时，王东光的肚子已经吃不下了。在谈判的时候，王东光也总是陷入这样的烦恼之中，对方不停地向王东光提供这样那样的文件，不时地向王东光透露这样那样的消息，不厌其烦地诉说着一些事情或者反复地问王东光一些问题。王东光满眼的文件资料，满脑子的莫名其妙的问题，没有时间思考自己的问题，更没有工夫考虑对方的用意，王东光完全被困在对方这些零散、琐碎、没头没尾的文件资料中，完全迷失在对方无休止的冗长的问答之中，脑子里始终是一片空白，一头雾水，辨不明方向。到谈判该作出最后决策时，王东光还停留在对方那一大堆无用的文件信息资料中，还琢磨对方那一大段的话语，还纠缠在对方莫名其妙的问题中。

因为陷入一大堆不切实际的资料和繁琐冗长的问答之中，王东光不能细察其中任何一项资料，不能找出隐蔽的问题所在，更不能辨明谈判对方的意向，完全失去了主动性和积极性，还有可能被对方引入歧途，使自己蒙受巨大的损失。同时，被对方琐碎的资料和冗长的问题困住，王东光就无法找出重要的有用的信息，不能找到突破口，找准攻击点，也就无法采取有效措施，为自己争取到更大利益。

王东光应该清楚地知道，当对方要想隐瞒自己的弱点和真正的兴趣所在时，他就会向王东光提供许多无用的资料，让王东光陷入一大堆琐碎的资料中，而忽略重要的资料，或错过真正的问题；对方也可能提出一大堆莫名其妙令人摸不着头脑的问题，让王东光无法揣测出他的真正用意。面对这种情况，王东光一定要冷静，要敢于摒弃无用的资料，敢于对他们离题万里的问题听而不闻，敢于追问对方，要他做出更进一步的清楚的说明，并尽力去调查分析所有的重要问题，千万不要被他们琐碎的资料和奇怪的问题所迷惑，而忘了自己的意图和目的。谈判人员要具备敏锐的观察力，具有较强的分析综合能力，从对方大量的文件和滔滔不绝的言语中，找出隐藏着的信息，从而制订出相应的策略，取得谈判的胜利。

情景模拟题

1. 某学院拟建立商务谈判实训室，欲购买相关计算机硬件设备与谈判模拟软件，现在要与有关商家就设备规格、数量、价格等进行谈判，请讨论该学院谈判前要做哪些准备工作。

2. 日商举办的农业加工机械展销会上，展出的正是国内几家工厂急需的关键性设备。于是某公司代表与日方代表开始谈判。按惯例，卖方首先报价：1000万日元，我方马上判断出其价格的“水分”并且对这类产品的性能、成本及在国际市场上销售行情了如指掌，暗示生产厂家并非你独此一家。最终中方主动提出休会，给对方一个台阶。当双方重新坐在谈判桌旁时，日方主动削价10%，我方据该产品近期在其他国家行情，认为750万日元较合适，日商不同意，最后我方根据掌握的信息及准备的一些资料，向对方暗示，除他们外我方还有其他一些合作伙伴，在我方坦诚、有理有据的说服下，双方最终握手成交。

日方的三个目标层次是什么？

3. 角色练习：你是一家工程构件公司的销售部经理。你的一名最优秀的推销员告诉你说，你的一个大客户已经投靠了另一家供应商，投靠的具体原因不详。这不仅会影响你的推销计划，而且势必会对公司的发展规划产生重要影响。因此，你决定面见这个客户所属公司的总经理，与之签订可以令双方满意的销售协议。

(1)为谈判做准备。

(2)与另外两人共同扮演谈判中的角色，其中一人扮演这家公司的总经理，另一人扮演谈判观察员。

任务11

商务谈判开局禁忌

知识（技能）框架图

- 商务谈判开局禁忌
  - 建立良好谈判气氛的禁忌
  - 谈判开局策略的禁忌

知识目标

- 了解商务谈判开局阶段有哪些禁忌
- 理解这些禁忌的实质和内容

技能目标

- 能够明白开局阶段所犯禁忌的原因
- 掌握禁忌的本质，避免犯错

任务导入

日本松下电器公司创始人松下幸之助先生刚“出道”时，曾被对手以寒暄的形式探测了自己的底细，因而使自己产品的销售大受损失。

当他第一次到东京，找批发商谈判时，刚一见面，批发商就友善地对他寒暄说：“我们第一次打交道吧？以前我好像没见过你。”批发商想用寒暄托词，来探测对手究竟是生意场上的老手还是新手。松下先生缺乏经验，恭敬地回答：“我是第一次来东京，什么都不懂，请多关照。”正是这番极为平常的寒暄答复却使批发商获得了重要的信息：对方原来只是个新手。批发商问：“你打算以什么价格卖出你的产品？”松下又如实地告知对方：“我的产品每件成本是20元，我准备卖25元。”

批发商了解到松下在东京，人地两生，又暴露出急于要为产品打开销路的愿望，因此趁机杀价：“你首次来东京做生意，刚开张应该卖得更便宜些。每件20元，如何？”结果没有经验的松下先生在这次交易中吃了亏。

任务分析

一个有经验的谈判者，能透过相互寒暄时的那些应酬话去掌握谈判对象的背景材料：他的性格爱好、处事方式，谈判经验及作风等，进而找到双方的共同语言，为相互间的心理沟通做好准备，这些都是对谈判成功有着积极的意义。

毛泽东就善于在寒暄中发挥出他独特的魅力，缩短与谈判对手的心理距离，并让对方自然产生一种受到尊重的快感。1949年4月国共和谈期间，毛泽东接见了国民党方面的代表刘斐先生。刘斐开始非常紧张。见面后，毛泽东和刘斐寒暄起来："你是湖南人吧"，刘斐答到我是醴陵人，醴陵与毛泽东的家乡是邻县，是老乡。毛泽东高兴地说："老乡见老乡，两眼泪汪汪哩。"听了这话，刘斐紧张的心情很快就放松下来，拘束感完全消失了。

寒暄不仅可以营造友好和谐的谈判气氛，而且也是在谈判之始观察对方情绪和个性特征，获取有用信息的好方法。最容易引起对方兴趣的话题莫过于谈到他的专长。又这样一个案例：被美国人誉称为"销售权威"的霍伊拉先生就很善于这样做。一次他要去梅依百货公司拉广告，他事先了解到这个公司的总经理会驾驶飞机。于是，他在和这位总经理见面互做介绍后，便随意说了一句："您在哪儿学会开飞机的？"一句话，触发了总经理的谈兴，他滔滔不绝地讲了起来，谈判气氛显得轻松愉快，结果不但广告有了着落，霍伊拉还被邀请去乘了总经理的自用飞机，和他交上了朋友。

禁忌 11.1　建立良好谈判气氛的禁忌

良好的开端是成功的一半。谈判也是一样，良好的谈判开局对整个谈判过程起着至关重要的作用。进入实质性谈判内容之前，谈判人员彼此见面、互相介绍、寒暄聊天以及就谈判内容以外的话题进行讨论的阶段就是开局阶段。在这个阶段，人们的精力最为充沛，注意力也最为集中。随着谈判人员的悉数亮相，谈判双方阵容中的个人地位及所承担的角色完全暴露出来，双方会对彼此留下深刻的印象，等级观念由此形成。在这个阶段，双方也会表明各自的立场，洽谈的格局在开局不久就会确定下来。可以说开局是谈判的起点，它往往关系到双方谈判的诚意和积极性，关系到谈判的格调和发展趋势。任何一个谈判都是在一定的气氛下进行的，谈判开局气氛的形成与变化，将直接关系到谈判的成败得失，影响到整个谈判的根本利益和前途，一个恰当的开局气氛将为谈判成功奠定坚实的基础。因此，有经验的洽谈人员都能在开局阶段采取各种有效措施，充分发挥其应有作用，使谈判向着有利的方向发展。下面我们着重分析一下在建立开局气氛时需要谈判者注意防范的禁忌内容。

【重要知识 11-1】

谈判开局目标
目标主要有：对谈判程序和相关问题达成共识；通过谈判双方人员互相交流增进了解，并在此基础上创造友好合作的谈判气氛；双方阐明各自的立场，表明己方的意愿和交易条件；开局阶段谈判双方阵容中的个人地位及所承担的角色完全暴露出来，摸清对方情况和态度，为实质性磋商阶段打下基础。

禁忌 11.1.1　没有建立起良好的谈判气氛就马上进入实际谈判

谈判有如演戏和体育比赛，在进入正戏之前要有段铺垫和热身。也就是说，谈判开始的时候，良好的气氛尚未形成，一般不应该急于切入正题，立即就进入实质性的谈判内容，这对谈判是相当有害，应当视为禁忌。那什么是良好的谈判气氛呢？我们认为彼此之间均有诚意，都是为解决问题而来，所形成的诚挚、合作、轻松和认真的谈判气氛就是良好的谈判气氛。为了促使谈判成功，双方需要花费一定的时间，培养感情，建立共识，营造一个融洽的气氛，使彼此能够从思想上和行动上协调一致。洽谈开始最好先谈一些友好的或中性的话题，这些话题表现为松弛的，非业务性的，不要在一开始就涉及有分歧的议题。比如，双方可以随便聊聊这样一些内容：会谈前各自的经历；游览过的名胜古迹；印象深刻的见闻趣事；备受关注的话题新闻；个人的兴趣爱好等等。这些话题有助于消除对方的陌生感和尴尬心理。若对方是熟悉的客户，可以询问对方的近况，以示关心，还可以回顾以往愉快的合作、成功的经历，以密切关系。这样的开场白可以使双方找到共同语言，为心理沟通做好准备，有利于消除陌生感和尴尬的心理，有助于缓解谈判开始的紧张气氛，达到联络感情的目的，其观点也更容易被人接受。这样非实质性的谈判从时间上来看，只占整个谈判程序中一个很小的部分，从内容上看，似乎与整个谈判主题无关或关系不太大，但它却很重要，因为它为整个谈判定下了一个基调。优秀的谈判者总会利用轻松的话题，幽默的谈吐、热情的表达，创造出友好、诚挚、愉快的开局气氛，博得对方的好感，引起对方的合作兴趣。还应注意的是，开局的寒暄不能时间过长，以免冲淡谈判的气氛，应选择适当的时候，将话题转入实质性谈判。

【案例 11-1】

谈判情景：王里军一直把谈判当作是一件十分严肃的事情，他认为双方站在各自的立场，为争取各自的利益努力，不可能是轻松愉快的，最多也就是获得一个双方较为满意的协议，但若双方达不成共识，也无所谓。所以王里军很少去营造良好的开局谈判气氛，他认为营造与不营造开局气氛不会对结果有什么影响。这是他的一贯谈判做派：一副严肃的面孔，绝无幽默的语言，没有丝毫闲言杂语，从不谈那些风土与人情、趣闻与轶事、体育与天气，上来就直奔主题，总是开门见山，没有一点活泼的气氛。旁人觉得谈判场所死气沉沉、闷不可言，总给人一种压抑的感觉。暂停、休会的次数很多，满足双方利益的灵活方案少，有建设性的提议，达成协议的日期不得已一推再推。

错误解析：开局谈判气氛非常重要，特别是谈判双方初次接触，在良好的氛围下，人们更容易被理解、被尊重，也更容易获得支持和关注。反之，沉闷抑郁的环境，很容易滋生猜忌和隔阂。人们常说"良好的开端，成功了一半"，也是这个道理。双方不建立好开局的良好信任关系，接下来的谈判就注定不会一帆风顺。就是谈判最终成功了，双方也不会留下美好的印象。

解决策略：轻松愉快的开局谈判气氛能激发人们的想象力，增进人们的感情。建立一个良好的合作气氛，这是从谈判一开始就应该考虑并注意的。通常的谈判开局做法是，在谈判开始以前，双方互相问候，聊聊谈判主题以外的话题，发掘双方的共同点，为谈判打下良好的基础。在谈判正式开始后，就会不知不觉地引入谈判的话题，因为双方熟悉了，距离拉近了，所以双方更容易洽谈实质性的问题。在谈判时要善于运用一些幽默诙谐的语言，调节紧张沉闷的空气，放松绷得太紧的头脑，有利于双方朝着合作的方向迈进。

禁忌 11.1.2 因谈判者的主观态度导致不良的谈判气氛

谈判者在谈判气氛形成过程中起主导作用。双方实力的对比，会使谈判者的主观意识发生变化，过分谦虚或骄横傲慢都是应该避讳的。谈判者既不能居高临下，出言不逊，又不能一味迁就忍让，始终取悦迎合。当谈判双方实力旗鼓相当时应该以合作、互利为中心，创造一个愉快和谐的合作气氛；当己方实力具有明显优势时与弱方谈判最忌"霸气"，不能有任何轻敌意识，开局时仍要表现友好和诚意；当己方实力明显弱于对方，对强于我方的谈判对手最忌"怕"，充分表现出友好与合作的态度，充满自信，冷静、大方才是得体的表现。双方谈判人员的关系也会影响谈判气氛，切记不能将人与事混淆在一起，导致谈判向不利的方向发展。谈判之前，双方无论是否有成见，是否存在身份、地位、观点、要求的区别，一旦坐到谈判桌前，就意味着双方共同选择了磋商与合作的方式解决问题。只有真诚才能使谈判在良好的气氛中开场，切勿在谈判之初就以对抗的心理出现。这就要求开局阶段谈判者抛弃偏见，抛弃乱猜疑和对对手的不信任，全心全意地效力于谈判。如果谈判者都能充分发挥自己的主观能动性，积极主动地与对方进行情绪、思想上的沟通，心平气和、坦诚相见，将有益于创造良好的气氛。

【案例 11-2】

谈判情景：张蓝兰的谈判观念一直认为，谈判桌上处处藏着玄机，要时刻提防对方，不要轻易相信对方，她的这些年谈判经验告诉她，谈判双方都是为各自利益而来，没有谁是友好的，正所谓来者不善，善者不来。这次的谈判很重要，谈判还未开始，张蓝兰便在心理上设下了一道道防线，给对方定义为不可轻易相信的人员。谈判开局气氛营造时，对方的聊天内容都成为了张蓝兰攻击的靶子，因为张蓝兰始终认为对方是在说假话。几经反驳和解说，张蓝兰虽然无话可说，但谈判的紧张气氛已经造成。后来对方认为这次谈判就是进行也不会有什么好的结果，忍无可忍，退出了谈判。

错误解析：张蓝兰根据自己的错误的谈判经验来揣度对方的一言一行，甚至把对方聊天说的话都进行不良的解释，在客观上就是无诚意进行谈判的表现。而且，开局就总是疑心重重，不信任对方。在这种对方完全不能被信任的谈判背景下，对方作出了退出谈判的决定。

解决策略：可以肯定的是谈判开局如果不能建立良好的双方信任关系，那么下面的谈判肯定顺畅不到哪里去。日常生活中，人有点警戒性是对的，但是在正式的商务谈判中把警戒心理演变成毫无根据的疑心，就是极端偏激的行为了，这其实是缺乏正确谈判经验的表现。正确的做法是，在谈判前就应该极力调整自己的心理，力争避免这种不理性的事情发生，尽可能与对方坦诚以待，对不清楚不明白的方面进行调查，客观理智地看待问题，这样才能使谈判有良好结果，而不是采取本案例张蓝兰的错误做法。

禁忌 11.1.3　谈判者的沟通不畅破坏谈判气氛

沟通的作用在于传递信息，交流感情，其过程有四个层次：被对方接收（倾听、阅读）——被对方理解——被对方接受——引起对方的反应（改变行为或态度）。事实上日常生活中我们70%的沟通都是无效的，会被误解、反对、不喜欢或干脆没有被听进去。所以在谈判过程中要避免因为沟通不畅带来的谈判阻碍。

按照信息载体划分，沟通可以分为言语沟通与非言语沟通。言语沟通又分为书面言语沟通和口语沟通。书面沟通是借助于书面文字材料实现信息交流，是一种准确性较高的沟通方式，以其严肃认真经常应用于正式场合，但也要注意可能出现的信息传递失真的情况。例如，1930 年 5 月，蒋介石与冯玉祥、阎锡山大战中原时，冯、阎曾商定会师河南北部的沁阳，以集中兵力聚歼驻守在那里的蒋军。可是，冯玉祥手下的作战参谋在拟订作战命令时，却把"沁阳"写成了"泌阳"（注：该地在河南南部，与河南西北部的沁阳相距近千里）。一字之差，使冯军误入泌阳,失去了聚歼蒋军的有利战机,反而使蒋军取得了战争的主动权。口语沟通主要通过语言的组织、语气和语调来传递信息,交流思想、感情和知识。人讲话的声音就像乐器弹奏出的音乐,语调就像音乐的声调,能够反映谈判者的态度和心理变化,过高或过低的语调都是有害的。说话要讲究艺术,咄咄逼人和含糊其辞都是语言表述的禁忌。所以口语沟通要求谈判者注意语言表述的准确性和简洁性,谈判者要注意表现出中肯的态度和缓和的语气。

非言语沟通的形式有:①目光。眼睛是心灵的窗户。人的一切情绪、态度和感情的变化,都可以从眼睛里显示出来。②表情。通常指面部表情。面部表情是另一个可以实现精细信息沟通的非言语途径。人的面部数十块肌肉,可以做出上百种不同的表情,准确地传达出各种不同的内心情感状态。来自面部表情的信息,更容易为人们所觉察。③人际距离随着沟通过程中所保持的距离不同,沟通也会有不同的气氛背景。在较近距离内进行沟通,容易造成融洽、合作的气氛;而当沟通的距离较大时,则很容易造成敌对、相互攻击的气氛。④姿势。在日常生活中,人们也经常使用其身体的姿势进行沟通。在需要表示对别人尊敬的情境中,其坐姿一般就比较规范,腰板挺直,身体稍稍前倾,甚至“正襟危坐”。如果对别人的谈话表示不耐烦,则坐姿就会后仰,全身肌肉的紧张程度也会明显降低。讲话时只要看一眼听者的姿势,就会明白他的陈述是否吸引谈判对手。⑤装饰。装饰所起的沟通作用是自然发生的。谈判者的装饰,从发型、服饰、化妆到所携带的物品,都在透露相关的信息。

因此,同样一句话,不同的人说,效果会不同。同一个人用不同的肢体语言,效果会大相径庭。谈判人员在表述时反过来说和正过来说效果当然也不同。在开局阶段,谈判者应该充分运用语言的艺术,利用不同的表述方式,反映谈判者的立场,建立合适的谈判气氛,从而使谈判向着对自己有利的方向发展。

【案例11-3】

谈判情景:在宋来文不懈的努力之下,宋来文和未来的合作伙伴终于走到了谈判桌前,就合作项目进行谈判。为了引起对方的注意,更为了增强说服力和诱惑力,宋来文对项目的计划、可行性报告等加以美化,用了大量的文学色彩浓重的词句,以富有感情的语调,抑扬顿挫地进行了一番描述。宋来文自己越说越有味道,最后竟完全沉浸在那华美的词藻之中,自我陶醉了,可是对方却是一片茫然,不知所云。为了显示自己知识的广博,宋来文引用了许多相关的外来词汇,对方更是摸不着头脑,理不清思路。情急之下,宋来文使用“绝对”、“统一”、“独一无二”等词来保证项目的可靠性和可操作性,更让对方怀疑。

错误解析:谈判过程中,用语不当,是很有害的:一是给双方沟通带来麻烦,增加解说的时间,造成不必要的浪费。二是可能让对方钻空子,或是产生理解上的差异,影响正常的交流,妨碍合理协议的签订。三是可能引起对方的反感,发生不必要的争执,破坏友好的气氛。四是由于对方的不信任,使协议不能达成一致。

解决策略:谈判是双方交流信息以达成协议的有目的的活动,必须要求双方准确地表达自己的观点和见解。在开局陈述时,应力争掌握如下技巧:①慎用语种。话是说给对方听的,应该用对方能听懂的语言,说对方可以理解的话。②谈判不是话家常聊私事,是一件严肃的事,应当准确无误。不许有戏言,不许有反悔,观点、见解的表述恰如其分,完整统一;提供的事实、数字以及各种信息要准确,经得起调查与推敲;语言规范,符合语法,符合逻辑,表意确切,不讲模棱两可的话,不滥用省略,或卖弄辞藻。③简洁鲜明,掌握分寸。紧扣主题,不拐弯抹角,不发表与谈判主题无关的意见,不用绝对化的语言,避免“无与伦比”、“举世无双”等用语。④避免说伤害对方感情的话，多夸奖、赞美对方，肯定对方，低姿态、谦虚地说话。

【案例 11－4】

谈判情景：对方让李小萌为他们设计一个服装发布会的演出方案，李小萌只顾自己阐述，没有观察对方的表情、态度和反应。他们听了李小萌的设想以后，感到非常地满意，虽然他们没有直接用语言表达出来，但从他们的表情中（相互点头默许）就可得知。在向对方提其他要求时，由于不知道对方究竟是怎么个想法，所以，李小萌也没敢多提什么要求，对方很乐意很爽快地就答应了她提的一些要求。其他的关于联系搭建舞台的施工队的协商问题，李小萌认为自己可以办得了，又担心遭到对方的拒绝，也就没再向对方提过多的要求。

错误解析：这场谈判似乎没有明显的错误，可李小萌没有注意到这一细节：第一，对方对李小萌的方案非常地满意；第二，李小萌向对方提的要求，对方轻易地、毫不含糊地就答应了，这说明这类事对于对方来说是举手之劳，李小萌完全还可以再提出一些其他要求，请他们商议。如果李小萌注意到对方的态度、表情，就会争取到更多的利于自己的条件。

解决策略：在谈判开局就应该仔细观察对方，从他的言行举止中获得的信息，对谈判的顺利进展，很有益处，比如，有 A、B 两个方案，在讲解 A 方案的时候，李小萌注意到对方的反应不好，或者有厌烦的情绪，就提前结束，然后转移到 B 方案上去，这样不仅可以节省时间，也可防止给对方留下不好的印象。担心自己提出的要求遭到拒绝，属于正常的心理，但应该仔细观察对方的表情、态度和反应，获取相应的信息，再通过自己合理谈判和推测，适当地提出自己的要求，相信，李小萌又会从中挖掘出一笔意想不到的财富。

禁忌 11.2　谈判开局策略的禁忌

谈判开局策略是谈判者谋求谈判开局中的有利地位和实现对谈判开局的控制而采取的行动方式或手段。因为开局策略的实施要在特定的谈判开局气氛中进行，所以谈判开局的气氛会影响谈判开局策略。在正常情况下，谈判双方都是抱着实现自己合理利益的目的而与对方坐在谈判桌前的，因而双方都希望能在一个轻松、愉快的气氛中进行谈判。一般来说，高调的谈判气氛更有利于双方充分运用谈判策略融洽关系，互相理解直至达成共识。与此同时，谈判的开局策略也会反作用于谈判气氛，成为影响或改变谈判气氛的手段。因此，当对方营造了一个不利于己方的谈判开局气氛时，谈判者可以采用适当的开局策略来改变这种气氛，使其更符合己方的战略需要。

商务谈判全过程，无时无刻不体现着谈判策略的运用。在商务谈判策略体系中，涉及谈判开局的具体策略有很多。下面结合谈判实例，分析几种典型的、基本的谈判开局策略在应用过程中应注意的方面。

【重要知识 11－2】

谈判开局策略
谈判开局策略是谈判者谋求在谈判开局中的有利地位实现对谈判开局的控制，而采取的行动方式或手段。几种基本的谈判开局策略：①协商式开局策略；②保留式开局策略；③坦诚式开局策略；④进攻式开局策略。

禁忌 11.2.1　协商式开局策略禁忌

所谓协商式开局策略，是指在谈判开始时，为使对方对自己产生好感，以“协商”、“肯定”的方式，创造或建立起对谈判的“一致”的感觉，从而使谈判双方在愉快友好的气氛中不断将谈判引向深入的一种开局策略。在谈判开始时以问询方式或补充方式诱使谈判对手走入你的既定安排，从而在双方间达成一种一致和共识是运用一致式开局策略的一种重要途径。

协商式的谈判策略通常可以在双方实力相当或实力强于对方的条件下应用。要表现出充分尊重对方，语言友好礼貌，但询问对方意见、赞同、认可的内容必须是对己无关紧要的或不影响本方的具体利益的问题。在实力明显弱于对方的条件下运用协商式的开局策略时，切记赞成对方意见的态度不要过于献媚，要让对方感觉到自己是出于尊重，而不是奉承。优秀的谈判者姿态上应该不卑不亢，沉稳而不失热情，自信但不傲慢，能够把握适当的分寸，为顺利打开谈判局面做好准备。

【案例 11-5】

谈判情景：欧洲“空中客车”公司创办于20世纪70年代。尽管该公司生产的飞机性能优良，可与美国波音公司的飞机媲美，但是，由于它是一个新办企业，在市场竞争中难与波音公司等一些实力雄厚的老牌劲旅抗衡，尤其在海外销售方面一直举步维艰，因此，打开海外市场的成功与否直接关系到公司的生死存亡。因为正值世界经济衰退，当时“空中客车”公司推销相当艰难。一次，印度向海外飞机制造商抛出订购150架客机的招标合同。“空中客车”公司与波音飞机制造公司在争夺印度航空市场上的斗争十分激烈。“空中客车”公司派了销售部贝尔那·拉第埃去印度航空公司谈判飞机销售，谈判对手是印航主席拉尔少将。拉弟埃分析后认为，再降价同波音公司竞争，没有任何意义，只会导致两败俱伤，而且还不一定能赢得合同，所以决定避开价格厮杀，另图良策。他做了精心策划，胸有成竹地飞赴新德里。一下飞机，拉弟埃就紧握谈判对手拉尔的手非常感激地说：“是你使我在我生日这一天有机会回到我的出生地”。这句简单的开场白令将军心头一震。然后他介绍自己的身世，说自己出生时父亲作为法国企业要人正派驻印度，这样就解开了拉尔少将心中的疑惑，确信拉弟埃同印度的“世交”关系并非牵强附会，从而，进一步拉近双方的距离。在接下来的谈判中，拉弟埃不失时机地掏出一张珍贵的照片，当场献给将军，并指给他看，原来，那是一张拉弟埃3岁时与印度人民崇敬的伟人甘地的合照，那是他随父母离开印度回欧洲途中，有幸与“印度国父”圣雄甘地同乘一条船而留下的纪念。拉尔少将最终没有拒绝拉弟埃，因为这是他第一次见到带着圣雄甘地的照片前来销售飞机的人。一张发黄的照片，敲定了一单150架飞机的生意，可以算是是商务谈判史上能够留下浓重一笔的创举。

案例分析：贝尔那·拉第埃谈判成功的关键因素是他做了充足的准备，运用了良好的开局策略。与拉尔少将第一次见面他就用真诚而煽情的表达，从自己与航联主席的故乡都是印度这样一个角度拉近感情距离，取得了对方的“肯定”。一致式的开局策略，效果明显。然后为了打消拉尔少将心中的疑虑，他对自己的身世做了合情合理的解释。最后在谈判过程中为了加强“一致”效果，还用印度人都很崇拜的圣雄甘地与自己儿时的照片产生感情共鸣，巩固谈判成果。所以说，良好的开局策略对谈判成功所起的作用是不可低估的。

【案例 11-6】

谈判情景：刘云此次前去，是和生产厂商就购买价格和所付款项等问题进行谈判。历经长途终于到达，刘云受到了热情的接待。一下火车，便有人殷勤问候和引路，出了火车站对方便指着一辆非常豪华漂亮的小车，说是特意接待刘云而租借来的。然后请刘云住进豪华的宾馆，并准备了精美的食物、可口的饮料，为刘云洗尘。他们还为刘云召开了一个欢迎会和对方的谈判小组成员见面，刘云无法拒绝，应邀而去。欢迎会上，对方负责人大大地称颂了一番刘云对他们的贡献和帮助，并且表示了他们的感谢和合作的诚意。最后，给刘云每人一份高级礼品。谈判开始了，手握对方的精美礼品，刘云尽可能满足了他们的要求，给出了他们很多的优惠条件，根本无意讨价还价。

错误解析：可以这样说，对刘云的欢迎和重视体现出对方解决问题的诚意，对刘云的肯定，送刘云高级礼品也是为了博得刘云的好感，本来开局的气氛是高调的。但是刘云受到糖衣炮弹的攻击后，到了谈判桌上，无法和对方针锋相对，忘了自己谈判的目的和计划。因为太想与对方保持"一致"，所以不自觉地站在对方立场上，倾听对方的解说和要求，注定了这次谈判的结果是有利于对方的。

解决策略：对方充分运用了"协商式的开局策略"，过分热情的招待，令刘云身陷其中，扰乱了原先的计划。要使自己保持客观公正，在谈判场上应该拒绝那种可能带来立场不坚定的恩惠和诱惑。当然更重要的是无论对方运用什么样的伎俩，关键问题的让步和退缩是应该避免的。可以"协商""肯定"的只能是那些是必要的，也是无关紧要的问题。

禁忌 11.2.2 保留式的开局策略禁忌

所谓保留式开局策略是指在谈判开局时，对谈判对手提出的关键性问题不作彻底、确切的回答，而是有所保留，从而给对手造成神秘感，以吸引对手步入谈判的开局策略。注意采用保留式开局策略时不要违反商务谈判的道德原则，即以诚信为本，向对方传递的信息可以是模糊的信息，但不能是虚假的信息。否则，被对方识破，只会将自己陷入非常难堪的局面之中。保留式开局策略适用于低调气氛和自然气氛，而不适用于高调气氛。当谈判处于高调的谈判气氛下，愉快因素成为谈判情势的主导因素，谈判双方态度诚恳、真挚，彼此应主动适应对方的需要，而不是故意有所保留，所以保留式开局策略的运用应注意谈判气氛。另外保留式开局策略还可以通过故作神秘，有所保留的行为，刺激对方的反应，将其他的谈判气氛转为低调气氛。

【案例 11－7】

谈判情景：为了这次谈判，龚大雄精心拟定了自己的谈判方案。谈判刚一开始，对方一反常规，完全不按程序，而是一下子就提出了有关的所有问题：交货日期、售后服务方式、品质标准、数量差价、价格条件、包装运输，以及支付方式等等。一系列的重要问题摆到了桌面上，还有私下讨论过的和与正题无关的问题，这下龚大雄刚开始就被对方搞懵了，他辨不清方向，摸不清对方的底细，在迷迷糊糊，乱乱哄哄中，龚大雄忘了自己原定的计划，不知不觉地接受了对方的方案，损失了不少的利益。

错误解析：对方是在使用一种以"搅和"为主要手段的浑水摸鱼谈判法，故意把许多不相干的事情搅和在一起，故意把简单的事情弄得非常复杂，龚大雄不解其意，受到众多问题的干扰，逐渐失去自己的判断，迷失在对方制造的混乱中，忘却自己的对策和方案，误入对方的圈套，自然不可能获取有利的谈判结果。

解决策略：谈判之初，对方运用这种浑水摸鱼的方法，一是探测龚大雄的机智能力，观察龚大雄在压力之下的清醒程度，摸清龚大雄的准备是否充分，谈判是否有经验；二是使事情复杂化、混乱化，达到他在"乱中取胜"的目的。在这种情况下，龚大雄必须保持清醒的头脑，有耐心、有勇气、有准备。①不管对方如何搅和，龚大雄应该坚持按谈判程序逐项进行，认真讨论。

②在事情未弄清之前,有勇气说:"我不了解。"或者说"这个问题等到下次再讨论",对对方的要求不要因为迷糊、顾虑而轻易承诺。③对谈判的各项内容详细了解,充分准备,随时道破对方的不合情理处,让其知道对方有备而来。

禁忌 11.2.3 坦诚式的开局策略禁忌

所谓坦诚式开局策略是指以开诚布公的方式向谈判对手陈述自己的观点或想法,从而为谈判打开局面。采用这种开局策略时,要综合考虑多种因素,例如,自己的身份、与对方的关系、当时的谈判形势等等。坦诚式开局策略比较适合于有长期的业务合作关系的双方,以往的合作双方比较满意,因为比较了解,不用太多的客套,减少了很多外交辞令,所以就节省了宝贵的时间。而且彼此互相熟悉的情况下,直接坦率地提出自己一方的观点、要求,反而更能使对方对己方产生信任感。坦诚式开局策略有时也可用于谈判实力弱的一方谈判者。当本方的谈判实力明显不如谈判对方,并为双方所共知时,坦率地表明自己一方的弱点,让对方加以考虑,更表明己方对谈判的真诚,同时也表明对谈判的信心和能力。运用坦诚式的开局策略时应当注意,如果谈判双方是初次交往,应该体现为人坦诚,但要注意灵活有度,注意坦诚的时机和程度,毫无保留的坦诚往往适得其反,谈判关键的内容过早地暴露只会导致谈判受到巨大的阻碍或是直接导致谈判的破裂。

【案例 11-8】

谈判情景:刘天洋这次的谈判对手是一个外国客商,他们打算与刘天洋共同完成一个新产品,占领内地市场。这个外国客商对内地的情况了解甚少,更别提刘天洋公司的情况了。为了显示自己的诚意,为了让合作伙伴对自己的情况有更为清楚的了解,他在谈判一开始就把公司的状况详细地跟外商介绍了一番,特别是自己的规模小和资金少的情况。刘天洋这样做是为了能够得到对方足够的资金和鼎力支持,但刘天洋很明显地感受到了对方的轻蔑,甚至还有些想取消这项合作的意向,后来经过刘天洋极力解释,证明公司虽然规模小但很有潜力,很有发展前途,外国客商才同意了继续和刘天洋的合作。

错误解析:任何一个公司寻找合作伙伴,都想找一个实力较强,有发展前途的伙伴,刘天洋公司实力不足规模小,这是事实,但为了赢得对方的大量资金和鼎力支持,谈判初刘天洋方就把这些全部实言相告,全盘托出。这样做对刘天洋与对方的合作十分不利,会造成对方轻视刘天洋们,甚至另觅其他合作伙伴。

解决策略:在谈判中,过于隐瞒自己的情况,不能得到对方的信任。但把自己的一切都袒露在对方面前也是不可取的。假如刘天洋身上存在着一个"谜",对方会感到有压力,"如此信心十足,兴许有后台,或者实力比较强……",会给他们留下一个与众不同,耐人寻味的印象。在这场谈判中,刘天洋公司实力弱这是不可改变的事实,但是可以通过各种方式把弱点掩饰。把优点显示给对方,还适当地保持点神秘色彩,这是一种很好的谈判策略。

禁忌 11.2.4 进攻式的开局策略禁忌

进攻式的开局策略是指通过语言或行为来表达己方强硬的姿态,从而获得谈判对手必要的尊重,并借以制造心理优势,使得谈判顺利地进行下去。但是,进攻式开局策略如果运用不当也有可能使谈判陷入僵局。谈判尚未达成必要的气氛之前,刚一见面就不讲效果地提出要求,这样很容易使对方的态度即刻变得比较强硬,谈判的气氛随之恶化,双方唇枪舌剑,寸步不让,不仅不利于培养起良好的谈判气氛,还会使得谈判基调骤然降温,可能使谈判一开始就陷入僵局。所以,采用进攻式开局策略一定要谨慎,在谈判开局阶段就设法显示自己的实力,使谈判开局就处于剑拔弩张的气氛中,对谈判进一步发展极为不利。进攻式开局策略通常只在这种情况下使用,即:发现谈判对手在刻意制造低调气氛,这种气氛对本方的讨价还价十分不利,如果不把这种气氛扭转过来,将损害本方的切实利益。进攻的开局策略可以扭转不利于己方的低调谈判气氛,使之走向自然气氛或高调气氛。

【案例 11-9】

谈判情景:张小冰公司刚购买两个月的空调又坏了,张小冰决定和对方公司经理好好谈判,如果对方不给出合理的解释,张小冰就要求退货。但是刚一到谈判桌上,丝毫没有什么开局气氛的营造,张小冰便开门见山。因为这两月来为这台空调机所受的冤枉气和满腹委屈,他一个劲地指责对方的不是。对方开始还不停地赔笑脸和道歉,并欲解释其故障可能产生的原因。听张小冰一味指责,对方的脸色慢慢地变得难看,也开始反唇相讥,责问张小冰是如何使用如何保护的,还说在别的地方并未出现这种情况。张小冰大为气愤,结果双方刚一谈判就相互争吵起来。

错误解析:张小冰的错误体现在谈判一开局就一味地指责对方。一般来说,这肯定解决不了问题,相反更有可能会激起对方的反感,轻则把张小冰的话当耳旁风,不予理睬,重则进行反击,发生争执,本案例就是进行了针锋相对的反击。谈判桌上,这种刚开局就一味指责对方的做法,根本无法建立双方友好的谈判气愤,只会给接下来的谈判蒙上阴影,使谈判陷入争吵的风波,甚至完全谈不下去。

解决策略:张小冰如果有谈判经验应该知道,开局就指责对方并不能解决问题,相反心平气和地解决问题不失为好办法。比如在谈判开局张小冰说:"我们购买贵公司的空调又出现故障了,对我们来说,空调不能顺利运转是不行的,这大家都知道。那么您认为用什么方法可以修复故障,您看是不是要重新更换一台?"这种有礼有节的谈判气氛,不会像一味指责那样,使得大家都陷入争吵的旋涡。我们要知道这个道理,就是谈判时,建立良好的开局谈判气氛,而不指责对方,对方会因感激而生回报之心,即使没有结果,也可以维持良好的人际关系,因为在生意场上我们不是做一锤子买卖啊。

禁忌 11.2.5 挑剔式的开局策略禁忌

挑剔式的开局策略是指对对手的某项错误或礼仪失误严加指责,使其感到内疚,并借以制造心理优势,迫使对方让步,使得谈判顺利地进行下去。一般来说,有过错一方对于谈判过程中的失礼和错误都有悔过之意,并有补偿的冲动,这是挑剔式开局策略应用的前提。指责对方是一种手段,目的是取得对方的让步从而实现己方的利益。但是需要注意的是挑剔也要有度,抓住别人的错误不放,在细节上过分挑剔,会让对方怀疑己方合作的诚意。如果挑剔的时间过长会让对方识破这是一种计谋,就会引起对方强烈的反抗。为了避免双方关系恶化,谈判陷入僵局,运用挑剔式的开局策略时应注意做到有理、有利、有节。

【案例 11-10】

谈判情景:日本一家著名的汽车公司在美国刚刚"登陆"时,急需找一家美国代理商来为其销售产品,以弥补他们不了解美国市场的缺陷。当日本汽车公司准备与美国的一家公司就此问题进行谈判时,日本公司的谈判代表路上塞车迟到了。美国公司的代表抓住这件事紧紧不放,想要以此为手段获取更多的优惠条件。日本公司的代表发现无路可退,于是站起来说:"我们十分抱歉耽误了你的时间，但是这绝非我们的本意，我们对美国的交通状况了解不足，所以导致了这个不愉快的结果，我希望我们不要再为这个无关紧要的问题耽误宝贵的时间了，如果因为这件事怀疑到我们合作的诚意，那么，我们只好结束这次谈判。我认为，我们所提出的优惠代理条件是不会在美国找不到合作伙伴的。”

日本代表的一席话说得美国代理商哑口无言，美国人也不想失去这次赚钱的机会，于是谈判顺利地进行下去。

错误解析：谈判过程中美方代表希望通过指责日方代表，来营造一种低调的谈判气氛，迫使对方做出让步。但因为日方洞察对方心理及时醒悟，看出这是美方运用的一种策略时，马上改变态度，针锋相对，最后以美国的让步作为和解的条件，使得谈判得以顺利进行。

解决策略：进攻式开局策略是指通过语言或行为来表达己方强硬的姿态，从而获得对方必要的尊重，并借以制造心理优势，使得谈判顺利地进行下去。采用进攻式开局策略一定要谨慎，因为，在谈判开局阶段就设法显示自己的实力，使谈判开局就处于剑拔弩张的气氛中，对谈判进一步发展极为不利。

本案例中，日本谈判代表采取进攻式的开局策略，阻止了美方谋求营造低调气氛的企图。

拓展性阅读

【拓展性阅读 1】

谈判开局气氛的营造

谈判气氛的营造应该服务于谈判的方针和策略，服务于谈判各阶段的任务，应该有利于谈判目标的实现。谈判气氛在不同特点的谈判中是不一样的，即使在一个谈判的过程中，影响谈判气氛的因素发生变化，也会使谈判气氛发生微妙的变化。谈判气氛有多种多样，有热烈的、积极的、友好的；也有冷淡的、对立的、紧张的；有平静的、严肃的，也有松懈的、懒散的；还有介于以上几种谈判气氛之间的自然气氛。而谈判开局阶段气氛的营造更为关键。因为这一阶段的气氛会直接影响到双方是否有一个良好的开端。一般来说，开局气氛如果是冷淡的、对立的、紧张的，或者是松懈的，都不利于谈判成功。谈判开局气氛也不大可能一下子就变成热烈的、积极的、友好的。

【拓展性阅读 2】

建立适当的谈判气氛

谈判气氛会影响谈判者的情绪和行为方式，进而影响到谈判的发展。谈判气氛受多种因素的影响。客观环境对谈判的气氛有重要影响，例如双方面临的政治形势、经济形势、市场变化、文化气氛、实力差距，以及谈判时的场所、天气、时间、突发事件等等。对于客观环境对气氛的影响，需要在谈判前做好充分准备，尽可能营造有利于谈判的环境气氛。谈判人员主观因素对谈判气氛的影响是直接的，在谈判开局阶段一项重要任务就是发挥谈判人的主观能动性营造良好的谈判气氛。谈判气氛的形成一般是通过双方相互介绍、寒暄，以及双方接触时的表情、姿态、动作，说话的语气等方面。谈判气氛的营造既表达双方谈判者对谈判的期望，也表达出谈判的策略特点，因此也是双方互相摸底的重要信息。

综合案例

SIIC与SFCL两公司合作谈判

中国上海工业仪表公司(SIIC)和美国福克斯波罗公司之间所进行的合作谈判,从20世纪80年代初期开始。1982年4月12日,双方在北京签订了为期20年的合资协议。上海—福克斯波罗有限公司(SFCL)作为这一次谈判的成功结晶,成为美国和中国最早成立的技术转让合资企业之一。而且更值得一提的是,它是首家涉及高技术转让的美中合资企业。

应该说,这场谈判从一开始,双方实力与地位的差距是悬殊的。美国福克斯波罗公司创建于1908年,到1985年它已成为在各种型号和不同复杂程度的气动和电子操纵仪器以及计算机控制系统方面领先全球的供应商。1984年福克斯波罗公司销售额超过5亿美元,业务范围涉及全球100多个国家,是一家规模巨大的跨国公司,在世界生产过程——控制设备市场拥有最大的份额。20世纪80年代初期的中国,刚刚走上改革开放的道路,市场机制还很不健全,在高新科技机械产品领域尚处在落后状态。而且,由于这一谈判涉及极为敏感的高技术转让,美国出口管理部门严格限制福克斯波罗公司向中国转让的产品和技术的种类。因此,对于中方谈判者来说,谈判的进行困难重重,要想取得谈判的成功是非常不容易的。

为了将谈判一步步向成功的方向指引,中方谈判者在充分了解对手和分析对手需要的基础上,首先向美国抛出了第一个"香饵":中国国家仪表和自动化局和美方进行初步接触并向美方发出邀请,请他们组成代表团到中国进行实地考察。在考察的过程中,中国方面巧妙地利用各种方式向美方展示了中国机械和汽车产品领域的光辉前景。中国力求美方确信,双方如果合作成功,将使福克斯波罗公司顺利占据这一世界上最后一个,同时也是最大的一个在电子操纵设备和计算机控制系统等业务方面尚未被开发的市场,而这一点则是福克斯波罗公司所迫切需要的。

通过考察,他们已被这一诱人的香饵深深吸引。紧接着,中方谈判者又不失时机地抛出第二个香饵:为表示合作的诚意,中方为美方特意选择了一个最佳伙伴——上海仪表公司。这使美方既省去了进行选择的成本费用,又深感满意。随着谈判进行到实质性磋商阶段,中方谈判者又拿出第三个香饵:根据中国法律规定,合资公司将享受最优惠的税收减免待遇。正是这一系列香饵的作用,才使中方逐渐扭转谈判中期被动的局面,并把这一历史性的谈判一步步推向成功。付出了香饵,得到了大鱼,通过成立合资公司,中方获得了先进的过程控制仪器生产技术。这将使中国在高技术机械产品方面达到一个新的水平,从而缩短了赶超世界先进水平的过程。

如果从谈判对手——福克斯波罗公司的角度出发,再考察这一谈判,就会发现,美方在谈判中同样巧妙地采用了这一策略。在双方刚刚接触的时候,福克斯波罗公司也不是没有竞争者。当时的赫尔威尼(Honeywell)、费舍(Fisher)控制公司以及其他行业的跨国公司也正虎视眈眈地盯着中国市场。福克斯波罗公司成功的原因一方面当然是由于该公司在技术方面的领先地位和丰富的专业化管理经验;另一方面是由于该公司抛出了诱人的香饵,福克斯波罗公司使中方确信,美方将保证使合资企业获得最先进的数字技术(而这恰恰是中方所梦寐以求的),并且美方向合资企业提供"学习产品"(即最初转让的产品)是投入应用仅九年且仍旧处于更新换代的先进产品——电子模拟生产线200型。正是这些中方迫切需要的诱人香饵,才使福克斯波罗公司最终甩开了其他竞争对手,获得了中国大陆这一富有潜力的巨大市场,为公司的长远发展开辟了道路。

复习思考题

一、情景模拟题

1. 把班级学生分为偶数小组，老师出一个谈判的命题，然后两两小组进行谈判模拟，老师与其余小组同学进行观察，指出他们谈判开局错误的地方，然后各个小组进行讨论。

2. 请同学自己去参加一次购物活动，有意识地把握谈判过程，并且把自己的开局策略记录下来。

二、案例分析

1. "您可以试用我一个月，不收工钱，只需要您在我的工作记录上签个字，它有助于我将来找工作。"学者指着那个五六岁的孩子说："她是谁？你还要照顾她吗？"他听到了更令人惊奇的回答："她是我的妹妹。她也是来找工作的，她可以用手推车推你的孩子去散步，她的工作是免费的。"

请分析以上案例的开局策略。

2. 一中国谈判小组赴中东某国进行一项工程承包谈判。在闲聊中，中方负责商务条款的成员无意中评论了中东盛行的伊斯兰教，引起对方成员的不悦。当谈及实质性问题时，对方较为激进的商务谈判人员丝毫不让步，并一再流露撤出谈判的意图。

问题：

(1)案例中沟通出现的障碍主要表现在什么方面？

(2)这种障碍导致谈判出现了什么局面？

三、简答题

1. 谈判气氛通过谈判人员的哪些行为会表现出来？

2. 根据谈判双方之间的不同关系怎样开好局？

任务12

商务谈判磋商禁忌

知识（技能）框架图

商务谈判磋商禁忌

- 心理禁忌
- 语言禁忌
- 肢体禁忌
- 策略禁忌
- 禁忌案例及错误解析

知识目标

- 了解商务谈判磋商阶段有哪些禁忌
- 理解这些禁忌的实质和内容

技能目标

- 能够明白磋商阶段所犯禁忌的原因
- 掌握禁忌的本质，避免犯错

任务导入

吉尔弗兰西斯和吉姆斯密斯作为负责公司生产的副总裁，最近为公司新厂选址提案争得面红耳赤。

吉尔选择南卡罗来纳州，其理由如下：吉尔怕冷，南卡罗来纳州人更友善；人工便宜，长期低税收，交通规划可使其与大部分东北地区相连；这个选择对她来说至关重要，因为她要在这个工厂呆3～5年。

吉姆选中密歇根。他发现密歇根更有优势：如劳动力素质高、基础设施完善、更有利的气候因素等，如果南卡罗来纳州的新的环境保护方案通过决议，公司的提案将被否决。此外，吉姆从小生长在密歇根，拥有许多亲人和朋友。

任务分析

当吉尔和吉姆两人坐在一起时，他们发现对方是在无视自己认真且具有洞察力的分析，谈判结果当然是无果而终。吉尔和吉姆为了“正确”的决策而尽了最大的努力，但是这并不够，因为他们的决策都是带有个人偏见的牺牲品。吉尔和吉姆在个人决策过程中不自觉加入了个人偏好色彩，表现出了个人的喜欢与不喜欢，却没有将公司的处境和利益纳入个人的决策过程，也不愿意"换个角度"站在对方的立场上进行辩论。

在谈判过程中，让对方相信自己的观点非常重要，但是如果只坚持自己的观点，就会让对方对谈判丧失信心 。在谈判中，试着将自己放到对方的角度进行换位思考非常重要，不能绞尽脑汁地证明对方的逻辑是错误的，而应尝试找出证据支持他们观点，客观地评价对方的利益要求。

主要知识和技能

禁忌12.1 磋商时的心理禁忌

禁忌12.1.1 必须避免出现的心理状态

1. 信心不足

在激烈的谈判中，谈判参与者如果信心不足，是很难取得成功的，即便达成了交易，也必将付出巨大的代价。在谈判中，八仙过海，各显神通，明比质量与价格，暗斗意志与智慧。谈判各方为了实现自己的目标，都试图调整自己的心理状态，从气势上压倒对方，以充分运用各种谈判策略与技巧。如果信心不足则无力支撑谈判的全过程，很可能在对方的攻击下，中途就败下阵来。信心十足是谈判人员从事谈判活动的必备要素。有了充足的信心，谈判人员才能使自己的才能得到充分展示，潜能得到充分发挥。在必胜信心的支持下，谈判人员能将自己的需求动机转变为需求行为，最终如愿以偿，使目标得到实现。所以，即使谈判出现十分困难的情形，谈判人员也一定不能表现出信心不足的姿态。

2. 热情过度

过分热情，会暴露自己的弱点和真实愿望，会给人以有求于人的错觉，这样就削弱了自己的谈判实力，提高了对手的地位，本来比较容易解决的问题却可能要付出更大的代价。就一般人而言，对于自己喜欢而无法得到的东西，会有一种强烈得到的愿望。但作为谈判人员，却要考虑对手的反应，要用自己的一言一行来牵制对方，力图让谈判的局面向有利于自己的方向发展。

当己方实力强于对方时，要让对方表现出热情很高，强烈要求和己方成交，从而维护自己的优势地位。当己方实力弱于对方时，要表现出热情但不过度，感兴趣却不强求，不卑不亢，处之泰然，这样反而会使对方对自身产生怀疑，从而增加己方谈判的力量。

当谈判出现分歧或僵局时，冷处理比热处理更有效。如提到另外一个竞争对手，对方的态度和条件可能就会发生变化。

3. 不知所措

当谈判出现某些令人棘手的问题时，如果没有心理准备，不知所措，就可能难以签订对自己有利的协议；或者对问题处理不当，不利于谈判的顺利进行。

在谈判中，谈判对手的性情不同，各种情形复杂多变难以预料。如有的谈判对手为一点小事纠缠不清，有的思路不同而令人难以解释，有的故意寻衅找事。当这些事情发生时，谈判人员应保持清醒的头脑，分析器原因所在，找出问题的症结。如果是对方蛮不讲理，肆意制造事端，就应毫不客气，不让对方得逞，以免被对方的气势所压倒，使对方从中牟利。如果己方亦有责任，则应以礼相待，消除隔阂，加强沟通。

当己方处于不利情形时，也不能惊慌失措，否则只会乱了自己，帮了对手。谈判人员一定要学会处变不惊，遇乱不烦。

禁忌 12.1.2　对不同类型谈判对手的禁忌

1. 与权力型对手谈判的禁忌

权力型对手以取得成功为满足，对权力与成功的期望都很高，对友好关系的期望则很低。这类人会尽力争取他认为重要的东西，极力想向对方施加影响，以强权取得利益。这类人的目标可能定的并不高，主要是为了能轻易达到，甚至轻易地超过目标。同这类人谈判，可让其负责谈判程序的准备以满足他的权力欲，让他第一个陈述，从而使他觉得自己获得了某种特权。但是要注意控制整个谈判的进程。

同这类人进行谈判的禁忌是：不让他插手谈判程序的安排；不听取他的建议；让他轻易得手；屈服于他的压力。

2. 与进取型对手谈判的禁忌

进取型对手以对别人和对谈判局势施加影响为满足。这类人的特点是：对成功和与对方保持良好关系的期望一般，对于权力的期望也一般。这类人能够与对方建立友好关系，能有力控制谈判过程。对成功的期望是只要他带回去的结果能使自己的上司和同事满意就行了，在必要的情况下会做出让步，达成一个勉强满意的交易，而不愿意使谈判破裂。

与这类人谈判的禁忌是：试图去支配他、控制他；压迫他做出过多的让步，提出相当苛刻的条件。

3. 与关系型对手谈判的禁忌

关系型对手以与别人保持良好的关系而感到满足。对成功与保持良好的关系期望很高，对权力的期望很低。这类人更加期望对他的上司及公司同事尽责，希望他谈成的协议能得到上司和同事的赞赏。同时也较多地注重与对方人员保持友好的关系。由于这类人热衷于搞好关系而不追求权力，其在谈判中更易于处于被动地位。

同这类人员进行谈判的禁忌是：不主动进攻；对他让步过多；对他的热情态度掉以轻心。

禁忌 12.1.3　与不同性格的对手谈判的禁忌

1. 与迟疑的人进行谈判的禁忌

这类人的心理特征是：第一，不信任对方。这类人不信任对方，没有特殊的理由，只是怕受骗上当。怀疑是他们保卫自己的一种手段，如果要令他们相信，就要拿出确凿的证据。第二，不让对方看透自己。他们希望自己有一块领地不被人知晓，对方稍有靠近就会敏锐地感觉到，并采取一些行动，误导对方的看法。第三，极端讨厌被说服。你想一下子说服他是不可能的，即便你的话是真的，并没有骗他，你说得越多，他越不相信。第四，不立即作出决定。这类人从来不仓促行事，做事要经过全面考虑才采取行动，不轻易相信别人，完全根据自己的感觉、自己的意志来行事，以至于有时会延误了时机。

与这类人谈判的禁忌：在心理上和空间上过分接近他；强迫他接受你的观点；喋喋不休地说服、催促他作出决定，不给予他充分的考虑时间。

2. 与唠叨的人进行谈判的禁忌

这类人的心理特征是：第一，具有强烈的自我意识，喋喋不休地谈到最后也说不出个所以然。他们内心深处都有不堪一击的弱点，尽力想用说话来弥补这个弱点。第二，爱刨根问底，凡事想通过自己来弄个明白。这类人坚持自己的看法，经常让人厌恶，浪费别人的时间。第三，好驳倒对方。他们经常说这也不行，那也不是，利用种种手段驳倒对方，看到对方被驳倒时灰溜溜的样子，有一种满足感。第四，心情较为开朗。唠叨是某些人的习惯，不唠叨就难受，把想说的都毫不客气地说出来后，心情就会开朗，这种人并没有多少心机。

同这类人谈判的禁忌是：有问必答，这样会没有尽头；和他辩论，即使在道理上能胜他，但买卖依然不能成交；表现出不耐烦；胆怯，想开溜。

3. 与沉默的人进行谈判的禁忌

这类人的心理特点是：第一，不自信。由于不善言辞，生怕被人误解或小看，这类人常常闷闷不乐，具有自卑感。第二，想逃避。他们对于说话一事感到很麻烦，从来不会因没有说话而感到不自在，自然而然地以听者自居。他们表现欲差，不愿在人多的场合出头露面，对事物的认识依赖直觉，对好恶反应极为强烈。第三，行为表情不一致。当他面带微笑时，可能内心正处于一种焦虑和不耐烦的心态。第四，给人不热情的感觉。这些人看似态度傲慢，其实，内心深处也有一种愿为人做些事情的想法。

与这类人谈判的禁忌是：不善察言观色；感到畏惧；以寡言对沉默；强行与之接触。

4. 与顽固的人进行谈判的禁忌

这类人的心理具有如下特点：第一，非常固执，你说东，他说西。你越想说服他，他会更加固执地抵抗。这种人很难后退一步，合作起来会不愉快。第二，自信自满。他们自以为无所不能，认识事物带有片面性，只按自己的标准行事，往往听不进别人的意见。第三，控制别人。他们经常对某事拘泥于形式，深信自己的所作所为是绝对正确的，怕自己深信的一切被别人修正。此外，想让别人也按他的意志行事。第四，不愿有所拘束，个性外向者居多。这类人精力充沛，做起事来很有魄力。

与这类人员的谈判禁忌是：缺乏耐心，急于达成交易；强制他，企图说服他；对产品不加详细说明；太软弱。

5. 与情绪型的人进行谈判的禁忌

这类人的性格特征是：第一，容易激动。他们看到新东西有好奇心，如果很合他的意，马上就会表露出来，一般说来，很难掩饰其内心的变化。第二，情绪变化快，兴趣和注意力容易转移。这类人高兴时有种莫名的冲动，沉不住气，对谁都笑容可掬；心情不好时，敏感的情绪会迅速变化，有时甚至失去控制，恶语伤人。第三，任性，见异思迁。他们什么事情都希望由着他的性子办，情绪不稳定，一般没有知心的朋友，较为孤寂。

与这类人谈判的禁忌是：不善察言观色，抓不住时机；找不到他的兴趣所在；打持久战。

禁忌 12.2　磋商时的语言禁忌

1. 谈判用语

谈判用语指在洽谈中如何在恰当的时机选择适当的词语，表明自己的立场、观点、态度和意思。谈判中常见的用语有5种，即礼节性交际语言、专业性的交易语言、弹性语言、幽默语言以及劝诱性语言。

谈判用语的基本要求是清晰、明确，能充分、完整、快速、确切地表达己方的意见和意思。必须注意的是，由于礼仪的规范，洽谈中话语的字面含义同其实际表达的隐含意义并非完全一致。有时字面含义是简单无歧义的，但背后却蕴含了复杂微妙的意思。能透过对方话语的字面含义识破其心机，深入、准确把握对方的意思从而作出相应的反应，这是谈判人员应具备的一项重要素质。既能遵守礼仪、维护洽谈气氛，又能维护己方利益的谈判人员是难能可贵的。

2. 语速和语调、音量

语速和说话的节奏对意思的表达有较大影响。说话太快，一下子讲得很多而无停顿，会使对方难以明白你说话的主要意思，难以集中注意力去正确领会、把握你的实际意思。有时还会使对方误认为你在为完成某项工作而敷衍了事，于是他不再费神倾听，导致双方的语言交流不畅，难以沟通。反之，说话太慢，节奏不当，吞吞吐吐，欲言又止，易被人认为不可信任或过于紧张。因此，洽谈中陈述意见时应尽量保持平稳、中速进行，在特殊情况下，适当改变一下语速，以期引起特别注意和加强表达效果。

说话的语调、声音大小也对表达有一定影响。不同语调可以使同一句话表达出不同的含义，而声音大小则反映说话者一定的心理活动、感情色彩或某种暗含的意思。在洽谈中，一般问题的阐述应使用正常的语调，保持能让对方清晰听见而不引起反感的高低适中的音量。适当的时候，为了强调自己的立场、观点，尤其在针对有分歧的问题时，可调整语调和音量来增加话语的分量，加强表达的效果。一般地，升调表达的是一种惊讶、不可思议、难以承受的感情和意思，降调则反映某种遗憾、无可奈何或失望灰心的心理活动。声音的高低起伏表明说话者的某种情绪波动，有时是有意识的表达需要，有时则是潜意识的自然流露。谈判人员需对洽谈对手的话语敏锐把握，同时对自己的话语表达加强控制，不能出现音调、音量失控的情况，否则就不符合洽谈活动本来的目的，也有损自己的礼仪形象。

禁忌12.3　磋商时的肢体禁忌

1. 体态和手势

体态是一种身体语言。洽谈中，一些不经意的动作可能透露出有关内心动态的有用信息。人在某种环境下，可以通过自觉的意识，在语言、语气等方面显示出强硬和雄辩，表现得信心十足、决不后退，但因为内心不踏实、没有把握，便在下意识中借助一些动作来掩饰自己，平衡内心的紧张和冲突。在谈判中谈判人员可能会由于气氛紧张而下意识地出现一些不好的动作，而这些动作会让对方察觉到并判断出谈判者的内心活动，因此谈判人员应十分注意避免失态。主要的禁忌动作如下：

①频繁地擦汗、抚摸下颌、敲击桌面等都反映心情的紧张不安。

②有意做出某种手势易给人以虚假做作的感觉。

③手势过多过密，就会分散对方的注意力，甚至引起对方厌烦心理。

④做手势时如果动作太大，或是将手伸到越过双方距离中界线的地方，会让对方感觉侵入了自己的身体空间，有故意挑衅之嫌。

⑤双手一般不要超过双肩以内的范围，否则会给人以手舞足蹈、轻浮乃至轻狂不实在的印

象。

⑥手势也不可太拘谨，生硬怯懦，缩手缩脚，既显得缺乏应有的自信，也难以引起他人对你的信赖感。

⑦手势要注意与说话的语速、音调以及声音大小密切配合，不能出现脱节的滑稽情况。

2. 距离

人与人之间的空间距离与心理距离联系密切，空间距离的大小直接影响着洽谈双方心理上的距离。一般情况下，人们在交谈时，无论站或坐，都要保持一定的距离，避免直接相对。而在洽谈活动中双方却是直接面对，没有什么回旋的余地，这使得在洽谈活动中，空间距离变得更为敏感。谈判中，较合适的双方距离应在1～1.5米之间，这个距离也是谈判桌的常规宽度。距离太远，双方交谈不方便，难以相互解禁，有谈不到一起的感觉；距离太近声息相通，表现出人为地过分亲近，使人觉得不自在，难以进行良好的交流。

【案例 12-1】

美国有家石油公司的经理曾经与石油输出国组织的一位阿拉伯代表谈判石油进出口协议。谈判中，阿拉伯代表谈性渐浓时，身体也逐渐靠拢过来，直到与美方经理只有15厘米的距离才停下来。美方经理稍感不舒服，就向后退了一退，使两个人之间保持60厘米的距离。只见阿拉伯代表的眉头皱了一下，略为迟疑后又边谈边靠了过来。美方经理并没意识到什么，因为他对中东地区的风俗习惯不太熟悉，所以他随即又向后退了一退，这时他发现他的助手正在焦急地向他摇头示意，用眼神阻止他这样做，美方经理虽然并不完全明白助手的意思，但他终于停止了后退。于是，在阿拉伯代表感到十分自然，美方经理感到十分别扭的状态下达成了使双方满意的协议，交易成功了。事后，美方经理在了解了阿拉伯人的谈判习惯后感慨地说："好险！差点断送了一笔如此重要的石油买卖。"

（资料来源：夏圣亭. 商务谈判技术. 第一版. 高等教育出版社，2000年.）

分析提示：美国人交谈时，习惯保持约0.9米的距离，而阿拉伯富有阶层比较好客，讲情义，重信用，谈判前先要建立友情，对朋友什么都好说好办，阿拉伯人喜欢近距离交谈。

禁忌 12.4　磋商时的策略禁忌

1. 报价时的禁忌

(1)开盘价过低或者过高

卖方的开盘价绝不能开得过低，而必须是"最高的"，但必须合乎情理。这是因为：

①开盘价是最高的要价限度。开盘价一经确定，一般来说，就不能提出更高的要价了。更不能以为对方会接受更高的价格。

②开盘价会影响买方对卖方的商品或劳务的印象和评价。

③开盘价高，能为以后的磋商留下充分的余地。

④开盘价对最终成交水平具有实质性的影响。我们的要求和目标越高，最终能够得到的好处就越多。

开盘价要报得高些，但同时也必须合乎情理，要能够讲得通。如果报价过高、讲不出道理，肯定会有损谈判的进程，对方会认为这是一种冒犯；而且，如果在以后阶段的谈判中对方提出质问，将无言可答，会使自己丢脸，丧失信誉，而且很快还得被迫让步。

报价通常要包括一系列内容。商务谈判的开盘价，不单是价格问题，还要包括交货条件、支付手段、质量标准和其他一系列内容。“最高可行价”不是一个绝对的数字，而是取决于特定的具体场合的相对数字。特别是它与对方进行交易的方式和态度直接相关。

(2)报价时犹豫含糊

开盘价要坚定而果断地提出，没有保留，毫不犹豫。这样才会给人留下我方是诚实而认真的谈判伙伴的印象。报价要非常明确，以便对方准确地了解我方的期望。可以借助于直观的

方法进行报价，比如，在宣读报价表的时候，拿出一张纸把数字写下来，并让对方看见，这样就能使报价更加明确无误。

报价时不必做任何解释或说明。没有必要为那些合乎情理的事情进行解释，也没有必要多做说明，因为对方肯定会对有关报价提出问题的。如果在对方提问之前，我方主动加以说明，会使对方意识到我们最关心的问题，这种问题，他们过去可能从未考虑过。因此，应该按照以下三项原则报价：坚定、清楚、不加解释和说明。

报价是谈判磋商的基础，报价起点过高或过低对后期的讨价还价都不利，因此报价的起点很重要。一般情况下，作为卖方一定要在遵循报价原则的基础上报最高的价，以便留出与对方讨价还价的余地；作为买方一定要报低价，同样也是为了进一步的磋商有足够的余地。切忌一次报到目标价格，没有回旋的余地，这样即使对方获取了很多的利益，他的心理依然处于一种疑惑状态，总觉得自己吃亏了。另外，对于初次报价也不应该直接接受。

【案例 12-2】

有家跨国公司与盖温联系，请他为公司的高级经理办一次有关谈判问题的两小时研讨会。公司董事长事前约见了他，征询对研讨会讨论主题的意见，盖温扼要讲了对于谈判者而言最不该做的事是接受对方第一次出价的观点。董事长极为赞同，说：“这个主题好，能使我的人受益匪浅。”接下来还谈了些其他细节，他要盖温放手去做，临告别时，盖温提到了报酬问题。

董事长问：“你想要多少？”

盖温说：“通常都是一天一千八百磅。”心想他大概会嫌要价太高。

哪知他回答得很痛快：“成！请开发票来。”

至今，盖温还是搞不清该要多少劳务费才算合适。

(资料来源：王景山. 商务谈判. 第一版. 北京理工大学出版社，2007 年)

分析提示：本案例中，作为谈判专家的盖温给公司的员工讲有关报价的问题，自己却在实际当中犯了个大错，就是要价过低，其实也许他要价并不低，他并没有错，错就错在公司董事长痛快地答应了他的第一次要价，给他造成心理上永久的难以解开的迷惑，总觉得自己吃亏了，其实也未必。因此，报价时双方都要留有磋商的余地，而且不要痛快地接受对方的第一次出价。这样对双方都有好处。

2. 还价时的禁忌

(1)第一次还价过急

第一次还价相当于双方互相摊牌的过程，还价相当于使谈判按自己订立的标准重新为谈判设立了基准点。这一过程，实际上包含了许多隐蔽的信息，比如双方态度的真诚、实力的大小以及自信程度等。因此，报完价后不能急于进行还价，可以找一些合理的理由进行讨价，比如：提及竞品的价格进行对比同时给对方一定的压力；或者以惊讶的表情或为难的表情说“太

贵了，实在是没法接受"等。

(2)还价的幅度太小

如果还价一方还出的价格离报价方报的价格太近，就无法为后面的讨价还价留下空间，也很难维护已方的利益。因此还价的幅度一定要大，既要让对方很难接受又舍不得放弃。

3. 让步时的禁忌

(1)让步幅度过大

让步幅度过大，一旦对方再次提出让步要求，将使自己陷入无路可退的境地。

(2)一次到位的让步

一次到位的让步方式，会让对方觉得仍有可以挖掘的空间，而实际上已方已无退路可走。这样通常会给让步方带来很大的损失。

【案例12-3】

某外贸公司的业务员在与一位来自迪拜的客人洽谈黑白电视机出口业务时，由于成交心切，很快就接受了对方的还价，而这个还价已经是该业务员的成本底价。在即将签约的时候，外商又提出来为了帮助销售，要求电视机的包装箱要用彩印而不是通常的单色印刷，这一要求为该业务员带来了进一步的成本压力，但是眼看着即将到手的订单，该业务员不得不再次做出让步，尽管损失不是很大，但也尝到了一步到位让步所带来的苦果。

（资料来源：张志. 国际商务谈判. 第一版. 大连理工大学出版社，2008年.）

4. 出现僵局时的禁忌

①不采取措施，而是一味地相互攻击、激烈地争吵。争吵无助于矛盾的解决，只能使矛盾激化。如果谈判双方出现争吵，就会使双方对立情绪加重，从而容易造成僵局。僵局一旦形成很有可能使谈判走向破裂，谈判的风险就会加大。即使一方在争吵中获胜，另一方无论从感情上还是心理上都很难持相同的意见，谈判仍有重重障碍。因此，在磋商阶段应避免与对方产生争吵，而应该据理力争，尽力保持一个好的谈判氛围。

②为了打破僵局，在对方的压力下，轻易改变自己原来的立场，作出原则性让步。

③玩弄花招，企图强硬地征服对方。

以上三点，是在贸易谈判中，谈判人员应极力避免的，否则会招致谈判的失败。正确的行动和方法如下：首先是尽可能避免出现僵持局面。这需要使用我们讨论过的在谈判开始及随后阶段所采用的那些技巧。但是，一旦发现已经陷入僵局，就需要设法解决双方的真正分歧问题。打破僵局的基本原则，必须符合人之常情。人们一旦坚定了他们在谈判中所持的立场，就很难轻易动摇。原因之一是，他们所处的地位（从他所代表的企业的意义上讲）使他们不得动摇自己的立场；同时，又因为一旦发生了动摇，他们个人的信誉就岌岌可危了。这种"个人"的信誉指的是谈判人员的"面子"。他们总是竭力保住自己的面子、身份、信誉、尊严。我们必须始终注意确保对方在不丢失面子的情况下做出让步。这意味着在每轮磋商中，都要显示出谈判双方已经获得了好处，都在达成一项体面的协议。如果想通过玩弄手法，强硬地征服对方的谈判人员，那注定会以失败告终。现在让我们回到各自存在的真正分歧这个问题上。它影响的不单是谈判人员的面子问题，而且还关系到企业的利益。第一个原则是采取灵活方式解决分歧。我们以前举的例子都是关于价格方面的，这给人的印象似乎只有价格才可以变动。事实上，价格只是整个贸易洽谈中诸多可变因素中的一个。价格，对于一方来说可能意义重大，但另一方不一定把它放在首位，他更关心的可能是交货问题，他可能准备放松价格条件以换取交货条件的改善，从而双方可以避开尖锐的价格问题。这种互相让步方式的谈判只有在横向谈判中，在双方全盘报价(价格、交货、质量、支付条件等)之后，才有可能。如果磋商是垂直进行的，就不太可能了。也就是说，当焦点仅集中在一个议题(价格)上，出现了分歧，并且由于双方激烈的争吵，使大家动了感情，以至互相攻击，在这种情况下，就不可能使用上述解决办法了。所以，打破因真正分歧而出现的僵局的首要原则，是保持灵活性。第二个原则是寻找一条避开矛盾的道路。例如，谈判人员可能在价格上的分歧很深刻，面临陷入僵局的困境。但是如果仅在价格问题上存在争议，肯定会有其他避免陷入僵局的道路，如：讨论贴现的问题，讨论付款条件问题，讨论变换产品规格问题，讨论质量检验问题，讨论老产品折价问题，等等。第三个原则是暂停谈判。这既可以用于一次性谈判的中间(休息)，也可以用于谈判中间的小憩。在休息结束后(可能是一个小憩也可能是较长的间歇)提出可以接受的、能打破僵局的方案，开始重新讨论。这时，先制订一个双方一致同意的议程，然后逐步向摸底阶段过渡。如果已经使用了这些技巧仍不奏效，洽谈双方之间的争议仍有导致出现僵局的可能，怎么办呢？一般地说，这些措施都不奏效的情况不会很快地产生。有经验的谈判人员在别人发现上述措施无效而有必要变换策略以前，往往已经走在前面了。如果所有措施都宣告失败，不妨改变一下谈判气氛。谈判小组长可以把谈判搬到“高尔夫球俱乐部”之类的地方去。双方谈判人员可以在开诚布公、坦率和诚恳的气氛中进行非正式交谈，这样，可以缓和谈判大厅里逐渐凝聚起来的剑拔弩张的气氛，特别是在谈判小组领导者本人还未卷入谈判大厅里的激烈斗争的话，他可以举办一个冷餐会。如果这种方式可以使紧张气氛暂时缓和下来，则谈判局面就被控制住了。改变洽谈气氛的第二个办法，是调换一批谈判小组成员。第三，把老板请出来。第四，引入第三方作为中间人，或由第三方作为主席主持下一步的谈判。

5. 最后一次报价的禁忌

①报价过晚，或者过于匆忙。

②让步幅度太大，显得过于慷慨，让步幅度太小，显得毫无意义。有时，当谈判进展到最后，双方只是在最后的某一两个问题上有不同意见，需要通过让步才能求得一致，签订协议。在碰到这种情况时，怎样作出最后让步呢？第一，最后让步的时间，不能过早，也不能过晚。第二，最后让步的幅度，不能太大，也不能大小。在让步的时间上，如果让步过早，对方会认为这是前一阶段讨价还价的结果，而不认为这是本方为达成协议而作出的终局性的最后让步。这样对方就会得寸进尺，继续步步紧逼。如果让步时间过晚，往往会削弱对对方的影响和刺激作用，并增加了前面谈判的难度。为了选择最佳的让步时间，使最后的让步达到最佳的效果，比较好的做法是将最后的让步分成两个部分，主要部分在最后期限之前作出，以便让对方有足够的时间来品味；而次要部分作为最后的“甜头”，要排在最后时刻作出。这就犹如一顿丰盛的酒宴，最后让步中的主要部分恰似最后一道大菜，掀起一个高潮，也是最后的高潮，而次要部分的让步则似在大菜之后，酒宴结束时上桌的最后一碟水果，使人吃后感到十分舒心。在让步幅度上，如果幅度太大，对方反而不大相信这是本企业的最后让步；如果让步幅度过小，对方会认为微不足道，难以满足。那么最后的让步幅度多大为合适呢？在决定最后让步的幅度时，要考虑的一个重要因素是对方接受让步的个人在对方组织中的地位或级别。在许多情况下，到谈判的最后关头，往往对方管理部门中的重要高级主管会出面，参加或主持谈判，这时最后让步的幅度必须满足以下两项要求。第一，幅度比较大，大到刚好能够满足该主管维持他的地位和尊严的需要。换句话说，要给他足够的面子。第二，幅度又不能过大，如果过大，往往会使该主管

指责他的部下没有做好工作，并坚持要求他们继续谈判。在本方作出最后的让步之后，必须保持坚定。因为对方会想方设法来验证我方立场的坚定性，判断本方的让步是不是真正的终局的或最后的。

禁忌12.5 磋商阶段的禁忌案例及错误解析

1. 在谈判中只顾说而忘记了听

谈判情景：三个月前，老汪与一家公司就一项投资问题进行谈判。谈判一开始，老汪们便滔滔不绝地向对方介绍情况，而对方代表却是一言不发，埋头记录。当老汪征求他们的意见时，他们却表示："对不起，请让我们回去研究研究。"一月后，第二轮谈判开始了，对方是另一群人员，他们申明不了解情况，老汪便重复说明了一次，而且介绍得比上一次更详尽。谁知，老汪讲完后，他们仍以回去研究为理由结束了这一轮谈判。三个月过去了，老汪没有得到对方的任何回音，正烦躁不安，怀疑对方没有诚意时，对方却突然派了由董事长亲率的代表团飞抵老汪处。老汪毫无准备，仓促应战，对方却抛出最后方案，以迅雷不及掩耳之势，催逼老汪讨论全部细节，措手不及和被动可想而知。因为对方已熟悉老汪的方案，老汪在谈判中节节败退，最后不得不达成一项更有利于对方的协议。

错误解析：谈判一开始，老汪便滔滔不绝地叙说，没有或者很少听对方的话语，因而不能洞悉对方的动机和意图；相反，对方却对老汪的意图了解得一清二楚，并从老汪的叙谈中挖掘出有利于他们的材料，有针对性地调整自己的方案，有策略地迫使老汪签订了不利于自己的协议。这就是老汪说得多听得少或者说得多没有听的结果，过分地叙说使老汪最终处于被动地位，任由对方牵着鼻子走。

解决策略：在谈判中应该采用多听少说的策略，这样可以洞悉对手实力，制订扬己之长、克敌之短的谈判方案。老汪要做到"恭听"，在倾听时充分表达出对对方的尊重、关注和兴趣，全神贯注，双目注视对方，必要时辅以适当的神情、动作(如点头、微笑等)，切忌漫不经心，甚至显得不耐烦，扰乱对方的说话兴致。要善于听，"耳到，眼到，脑到"。"听全"，包括一些数字，尤其不要因某些自己主观上的原因漏掉自以为是不重要的东西；"听透"，听完一个片断后，善于归纳，理清头绪，把握中心，捕捉意图或找出破绽；"察言"也"观色"，充分搜集和利用一些无言的信息；"听破"，听出对方的"弦外之音"，了解对方的意向和策略。总之，多听少说，善用倾听的技巧有助于老汪取得谈判的胜利。

2. 谈判时不善于控制自己的情绪

谈判情景：小宋作为保险公司的理赔员，真有些难过：不知这次与电影公司的赔偿谈判会如何，自己公司恐怕又得赔不少钱吧！"不知哪来这么多事故"，小宋心里想。谈判一开始，小宋首先发表意见："先生，您的要价，我们恐怕无法承受，我们公司只能付2万元赔偿金，您觉得如何呢？"对方表情严肃且沉默着。小宋沉不住气了，又说："抱歉，请不要介意我刚才的提议，3万吧，如何？"对方依然是一阵长久的沉默。小宋急了："4万总可以吧？"对方沉思道："很抱歉，这个价钱恐怕不能接受。""那么5万元吧？"小宋更急了。对方疑惑地："5万元，恐怕不行。""好，再加1万，6万？"小宋又气又急。对方却依然踌躇着，好一阵才缓缓地说："6万元？唉！……"小宋真希望他能点头答应，但他仍然沉默。就这样，小宋急切地加码，而对方却一味地重复着他的沉默，重复着他那疑虑痛苦的表情和百说不厌的老话。最后，小宋以8万元达成协议，这笔钱让小宋心痛了好一阵子。

错误解析：如果控制不住自己的情绪，小宋就不可能理智地思考问题，更不可能把握住事物的变化，不能敏锐地抓住对方的漏洞，寻求正确的解决办法。小宋不能控制住自己的情绪，在谈判中就忍受不了对方的冷静和沉默，因此会急躁地进行讨价还价，很容易让对方抓住小宋情绪上的弱点，攻破小宋的心理防线，自然就失败于对方，使谈判结果趋向于有利对方的一面。

解决策略：谈判比拼的是意志，是耐心，是城府，哪方先控制不住情绪，哪方先不利。敏锐地观察事情的发展变化，才能找到突破口，找准对方的可攻击点，制订"克敌制胜"的策略。尤其是在谈判进行到关键阶段时，小宋不妨学习对方，沉默寡言，甚至一言不发，以此激怒对方，要求对方表态，迫使对方说出自己的真正意图，然后抓住对方的薄弱环节，出其不意，迅速出击，从而攻破对方的心理防线，达成有利于小宋的谈判协议。尤其是当对方处于优势，而自己处于劣势时，更要沉着冷静，采取以退为进的办法，静观其变，然后伺机攻破对方心理防线，争取有利谈判协议的签署。

3. 被对方的红白脸双簧策略所迷惑

谈判情景：现在，IT 行业竞争日趋激烈，赵工所代理的产品已经过时。要想摆脱困难局面，赵工想，最好能与一家软件开发公司达成长期合作的协议，而这家公司要能不断推陈出新，设计出新的好的软件产品。几经考查和调研，赵工选中了一家这样的软件开发公司。初步交涉，对方已有合作之意向，于是开始制订具体的合作计划，拟定具体的谈判议程。谈判时间到了，赵工带领助手前去，对方亦是两位平级的部门经理。相互交换了计划书后，开始就一些具体条款进行协商，在预付款和结款时间方面，双方分歧较大，对方的一位经理要求赵工预付30%，每季结算一次，赵工无法答应，双方开始了争执。他的态度十分强硬，且言语粗俗，甚至责问赵工有没有合作诚意。眼看赵工也快要动气，谈判将要陷入僵局，对方的另一位经理马上站起来，满脸笑容，极其温和地对赵工说："我看这样好不好？"他接着取消了30%的预付款，但在结算时间上按月一结，并相应改动了其他一些条款。赵工觉得这个人还不错，温和有礼，不让人讨厌，于是愉快地与其达成协议。

错误解析：红白脸双簧策略，就好像刚刚吃完苦瓜，立即给赵工一点甜品，便觉得其甜美可口之极一样。其实这点甜品，既不甘甜，也不精美，更不考究，但有了先前的苦的对比，便觉其甜乃世界之最了。人的味觉会给人这样的心理感应，那么不同的人给予赵工的行为态度同样会让赵工产生错觉。相比之下，赵工会觉得后面这位"善人"有修养且不知要比先前那位"坏人"好多少倍，于是乎他提出的条件也比先前的合理，他的让步也更大些，不知不觉，赵工便签了一份实质上并未发生多大变化的协议。

解决策略：影视剧里，警察要诱使犯罪嫌疑人吐露真实情报，会一个扮白脸一个扮黑脸，分别扮演"好"、"坏"两种角色，施行软硬两种手段。谈判中也有这种情况出现。当谈判无法进行时，"坏人"旁边的起初很少开口的人就会站起来，很友善地与赵工交涉。于是，赵工不由自主地想，事情本来会更糟糕，现在能达成这样的交易也不错了。其实，赵工应该认识到"好人"和"坏人"是站在同一战线上，同穿一条裤子的，他们的最终目的都是从赵工身上获取他们想要的东西，只不过方法和手段略有改变罢了。面对此种情况，赵工完全可以采取如下对策：当众责备对方或向对方的上司提出抗议，找出对方的"仙人掌"，再挑掉他们的"刺"；以牙还牙，也同样扮演"坏人"的角色，或者干脆退出商谈；让他自说自话或者装聋作哑；撤回自己原来的承诺，将"皮球"踢回去。

4. 斤斤计较对手的失当言行，不顾及对方的脸面

谈判情景：随着公司业务量的不断上涨，公司规模越来越大，原来的办公楼便显得狭小，为了改善这一状况，小林征得了一块地皮，准备在上面修建办公大楼。经过审查和筛选，小林和一位有着良好口碑的建筑公司的工程承包负责人进行了谈判。几番讨论，几次交流，双方大体意见统一，小林便要求对方出具具体的计划书和可行性分析报告。计划书出来了，小林仔细严格地审核了每一条款，重新计算每一笔数据，最后发现有两处的计算不对，询问情况后才知道是他的计算方法有偏差，从而导致错误的计算结果。小林当时便抓住这点，尽小林所能，嘲笑他的无知，不管他脸色由红变白，由青到黑。此后的谈判，小林还不时提起，甚至有他人在场的情况下，小林也不顾及他的脸面，拿他取笑。

错误解析：小林不给对方留面子，当众嘲笑他，是极端无礼的行为。小林或许可以以此获得良好的谈判结果，也可能就此争取到最大的优惠，但留给对方的是难堪甚至耻辱，而这种苦涩的记忆将伴随着他与小林们的合作。他没有结束谈判，不意味着他不记恨也不意味着他以后不会发起反击。因为人的面子是不可以轻易丢失的，人的自尊也不是可以随便伤害的。

解决策略：谈判中，小林是否尊重谈判对方，是否顾及谈判对方的面子，不仅会影响到对方的心态、情绪，也会影响到对方的合作态度，还会影响到双方日后发展合作的前景。如果对方在谈判中感觉受到尊重，就会在合作中显得友好、宽容、热情，反之，会变得冷漠、消极、不服气、恼怒，个别气量狭小者，还可能不顾一切后果试图报复。所以，一个优秀的谈判者，应当注意顾全对方的面子，在言辞上应用这些话语："我想你的员工也许误导了你……""我知道你考虑问题一向比较周到而长远，可能是贵方某些职员一时疏忽了，你看这个方面……""你刚才提的建议我觉得都很有价值，值得考虑，只是还有两点我不太理解，想请教一下，这就是……"总之，把错误归咎于第三方，把责任从对方身上引开，给对方一个保全面子的台阶。

5. 谈判时掺杂个人感情，不能将人与问题分开

谈判情景：当罗刚踏进谈判室的大门，他便愣住了，对方的谈判主代表居然是三年前害得罗刚差点倾家荡产的"仇人"。那时，罗刚刚下海不久，在一个偶然的机会中，认识了他，彼此谈得甚为投机，便接受他的建议，把全部资金投入到一个新项目中。结果是他拿了不少的好处费，罗刚的投资却惨遭失败。更令人气愤的是，他从此无影无踪。今天相见，罗刚自然怒火中烧，但为了谈判，罗刚不得不强压对他的仇恨与怒火。罗刚认定这个人是处处设圈套，处处为自己着想，不顾及别人死活的小人。所以，谈判中，对他的陈述，罗刚听而不闻，对他的发问，罗刚概不作答，对他的合理性建议，罗刚一口回绝。谈判完全成为罗刚对这个人的抵制，而不是就双方要解决的问题进行协调和商议，后来，这场谈判因不能再进行下去而破裂。

错误解析：不要说罗刚曾受过他的伤害，就是普通人，因为对事物的看法不一致，也难免会对对方产生敌对情绪。在看待问题或处理事情时，蒙上个人的情感色彩，是完全正常的反应和现象。问题的关键是，掺杂个人情感，很有可能会让情感超越理智，把简单的事情弄得模糊而难以解决，把对人的看法与对问题的分析评价混杂起来，只能是徒增烦恼，解决不了任何实际问题，对谈判极为有害。

解决策略：现实生活中，感情问题影响谈判的情形多如牛毛。因感情用事而留下遗憾的事例也不计其数。谈判中，要想避免这种方法就得坚持实事求是，具体问题具体解决，先把人与问题分开，然后单独处理。例如：把对方视为问题的解决者，根据谈判的实际情况决定是否温和地对待对方，而对待问题则要据理力争，不可轻易放弃利益。尽管罗刚觉得对方是个卑鄙小人，也不可对对方持怀疑态度，因为罗刚是否信任对方与谈判是否成功没有太大关系；坚持人际问题用人际关系处理。不以迁就人际关系做出实质性让步；坚持心理问题用心理战术对付，发现自己的观点不够正确，要及早纠正；如果双方存在误解，应改善双方关系，加强意见的沟通。

6. 被对方的"最后通牒"所吓倒

谈判情景：公司急需采购一批办公用品，汤芳急匆匆地赶到商场计划预订。因为对几种商品的价格争议很大，双方费了很多口舌，未能达成协议。乘汤芳思索之际，对方突然下达最后通牒：就这个价，要么买要么不买。汤芳一听，心想：对方敢这样说话，或许已是最低价了，而且他的质量胜过其他商场，理应价高些，还有可能是别的地方没有这种商品。汤芳诚惶诚恐，唯恐失去这笔货物，马上答应了对方的条件。但出了商场汤芳才发现，其他商场里也有同样的货物，而且价格还要低一点，汤芳为对方做出的种种假设纯粹是说服自己的借口，汤芳为这次的失误丧失了不少的钱财。

错误解析：在没有弄清对方下达最后通牒的真实用意，没有摸准对方的真正目的之前，就被对方的最后通牒给吓倒，屈服于对方的压力，做出很大牺牲的做法，是缺乏应变力、承受力的表现，也是没有耐力、没有信心的表现。通常，交易谈判中这种最后通牒的策略是很常见的，汤芳若不能识破，只会损失自己的利益。

解决策略：汤芳遇到这种坚定而不礼貌的最后通牒，不要屈从于压力，先给自己一段时间，冷静地分析出对方的真正意思，才不会做出错误的决策。比如：假装没听见对方所说的话，提出抗议或要求对方的上司来直接谈判，必要时，暂且退出商谈等等。也许对方的信心并不像他说的那么坚定，汤芳这样做就可能动摇他的信心，自动收回发出的最后通牒。还有，遇到这种最后通牒，汤芳可以改变交易的性质，增加或减少定货量，改变对商品品质和规格的要求，延长或缩短交货期限等等，再与对方商谈新的底价。这样，汤芳找出了一个顾全双方面子的方法，让对方不露痕迹地自动让步，他的最后通牒便会自动失效。总之，不要被对方的最后通牒吓得手足无措，冷静、客观地寻求新的策略，打破僵局，重新谈判，为自己争取到利益，取得谈判的成功。

7. 面对强大的谈判对手，一味退缩忍让

谈判情景：这是一场力量悬殊的谈判，对方是几家大公司的联合代表，资历深，水平高，而万小山这边，只是一家新兴产业的中型公司。谈判一开始，对方便是一副居高临下的姿态，言辞犀利，咄咄逼人，甚至对万小山的陈述，也抱漫不经心态度。万小山对此不做任何反应，认为强大的对手必是盛气凌人、骄横无礼的。谈判进入讨价还价阶段，对方的要求甚是苛刻，忽视万小山的合理建议，并迫使万小山在他们的提议中选择，否则拒绝合作。万小山不想失去这个合作伙伴，不得不把反驳的话语咽进肚里，十分勉强地表示同意。最让人气愤的是，在签署协议的时候，万小山想对最后一项有违万小山原则的让步提出异议，而对方又以拒绝合作相威胁，最终万小山只能忍气吞声，怯懦地签上了名字。

错误解析：面对强大的对手，人的心里不免会产生一些恐惧，但就此胆怯畏缩和退让，对方可能会变本加厉，一再威逼。谈判中，万小山屈服于对方的阵势，被对方的强大所压倒，一再地退缩，不停地让步，只能表示出万小山的胆小和无能，只会给万小山带来牺牲和损失。而且，双方地位的不平等对将来的合作也会产生不良的影响和严重的危害。

解决策略：与强大的对手谈判时，很容易处于被动的地位，陷入不平等的状态，进而被迫作出巨大的让步，损失自己应争取的权利和利益。为此，要扭转局势，获取谈判的成功，必须首先在心理上做好准备，要把对方看成是与自己共同寻找利益的平等方，没有谁服从谁的道理，甚至可以说，离开了万小山方，对方也就失去了机会，失掉了谈判的成果。所以，万小山要鼓起勇气，敢于和强大的谈判对手进行抗争。其次，正视现实，制订可行性策略。(1)对方毕竟是强大的，单纯的反抗和不满无济于事，万小山要学会忍耐，认真听取对方的话语，让对方充分发挥其优势，自我感觉得到了默认和满足后，他们就会变得通情达理，愿意公平合理地与万小山们商谈。(2)采取迂回谈判的方式，在其他时间接近对方，进行感情投资，换取他们的同情和支持。

8. 对对方利益与长远的人际关系不加考虑

谈判情景：作为经销商，周然然销售工作时间长，经验丰富，关系广泛，在当地小有名气。许多外地的商品要进入周然然所在的地区，都少不了找周然然谈判，期望周然然能帮助尽快打开市场，占领市场。现在有一个需要拓展市场的厂家，极其需要周然然的合作。于是，周然然坐在谈判桌前为此事进行协商。谈判中，每到关键的时刻，周然然总是依仗着自己的公司，以自己是唯一一家最有能力的经销商的优势，挟持着对方，为自己争取最优惠的条件和最巨大的利益。对方有时以将来新一代产品的经销代理权作劝诱，希望周然然能让步，周然然都加以拒绝。无奈之下，对方从当前的境况出发，跟周然然签订了一份为期不长，但完全于周然然有利的协议，但以后就不再与周然然合作了。

错误解析：因为某种原因，对方不得不作出很大的让步，牺牲自己的利益换来暂时的合作，但这种合作关系是不长久的。虽当时周然然取得了胜利，是极大的成功。但这种胜利，只是短暂的，一旦打开市场，对方的品牌被人们所接受和熟知，对方便会完全脱离周然然，不再与周然然合作，因为对方不可能长久地做这种赔本的生意。而周然然赢取的是暂时的胜利，损失的却是长远的关系和永久的利益。

解决策略：首先，事物都是发展变化的，周然然只顾眼前小利，忽略长远的利益，忽视了长期友好的关系，一心一意地只顾满足自己的需求，会丧失对方与周然然长期合作的信念，失去将来更多更好的合作机会，损失更广泛更长久的利益。对方会去寻找更有利、更合理的合作条件，会寻找更友好、更平等的合作伙伴，那时，周然然就只有望而兴叹，悔之晚矣了。其次，现代社会的要求，已越来越多趋向于双赢的谈判，强调的是满足双方的利益，注重的是双方长期的合作关系。因为现代的社会关系，集中地体现为人与人的关系，在人际关系越来越密切，各行各业越来越互相穿插交融的社会，不重视建立长期友好互惠的关系，是不利于企业发展的，是要被淘汰的。

9. 谈判时忌讳用贬低同行业公司的办法抬高自己

谈判情景：现在市场竞争非常激烈，同行业公司为了排挤罗簌簌，不知使了多少诡计，说了罗簌簌多少坏话，曾经让罗簌簌丢失了一笔订单。从此，罗簌簌在谈判中也学会诋毁同行业竞争公司，以期抬高自己的产品价值的方法。但是，反响很不好，因为罗簌簌的闲言碎语，罗簌簌的老客户由热心倾听转而回避和冷淡，甚至在罗簌簌走后对其他人员说："这个人怎么变得这样婆婆妈妈和讲闲话，她将来不会变成一个不守信用的人吧？"至于罗簌簌的新客户，更是惊奇不解。比如昨天，罗簌簌刚刚与一家想订罗簌簌公司货物的新客户谈好价格，正要签订协议时，对方不经意地问："现在货物很多，不知谁家的质量比较好？"罗簌簌立刻就说，我们公司的产品就是最好的，别的某某公司如何管理不善，次品如何多，业务人员还素质差，说了一大堆，让对方愣在那里。末了，对方居然让罗簌簌改天再去。原来他想证实罗簌簌说的那家公司的情况。

错误解析：谈判的时候，诉说同行业公司的坏话，无异于画蛇添足，自招失败。它不仅显示了罗簌簌的胸襟不够开阔，而且反映罗簌簌公司的精神风貌不佳，还给客户留下不好的印象，进而对罗簌簌和公司的产品产生怀疑，影响谈判的圆满完成；也可能使对方心生反感，不再与罗簌簌进行商谈。即使没有这些，那些闲言杂语，也会冲淡主题，浪费时间，延缓谈判速度。

解决策略：在对手面前贬低他人相当于自损形象，有修养的人即使在别人议论他人是非时，也不会随声附和。谈判是智力的较量和良好关系的建立，任何多余的无关紧要的话都可能影响谈判的质量和谈判的气氛，如果不加筛选，信口开河，只会失去对方的信任，加深对方的疑虑；如果是故意败坏，有意说同行业公司的坏话，就不仅仅是缺乏修养的表现，还可能触犯法律。所以，在谈判时当对方肯定赞扬某同行业公司的时候，罗簌簌的赞同会激发对方的好感，觉得罗簌簌有共识，对谈判能起到润滑促进作用。

拓展性阅读

【拓展性阅读 1】

偶发因素的干扰

在商务谈判所经历的一段时间内，有可能出现一些偶然发生的情况。当这些情况涉及谈判某一方的利益得失时，谈判就会由于这些因素的干扰而陷入僵局。例如，在谈判期间外部环境发生突变，某一谈判方如果按原有条件谈判就会蒙受利益损失，于是他便推翻已做出的让步，从而引起对方的不满，使谈判陷入僵局。谈判不可能处于真空地带，谈判者随时要根据外部环境的变化而调整自己的谈判策略和交易条件，因此这种僵局的出现也就不可避免了。

【拓展性阅读 2】

立场观点的争执

双方各自坚持自己的立场观点而排斥对方的立场观点，形成僵持不下的局面。在谈判过程中，如果双方对各自立场观点产生主观偏见，认为己方是正确合理的，而对方是错误的，并且谁也不肯放弃自己的立场观点，往往会出现争执，陷入僵局。双方真正的利益需求被这种立场观点的争论所搅乱，而双方又为了自己的面子，不但不愿做出让步，反而用否定的语气指责对方，迫使对方改变立场观点，谈判就变成了不可相容的立场对立。谈判者出于对己方立场观点的维护心理往往会产生偏见，不能冷静尊重对方观点和客观事实。双方都固执己见排斥对方，而把利益忘在脑后，甚至为了"捍卫"立场观点的正确而以退出谈判相要挟。这种僵局处理不好就会破坏谈判的合作气氛，浪费谈判时间，甚至伤害双方的感情，最终使谈判走向破裂的结局。立场观点争执所导致的僵局是比较常见的，因为人们很容易在谈判时陷入立场观点的争执不能自拔而使谈判陷入僵局。

【拓展性阅读 3】

成功商务谈判 14 条禁忌

忌一：准备不周。缺乏准备，首先无法得到对手的尊重，你心理上就矮了一截；同时无法知己知彼，漏洞百出，很容易被抓住把柄——然后就是你为了突破这一点，就在另一点上做了让步。

忌二：缺乏警觉。对供应商叙述的情况和某些词汇不够敏感，无法抓住重点，无法迅速而充分地利用洽谈中出现的有利信息和机会。

忌三：脾气暴躁。人在生气时不可能做出好的判断。盛怒之下，往往作出不明智的决定，并且需要承担不必要的风险。同时由于给对方非常不好的印象，在对方的心目中形成成见，使你在日后的谈判中处于被动状态。

忌四：自鸣得意。骄兵必败，原因是骄兵很容易过于暴露自己，结果让对手看清你的缺点，同时失去了深入了解对手的机会。同时骄傲会令你做出不尊重对方的行为，激化对方的敌意和对立，增加不必要的矛盾，最终增大自己谈判的困难。

忌五：过分谦虚。过分谦虚只会产生两个效果：一个可能就是让别人认为你缺乏自信，缺乏能力，而失去对你的尊重。另外一个可能就是让人觉得你太世故，缺乏诚意，对你有戒心，产生不信任的感觉。

忌六：不留情面。赶尽杀绝，会失去对别人的尊重，同时在关系型地区，也很有可能影响自己的职业生涯。

忌七：轻诺寡信。不要为了满足自己的虚荣心，越权承诺，或承诺自己没有能力做到的事情。这不但使个人信誉受损，同时也影响企业的商誉。你要对自己和供应商明确这一点：以商誉为本，无信无以为商。

忌八：过分沉默。过分沉默会令对方很尴尬，往往有采购人员认为供应商有求于自己，自己不需要理会对方的感受。对方若以为碰上了木头人，不知所措，也会减少信息的表达。最终无法通过成功的沟通了解更多的信息，反而让你争取不到更好的交易条件。

忌九：无精打采。采购人员一天见几个供应商后就很疲劳了，但这时依然要保持职业风貌。不要冲着对方的高昂兴致泼冷水，这可能让我们失去很多的贸易机会。

忌十：仓促草率。工作必须是基于良好的计划管理，仓促草率的后果之一是：被供应商认为是对他的不重视，从而无法赢得对方的尊重。

忌十一：过分紧张。过分紧张是缺乏经验和自信的信号，通常供应商会觉得遇到了生手，好欺负，一定会好好利用这个机会。供应商会抬高谈判的底线，可能使你一开始就无法达到上司为你设定的谈判目标。

忌十二：贪得无厌。工作中，在合法合理的范围里，聪明的供应商总是以各种方式迎合和讨好采购人员，遵纪守法、自律廉洁是采购员的基本职业道德，也是发挥业务能力的前提。采购人员应当重视长期收益，而非短期利益。

忌十三：玩弄权术。不论是处理企业内部还是外部的关系都应以诚实、客观的处事态度和风格来行事。玩弄权术最终损失的是自己，因为时间会使真相暴露，别人最终会给你下一个结论。

忌十四：泄露机密。天机不可泄露，严守商业机密，是雇员职业道德中最重要的条件。对手会认为你是可靠与可尊敬的谈判对象。所以时刻保持警觉性，在业务沟通中要绝对避免披露明确和详细的业务信息。当你有事要离开谈判座位时，一定要合上资料、关掉电脑，或将资料直接带出房间。

综合案例

中国某公司与法国某公司谈判技术转让费

法方:产品的技术经过5年的研制才完成,今天要转让给中方,中方应付费。

中方:有道理,但该费用应如何计算呢?

法方:我方每年需投入科研费200万美元,5年为1000万美元,考虑仅转让使用权,我方计提成费,以20%的提成率计,即200万美元,仅收贵方五分之一的投资费,该数额不贵,对贵方是优惠的。

中方听后,表示研究后再谈。中方内部进行了讨论,达成如下共识:分头去搜集该公司的产品目录,调查该公司近几年来新产品的推出速度如何,如推出的新产品多,说明他们每年的科研投入不仅为一个产品,可能是多个产品。搜集该公司近几年的年报,调查其资产负债状况和损益状况。若利润率高,说明有资金投入科研开发;若利润率低,就没有能力大量投入科研资金,否则,就应借钱搞开发。若负债率不高,说明没有借钱,负债率高则有可能借钱。此外,请海外机构的代表查询该公司每年交纳企业所得税的情况。纳税多,说明利润率高;纳税少,说明利润率低。

各路人员调查了这几方面的情况,分析发现:该公司每年有5种新产品推上市场;该公司资产负债率很低,举债不高;该公司利润率不高,每年的利润不足以支持开发费用。结论是法方每年的投入量是虚的。若投入量为实,该企业必须逃税漏税才会有钱。

在会上中方对上述问题拿出资料和推断,请法方表态。法方还坚持其数为真实数据。中方问对方,怎么解释低负债,怎么解释低利润呢?法方无法解释低负债、低利润和高投资的关系,又不能在中方面前承认有逃税,只好放弃原价要求,考虑改善的问题。

情景模拟题

1. 将同学分成几个谈判小组,主题为中国对美国某种型号的钢材进行索赔,具体细节要求由老师创设,对该案例进行模拟谈判,评出谈判冠亚军。(注意谈判语言的逻辑思维,注意揣摩对方的心理活动。从而抓住对方弱点进行反击)。

2. 你经营着一个啤酒批发点。你正与某家零售商的主任进行业务磋商。该主任要求你提供的啤酒每瓶必须削价0.02元,否则他们宁可转向其他批发点购买不同品牌的啤酒。该零售商店每年5~10月份向你订购的啤酒多达5000余箱,每瓶减价0.02元,全年减少利润达4000元。面对他的要求,你将怎么办?

3. 你看中了一间房子,地点非常理想,想租下来,对方开价1500元,你觉得这房子只值1200元,而你打算出1000元。你将怎样达到自己的目标?

任务13 商务谈判成交禁忌

知识（技能）框架图

商务谈判成交禁忌
- 谈判终结的判断和成交时机的选择
- 合同签订的禁忌
- 合同履行的禁忌

知识目标

- 了解商务谈判成交阶段有哪些禁忌
- 理解这些禁忌的实质和内容

技能目标

- 能够明白成交阶段所犯禁忌的原因
- 掌握禁忌的本质，避免犯错

任务导入1

一位法国人，他家有一片小农场，种的全是西瓜。他家里经常有人打来电话要求订购西瓜，但每一次都被他拒绝了。有一天，农场里来了一位小男孩，约有二十岁，他说要订购西瓜，被法国农场主回绝了，但小男孩却不走，主人做什么，他都跟着走，在主人身边，专谈自己的故事，一直谈了个把小时。主人听完小男孩的故事后，开口说："说够了吧？那边那个大西瓜给你好了，一个法郎。""可是，我只有一毛钱。"小男孩说。"一毛钱？"主人听了便指着另一个西瓜说："那么，给你那边哪个较小的绿色的瓜吧？""好吧，我就要那个"小男孩说："请不要摘下来，我弟弟会来取，两个礼拜以后，他来取货。先生，你知道，我只管采购，我弟弟负责运输和送货，我们各有各的责任。"

任务分析

男孩虽然遭到农场主明确无误的拒绝，但谈判并没有结束。男孩通过谈论自己来融洽关系，并且利用"只有这些钱"约束对方进一步改善谈判条件，在农场主决定成交而造成既定事实后用追加有利的履约条件的办法，保证了最终谈判目标的实现。此案例的关键点在于：在卖主明确拒绝后，小男孩却没有收到"最后期限已到"的信息，而且将谈判成功地继续了下去。但是，如果真的存在那个"最后期限"的话，结局恐怕就截然不同了。

任务导入 2

小黄为买一台录像机，跑了几家电器商店，这几家电器店的价格都介于 2800～3000 元之间。为了购买到更便宜一点的录像机，他又询问了几家商店，最后来到了一家门面装饰不凡的电器公司。店员十分客气地同他打了招呼。他询问了录像机的价格，店员拿一张价目表让他看，他所要的那种型号的录像机价格是 3000 元，但店员报价 2800 元，小黄觉得应该买，店员随即开写货单，这时从旁边过来另一位店员，看过货单后说价格应该是 3000 元而不是 2800 元，正在试机的店员立即查看价格表，转身对小黄说："真对不起，我刚才看错了，将 3000 元看成了 2800 元。"说完，就将购货单上的 2800 元改成了 3000 元。

面对这种情况，你说小黄应该怎么办？

主要知识和技能

禁忌 13.1　谈判终结的判断和成交时机的选择

【重要知识 13－1】

成交阶段的工作内容
①总结成果。随着谈判进入成交阶段，双方有必要进行最后的回顾和总结，明确是否所有内容都已谈妥，提炼出整个谈判过程中所谈判的主要问题，对特殊的问题加以确认，概括一下最后决定，明确结果是否已达己方期望的交易或谈判目标，查看对方对目前所有决定是否满意。 ②整理记录。每次谈判之后，重要的事情应写一份简短纪要，把达成协议的每一点记录在案，并向双方公布，这样不仅加深彼此对谈判进程的了解，更是以文字性材料作为催促对方做最后决定的有效保证。在成交阶段，检查、整理记录，双方共同确认其正确无误，其内容便是起草书面协议的主要依据。 ③签订合同。在签订合同之前，首先需要以备忘录为基础草拟合同。此时，不仅要反复核查书面承诺，也不能忽视核实对方的口头允诺，在签字之前重读协议，就达成的工作、条件、送货方式、品质等条款进行严格审阅。

经过一番讨价还价后，谈判就进入了收尾阶段，这也是谈判的最后一个阶段——成交阶段。成交阶段是商务谈判中非常关键的阶段，它既是本次商务谈判的终结，是商务谈判签约、履约的开始，还对下一次商务谈判的到来有着至关重要的影响。尤其是大型谈判，其过程艰巨复杂、险象丛生，而谈判成交结果却往往在一刹那出现。准确判断成交的标准，瞬息捕捉谈判成交的信号，为谈判最终胜利画上圆满的句号，是每一个谈判者在收尾阶段的努力目标。

1. 进入谈判成交阶段的判断标准

在谈判各环节的相继推动下，交易条件日趋达到双方可接受的范围，并且原则上已经全部达成协议，此时，预定的结束时间也即将到来，双方逐步进入谈判的成交阶段。准确判断成交信号，直接影响谈判的结果。

(1)从谈判涉及的交易条件来判定

①考察交易条件中的分歧数。首先,从数量上看,如果双方达成共识的交易条件占绝大多数,所剩的分歧问题数量仅占极小部分,就可以判定谈判已进入收尾成交阶段。其次,从质量上看,如果交易条件中最关键最重要的问题都已经达成一致,仅余留一些非实质性的无关大局的分歧点,也可以判定谈判已进入收尾成交阶段。

②看是否达到己方的谈判目标。成交线是指己方可以接受的最低交易条件,是达成协议的下限。如果对方认可的交易条件已经达到己方预期的谈判目标范围之内,谈判就自然进入到收尾成交阶段。

③考察双方在交易条件上的一致性。如果谈判双方在交易条件上全部或基本达成一致,对于个别分歧问题能够做技术处理也达成共识,就可以判定收尾成交阶段的到来。

(2)从谈判时间来判定

谈判的时间包括所需、所限的时间。谈判的时间多为双方约定,也有单方面限定的。谈判必须在一定的时间内终结,不能无休止地拖延下去,当谈判时间即将结束,谈判自然就进入收尾阶段。

2. 成交时机的把握

(1)选择恰当的时机结束谈判,对于谈判的成功有着重要的意义

一方面谈判者需要明确所有的谈判成果是否达到己方的目标,是否该终结谈判。另一方面,谈判者对谈判目标不应贪得无厌,应明确何时快达到临界点,何时应该立刻停止谈判。所以,时机选择的意识非常重要。成交时机的把握是商务谈判最重要的环节之一,有经验的谈判人员会敏锐地洞察出现的成交迹象,果断地把握好成交的时机,采取结尾技巧极力促成成交(以己方有利可图为前提)。结束阶段平静的会谈心境,满怀信心的态度,有助于谈判者度过变幻莫测的关键时刻。禁忌谈判者禁不住对方暗示和诱导,过早签订协议。

【案例13-1】

谈判情景:谈判已进行到最后的紧要关头,陶大如最后权衡一下一旦签约所得到的利益、所付出的代价和所承担的义务,心理上总觉得有些不尽如人意,还达不到拍板成交的时候。但是,对方不断地暗示催促,不停地劝告早作了结。一会儿问支票兑现日期,一会儿问货物堆放地点,再一会儿又讲以后的维护等等,总是营造一种签约的气氛,总是让陶大如把思路转移到签约的问题上来,不让陶大如有细想其他出路的空闲。最后,他拿出一项特殊的优惠,鼓励陶大如尽快签订合同,说:"我们在几个大的环节上都取得了一致意见,看来我们的合作还是挺愉快的。既然你是个爽快人,我们也不再含糊。这样吧,我再派出两个高级技术人员负责安装指导,费用我出,好吧?我们签协议吧。"陶大如无法再推,签下协议。

错误解析:或许陶大如在签订协议后,可能会发现自己的利益没争取到位;或许陶大如在签订协议后,可能会发现有一家条件更优惠的谈判对手陶大如没来得及参考……总之,陶大如是过早地签下了协议,无法再为不如意的条款作努力,也无法再和别的商家进行更有利的谈判。陶大如只有懊悔,甚至为不满意的协议寻求补救办法,这远比陶大如当时拒绝签约要费事。

解决策略:当对方急于签订协议,陶大如却觉得还有待考虑,有需要商谈的时候,千万别受对方的诱惑,过早签下协议。陶大如完全可以不为其所动,再耐着性子与对方逐次逐项地

“磨”,以“持久战”对付对方的“速决战”,甚至对对方的要求置之不理,坦白地说“我要等几天才能签约。”其次,陶大如还可以抓住对方此时急于签约的心理,反过来提出自己的要求条件。比如说:“贵方愿意出费用出人员安装,这比较合适,如能再把价格下浮2%,我想就完全可以签约了。”第三,借用对方暗示提醒、催促之时机,也反过来暗示、督促对方思考。万一急于求成,酿成大错,到时谁负责,谁后悔?总之,签约时不要受对方左右,要敢于在下笔的一瞬间收回手,待时机完全成熟,条件完全满意,再写下自己的大名。

(2)观察对方是否有结束洽谈的意图

一项交易将要明确时,双方会处于一种准备完成的激奋状态,这种激奋状态的出现,往往由于一方发出成交信号所致。要想圆满地使洽谈结束,辨认对方发出或明或暗的信号是一个重要的先决条件。谈判成交的最佳时机是“心理上的适当瞬间”,指在某些瞬间谈判各方的思想观点、见解可以协调一致。在谈判的最后阶段,应当有敏锐的判断观察能力,如果对对方发出的成交信号反应迟钝,就会坐失良机。各个谈判者使用的成交信息是不尽相同的,但常见的有以下几种:①谈判者用最少的言辞阐明自己的立场,谈话中表达出一定的承诺意愿。比如:“好,这就是我最后的主张,现在就看你的了。”谈判者在阐述自己的立场时,完全是一种最后决定的语调。坐直身体,双臂交叉,文件放在一边,两眼紧盯对方,不卑不亢,没有任何紧张的表示。②对方谈判者所提的建议是完整的、绝对的。告诉已方一些充足的理由,并一再保证现在结束是对对方最有利的。如果他的建议未被接受,除非中断谈判,谈判者没有别的出路。③从对方提出的具体问题判断其最终意图。比如对方向你询问交货的时间;提出对质量和加工的要求;让你把价格说得确切一些;向你请教产品的保养;或者要求实地试用产品或者提出一些反对意见。在准确辨别这些信号的基础上,已方可以巧妙地向对方提出一些问题,设法推动对方脱离勉勉强强或惰性十足的状态,使对方行动起来,及时签订协议达成一个承诺,把肯定的成交欲望转化为实际的行动。

【案例13-2】

谈判情景:为开拓市场,推广公司的新产品,老周和一家中型商场经理谈判购买老周公司新研制开发的儿童玩具。经过讨价还价,商场经理同意按老周出的价钱大量购进的方案。但此时,老周没有及时拿出订货合同,而是追问:“就这样啦,不用再考虑了,今天签合同还是明天?”经理回答:“明天吧。”第二天,因为别的客户需要老周前去进行售后服务,老周便电告经理,说今天临时有事,改天签合同吧。经理急忙说:“好。你忙吧。”第三天,老周拿着整理好的合同去那家商场,经理避而不谈合约的事,当老周问起时,他面有难色,迟疑地说:“这种新型的儿童玩具真有那么好销么?要是我们买进来不能尽快卖出,那风险似乎太大了。”老周再次解释、担保,他仍不同意。于是,老周就他的顾虑缠来缠去,最终也没个结论。末了,老周实在没有耐心和信心,便直接问:“买还是不买?”他说:“我也不是不买,只是价格和数量……”结果,以他压低的价格购进了少量的儿童玩具,说定如果好销再添货。

错误解析:谈判的最终结果是要达成共同一致的协议,只要谈判协议没有签署,谈判就没有结束,各种不可估计的情况均有可能发生。因为老周在双方已经取得一致看法时不及时签署协议,留给对方太多犹豫反悔的时间,自然是自己错失最佳签署时机,从而让对方重新权衡,取消原方案,更多考虑他自己的利益。有时,甚至可能不再与老周商谈,不再跟老周签订协议,因为市场那么大,竞争那么激烈,他随时可能与别家谈判。

解决策略:谈判进行到一定程度,双方的愿望已经协调,交易可以成交,就应该趁热打铁,签订协议,结束谈判,避免不必要的耽搁。一般说来,可以采取如下方法来暗示或促使对方作出最后决定,签订协议:①正面进攻,直接提出签订合同。比如说:"好,我们现在就签合同吧!"②一再向对方论证立即结束谈判对他最为有利,给他一些好理由或借口;③直接和对方商谈合同的细节,暗示彼此已经谈妥主要议题了;④采取结束商谈的实际行动,如交给对方订单或发票、收拾东西、站起来同他们握手;⑤以某人错失机会而陷入困境的故事,暗示或让对方知道最好是现在就签订合同;⑥发挥期限的作用,限制提供某项优待,作为对方立即签约的鼓励,让他们明白赶快签订合约有好处,否则就过期作废。

3. 成交的禁忌

(1)不能把握最后的让步项目和幅度

谈判者进行商务谈判时要尽量锁住自己的立场,直到谈判的终结。虽然"寸土必争"是谈判的一个重要策略,但有时候必须要做出让步,如果收尾阶段执意进取、急于求成,对对方使用高压政策,则可能前功尽弃,功亏一篑,造成谈判无法达成一致。收尾在很大程度上是一种掌握火候的艺术,如果让步幅度太大,显得过于慷慨,对方反而不大相信这是本企业的最后让步;如果让步幅度过小,对方会觉得微不足道、难以满足,也显得毫无意义。那么最后的让步幅度多大为合适呢?在决定最后让步的幅度时,要考虑的一个重要因素是对方接受让步的个人在对方组织中的地位或级别,在许多情况下,到谈判的最后关头,往往对方管理部门中的重要高级主管会出面,参加或主持谈判,这时最后让步的幅度必须满足以下两项要求。

第一,幅度比较大,大到刚好能够满足该主管维持他的地位和尊严的需要。换句话说,要给他足够的面子。

第二,幅度又不能过大,如果过大,往往会使该主管指责他的部下没有做好工作,并坚持要求他们继续谈判。

当谈判进入到尾声,需要各方对交易条件做最后的调整时,谈判者应运用智谋尽可能做出最小的让步。并且在本方作出最后的让步后,必须保持坚定。因为对方会想方设法来验证我方立场的坚定性,判断本方的让步是不是真正终局的或最后的。同时让步还可以给足对方"面子",让对方感觉自己分享了谈判的成果,是有收获的。需要谈判者注意的是,不能仅仅为了结束谈判而做出不该有的让步,所做的承诺要能够身体力行、实事求是。如果过分地表露自己的成交热情,比如在正式签署协议前,将消息公布于众,就会迫使自己作出更大的让步。

①充分考虑己方的实力,避免做出无力实现的承诺,埋下违约隐患。

②充分考虑经济环境的变动趋势,从长远观点考虑问题,在科学预测的基础上做出决策,尽量把市场风险降到最低,考虑由谈判双方共同承担客观风险。

③充分考虑对方的实力及可能接受的条件,研究己方的最终报价和最后让步的可行性和策略技巧。争取在正式签约之前,在对方可承受的范围之内,最大限度地争取自己的利益。

【案例13-3】

谈判情景:两家公司将携手合作的谈判历经数月,几经波折,现在终于达成口头协议,即将签署正式文件了。在飞往签署协议地点前,众多的记者围住了刘超,要刘超透露点消息。因为几个月来,双方的谈判一直是公众的焦点,但就协议达成的条件以及协议能否达成,双方均未向外界透露,这反而激起了人们更大的关注,现在逮住了这个机会,他们怎么也不肯放过。迫于无奈,也是一时兴起,刘超宣布了此次是去签署合作协议的消息。谁知,消息同时传到对方耳中，等刘超到达，在即将签署协议时，对方突然提出几项原本没有提出的要求，而这几项大都是要刘超在财务及款项上作出更进一步让步的要求。刘超立即和董事会联系，董事会也知道这些要求会损失公司近100万元的利益，但为了照顾公司在公众心目中的形象，董事会只得决定："照签！"

错误解析：在正式协议签署之前，尤其是备受公众关注的谈判消息，在双方有可能仍讨价还价的时候，就向公众宣布这一事件，是极不明智的。一旦被对方知道刘超已经造成了必须签署此次谈判协议的局势——只要双方还没有在协议上签字，其中一方仍有权利提出要求——刘超的选择也就只有两个：谈判破裂或作出进一步的让步。而这两种选择，都会给刘超造成声誉或经济利益的巨大损失。

解决策略：在谈判双方尚没有正式签署协议之前，最好不要将消息公之于众，以免对方利用新闻媒体，给刘超制造压力，或者制造可乘之机，提出不利于刘超的要求。尤其是即将签署的协议在政治上有某种特殊意义的时候，刘超是绝对不可以声张的，因为对方一旦知道这个协议是刘超非签不可的，他可能会趁机让刘超作出更大的让步，刘超为了顾及面子或者说为了免于公众舆论，便不得不忍受经济上的损失。因此，在签署受公众关注的重大协议之前，一定要严守秘密，不给对方可乘之机。

(2)不能把握最后让步的时机

在让步的时间上，如果让步过早，对方会认为这是前一阶段讨价还价的结果，而不认为这是本方为达成协议而作出的终局性的最后让步。这样对方就会得寸进尺，继续步步紧逼。如果让步时间过晚，往往会削弱对对方的影响和刺激作用，并增加了后面谈判的难度。

为了选择最佳的让步时间，使最后的让步达到最佳的效果，比较好的做法是将最后的让步分成两个部分，主要部分在最后期限之前作出，以便让对方有足够的时间来品味；而次要部分作为最后的"甜头"，要排在最后时刻作出。这就犹如一顿丰盛的酒宴，最后让步中的主要部分恰似最后一道大菜，掀起一个高潮，也是最后的高潮，而次要部分的让步则似在大菜之后，酒宴结束时上桌的最后一碟水果，使人吃后感到十分舒心。

(3)不能为谈判的最后期限保密

对己方信息进行严格保密，具有足够的信息保密意识，并且不断加强这种保密意识、采取有效手段做好信息保密工作，这些是谈判者在谈判过程中以主动妥协某些次要利益换取主要利益的保证。当信息泄露之后，谈判者就只能在对方的步步紧逼之下进行被动妥协了，而这种被动妥协只能使谈判对手的需求得到最大程度的满足，而己方的利益往往会受到一定程度的损害。

所以说，对己方信息进行严格保密是对谈判信息进行有效利用的基础，因此，谈判者必须树立足够的保密意识，而且通常情况下，每个商务谈判代表团内部都必须制订十分严格的信息保密制度。

【案例13-4】

谈判情景：朱乐天代表公司去国外进行一场贸易谈判，受到了外国人的热烈欢迎。他们开着小车到机场来迎接朱乐天，然后又把朱乐天安排在一家豪华宾馆。朱乐天有一种宾至如归的感觉，认为他们的服务水平很高。安排就绪，外国人似乎无意地问道："您是不是要准时乘飞机回国呢？到时我们仍然安排这辆车送您去飞机场。"朱乐天点了点头，告诉了对方自己10天后要返回公司，让对方尽快安排。但是外国人陪同朱乐天游览观光，不讲谈判之事，一直到第

7天，才安排谈判，但也只是泛泛而谈，说些无关紧要的问题。第8天重新谈判，又是草草收场。第9天仍没有实质性的进展。第10天，双方谈到关键问题上来了，可来接朱乐天上机场的小车也到了，主人建议剩下的问题在车上谈。朱乐天进退两难，惴惴不安，如果不尽快作出决定，那就要白跑一趟，如果不讨价还价，似乎又不甘心。最终，朱乐天觉得不能空手而归，答应了他们的一切条件。

错误解析：把自己的最后期限泄露给对方，为对方成功地利用最后期限这一策略提供了极大的方便，致使对方拿时间问题来向朱乐天施加压力，在迫不及待的紧迫情况下，朱乐天只有作出巨大让步。这就是不能保守自己最后期限秘密的后果。谈判中，"时间就是效益"。朱乐天不能控制时间，掌握谈判进度，让对方知道了朱乐天的最后期限，就有可能被对方利用，被对方控制，进而置朱乐天于被动不利的境地。

解决策略：首先，对于自己的谈判期限，应该保守秘密，以免被对方加以利用，让对方在关键时刻给自己施加时间上的压力。其次，最后期限临近，谈判时间紧迫，也要充分利用最后一秒钟，冷静地拟定应付措施，仔细地检查对策，尽可能讨价还价为自己争取到多一些的利益。最后，不妨提议延长期限，给对方一种心理压力。总之，不能因为自己最后期限的限制而轻易承诺轻易成为对方期限策略的牺牲品，让自己成为一个失败的谈判者，让自己企业损失不必要的利益。

(4)做不到有错必改

谈判是一种人类交际活动，谈判中的正确与错误是同时并存或交替出现的。你的正确可能就是对方的错误所导致的，相反你的错误可能导致谈判朝着有利于对方的方向发展。也就是说在谈判中犯错是不可避免的，重要的是要尽量少犯错误，犯了错误要坚决改正。过于执著于过去的某一承诺，不敢反悔，将会给己方带来无穷无尽的烦恼。承认错误，并积极地弥补损失才是最重要的。比如利用对方的错误和礼仪上的失误推翻己方前面做出的对自己不利的承诺，或者在后面的谈判中尽力争取，要求对方做出与之相对等的权利和利益让步。

【案例13-5】

谈判情景：张红丽认为，给人诚信的印象是十分重要的，尤其是谈判，对有长期合作关系的对方，凡说过的话，答应过的事就要付诸实现。在这场谈判开始不久，张红丽答应对方在某一方面给予最大优惠，可是随着谈判的深入，这一承诺开始暴露出它的弊病，张红丽开始为自己的草率承诺后悔不已，可是却害怕对方指责，张红丽无法反悔。满是懊恼地继续和对方周旋，张红丽设法从其他方面加以弥补。唇枪舌剑，张红丽费尽了全部心思，动用了张红丽所有的力量，总算取得了其他方面的一个又一个的成果。协议签下来了，以张红丽曾经有过的承诺为代价签下来的，对方很是满意，力赞张红丽是一个言出必行，信守诺言的人，张红丽却只能是强装笑脸，心里流血。这份协议的签署，因为张红丽的那一个草率承诺而损失很大。

错误解析：金无足赤，人无完人，谁也不能保证没有失误，尤其是说话。张红丽固守着过去的某一承诺，执著于某一问题的让步，不仅给谈判带来压力，更让张红丽丧失谈判的优势，损失谈判的利益。有时，自己过去某一承诺的代价并不是张红丽所能承担得起的，这种信守，是死板教条，愚昧无知，在对方心里，并不能产生真正的钦佩之情，却视张红丽为愚蠢。

解决策略：诚信固然重要，但要看是在什么时候什么情况下，针对什么问题，针对什么人。谈判桌上，是双方为各自利益而战的场所，是重财重利的地方，不是死要面子、信守失误的时候。如果一旦发觉自己有不当的言语行为，要敢于纠正。如果发现自己过去的某一承诺，有失偏颇，随着谈判的深入发展，其弊端越来越明显的时候，更要敢于纠正，勇于反悔。古人言，亡羊补牢，未为晚矣。在确知自己的承诺会带来很大损失的情况下，应当勇敢而坦诚地承认自己过去的轻率，不给对方可乘之机，更不可因害怕指责，去兑现诺言，应该多从自己企业利益的角度出发，有勇气反悔。

(5)谈判最后阶段不合时宜地极力施压，迫使对方成交

如果对方确实有原因不能马上做出决定，应立即建议对方推迟做出决定，而不应错误地极力施压，这样做可以使双方建立起一种信任的关系。对方确实需要与公司讨论和分析有关的事宜，应该充分尊重，同时注意主动与对方保持联系。具体的做法：向对方提供一些有价值的资料，然后再由自己亲自取回；把产品留给对方试用，或者为其试装。

【案例 13-6】

1933 年 1 月，希特勒当上了德国总理，他便开始疯狂地推行法西斯主义。对外准备发动侵略战争，并着手研制核武器；对内残酷迫害人民，特别是犹太人，一大批犹太人科学家不得已流亡到美国。在这些科学家中，有一个曾在德国从事核研究的利奥·西拉德博士。1939 年 2 月，他与同事们商量：为了防止把把核裂变情报泄露给德国，科学家们必须对所有情报严格保密。同时，他鼓励爱因斯坦给罗斯福总统写了一封信。信中说：核裂变能产生极大的能量，如果应用核研究的最新成果，摧毁力极大的新型炸弹就有可能制造出来。据悉纳粹德国正千方百计地加紧研制原子弹，因此美国也必须尽快着手研制。

然而，科学家们的这个信通过谁传给美国总统，并能说服他接受这个建议呢？经大家研究，决定推选经济学家亚历山大·萨克斯。因为他是罗斯福总统的密友，人们寄希望于他。

这年 10 月，萨克斯来到白宫，向罗斯福面呈了爱因斯坦的信，并向他读了科学家们的备忘录。谁知，总统听不懂那些艰深生涩的科学论述，对科学家们的建议，反应十分冷淡。萨克斯口若悬河，想说服总统，但总统丝毫不为所动。总统说："……这些都很有趣，不过政府若在现阶段就做此事，看来还为时过早。"

这个回答，使萨克斯大失所望。他不得不十分沮丧地告别总统。总统为了表示对朋友的歉意，邀请他第二天再来共进早餐。萨克斯喜出望外，他感到面前又出现了转机。怎样才能三言两语使总统大彻大悟、茅塞顿开呢？他一夜未眠，苦思冥想。

第二天早晨 7 点，他胸有成竹地坐在总统面前。想不到他还未开口，罗斯福就以攻为守地说："今天不许再谈爱因斯坦的信，一句也不许谈，明白吗？""是的，一句也不谈。我只想讲一点历史。"萨克斯说道："英法战争期间，在欧洲大陆上不可一世的拿破仑，在海上却屡战屡败。就在这时，一位年轻的美国发明家富尔顿来到了这位法国皇帝面前，建议法国的战舰砍断桅杆，撤去风帆，装上蒸汽机；把木板换上钢板，这样可以大大提高海军的战斗力。可是这位伟大的科西嘉人以为这简直是笑话，船没有帆能航行吗？木板换成钢板能不下沉吗？拿破仑眉头一皱，把富尔顿轰了出去。总统先生，如果当时拿破仑稍稍多动一动脑筋，郑重考虑一下富尔顿的建议，那结果将是什么样子呢？19 世纪的历史是不是就得重写？！"说完，萨克斯用深沉和期待的目光注视着总统。罗斯福沉默了几分钟，然后取出了一瓶拿破仑时代的法国白兰地，满满地斟了一杯，递给萨克斯，说："你胜利了！"萨克斯顿时热泪盈眶，他终于成功地说服了总统做出美国历史上最重要的决策。于是，有了 1945 年 7 月世界上第一颗原子弹的爆炸。

(6)庆贺谈判成功时的禁忌

①过分地喜形于色。如果认为本次谈判的结果只是谈判者个人的"独舞秀"或取得谈判优

势一方的妙手杰作，为自己的收获沾沾自喜，喜形于色，甚至可能因此而得意忘形，将自己在谈判中设计的某些漂亮动作"坦白地告诉对方"，以表现自己高超的谈判艺术，讥讽对方的无能，那么，只能说你是在自找麻烦，对方很可能会被你的行为激怒，将前面已约定的东西统统推倒重来，或者故意提出某些苛刻的要求使你无法答应而不能签约；或者，即使勉强签了协议，对方在今后的执行过程中也会想方设法予以破坏，以示报复。

②只为自己庆祝。谈判即将签约或已签约，可谓大功告成，这时一定要注意，在达成最后妥协之前，因为这时双方情绪都很容易产生大的波动，所以双方发生冲突的危险性也会增加。如果想在这个阶段获得良好的成果，就应当加强自我控制。可能在这场谈判中己方获得了较多的利益，而对方受益较少，聪明的谈判人员此时应大谈双方的共同收获，强调这次谈判的结果是靠双方共同努力实现的，谈判充分满足了双方的需要，并且，还要称赞一番对方谈判人员的才干。这样做，会稍稍安慰对方因收获较少而失去的心理平衡。切记自我喝彩，不小心招致失败的话，就会付出相当大的代价，妨碍大局。

(7)交易破裂之后反目成仇

破裂系因为双方分歧严重导致交易失败而结束。双方能够坐到一起谈判，是因为双方觉得能够从中获益，除非条件实在难以接受，否则谁也不愿看到谈判破裂。在洽谈快要结束的时候，如果对方拒绝在合约上签字，谈判人员就停止工作，把对方从客户的名单上一笔勾销，然后愤然离去，那么这样做就等于犯了不可饶恕的错误。由于交易失败不等于谈判失败，从谈判成功的角度看破裂的交易，可分为友好破裂和愤然破裂。前者为成功的谈判、失败的交易；后者为失败的谈判、失败的交易。"买卖不成仁义在"，在谈判的态度上应立足长远，理智地给予对方尊重。以不冷静的情绪粗暴结束谈判的做法，无论出于何种原因，除了策略性的表演之外，对于谈判来讲，均系败笔。

禁忌13.2　合同签订的禁忌

经过一番艰苦的战斗，当谈判到了尾声，各项条件已接近各自的预期目标，双方已有了签约意向，这时就快要结束谈判了。终于有了结果，人们大多会喜形于色，同时感到舒了一口气，放松了警惕，而就在这时，错误也可能同时酿下了。合同签定时的禁忌如下：

1. 丧失合同的起草权

当谈判双方就交易的主要条款达成一致意见后，就进入合同签约阶段。这涉及合同文本由哪一方来起草。一般来讲，文本的起草很重要，它关系到哪一方掌握谈判的主动权。起草一方的主动性在于可以根据双方协商的内容，认真考虑写入合同中的每一条款，斟酌选用对己方有利的措词，更好地考虑和保护自己的利益。将合同的起草权拱手让人就意味着在某种程度上己方让与了即将到手的利益。

【案例13-7】

谈判情景：装修不是一件容易的事，单是计算成本就搞得人头昏脑涨了。想想积蓄大半辈子的钱买来的一套房子，还不能轻轻松松地住进去，先得修饰修饰，既觉幸福也感累人。为了尽量减小成本，还要住着舒适，小杨跑了好几家装饰公司，终于选定一家名声较好的装饰公司。小杨与有关负责人谈判起来，从拆卸的每一项价格，到购买原材料每一笔款子，还有人工费等等，小杨都讨价还价，逐一记录。最后终于达成一致，出了草案。装饰公司工作人员让小杨看完后便拿去用电脑重打，等打印好了，双方签字生效，便可开始动工。小杨粗略一看，大致也就那样，便随手签上了字，对方即盖章签字。不久，装饰公司便找小杨要第一笔款，小杨如数照给。可工程进行到一半时，他们却让小杨付清全款，这可不是小杨他们当初协议好的。但拿来协议一看，白纸黑字：工程一半得付清全款。

错误解析：谈判协议在签署之前，小杨未亲自起草合同，合同打印后又未加严格地审核，对方乘小杨不注意，可能会附上或篡改对他们不利的条款，等协议签字生效时，小杨便只得照此执行。如果是金钱数目出现错误，小杨将直接遭受到经济损失；如果有关声誉又涉及金钱，小杨的不严格审核造成的失误更可能是名与利的双重损失。

解决策略：协议一经签署，即成为具有法律效力的文件，因此，在协议撰写完毕之后，不应该立即签字，而要仔细审核，确认无误后方可签字。审核时要注意以下几点：首先，要对协议内容进行审核。此次谈判是否为合法行为，有关手续是否完备，谈判的双方是否具有签署协议的权力，协议的内容有无相互矛盾或前后相互否定的地方；审核协议与谈判内容是否一致，有关谈判中的特定定义、解释、说明等，有没有放在协议书的附录之内，尤其是一些有弹性的话，有没有记录下特指的内容和范围，有无遗漏、添加等等，包括数据的重新计算、标点符号，也不可有丝毫的差错；合同文字是否严谨，是否准确地表达了谈判内容，切忌模棱两可，更反对歧义性文字。其次，对签字人进行审核。一般情况下，协议签署者必须是法人代表资格或被授权的全权代表，如果最终在协议上签字的人不具备法人代表资格或被授权的全权代表资格，所签署的协议无效，所以对签字人的审核也是必要的。

2. 对方不符合签约的主体资格

如果主体不合格，之前的努力就算白费了，签订的合同当然是无效的。为防范欺诈行为，减少交易风险，首先必须认真审查对方的主体资格、履约能力、信用情况等。先看对方的营业执照，了解其经营范围、经营状况，其项目是否合法。其次，审查签约人的资格，查看对方提交的由法人开具的正式书面授权证明，了解对方的合法身份和权限范围，以确保合同的合法性和时效性。再次，对于标的额大的交易，还应到工商、税务、银行等单位调查对方当事人的资信能力。如果他有担保人，也要调查担保人。最后，在涉外商务谈判中，还要注意把母公司与子公司分开，若与子公司谈判，除了看母公司的资信以外，更要考察子公司的资信，因为母公司对子公司不负连带赔偿责任。

3. 合同条款不严密

【重要知识 13－2】

商务合同的内容
①当事人的名称或者姓名和住所；②标的。标的是合同权利义务指向的对象；③价款或酬金；④履约的期限、地点和方式；⑤包装和验收方法；⑥违约责任；⑦解决争议的方法。

谈判的成果要靠严密的协议来确认和保证。一般说来，协议是以法律形式对谈判结果的记录和确认，它们之间应该完全一致。但是，常常有人有意无意地在签订协议时故意更改谈判的结果，故意犯错误，在数字、日期、关键性的概念上搞小动作，甚至推翻当初的承诺和认可。因此，将谈判成果转变为协议形式的成果是要花费一定力气的，不能有任何松懈。在签字之前，应与对方就全部的谈判内容、交易条件进行最终的确定。协议签字前，再将协议的内容与

谈判结果一一对照，在确定无误之后再签字。对一个谈判人员来讲，必须明白这一点，谨防审核不严，草签协议，一旦在协议上签了字，生了效，那么协议就与以前的谈判无关，双方的交易关系一切都以协议为准。

(1)合同中商品的标准不明确

在合同中关于商品的执行标准应当明确：有国际标准的，可以约定国际标准；没有国际标准而有国家标准的，可以按照国家标准执行；没有国家标准而有行业标准的，可以约定按照行业标准；既没有国家标准又没有行业标准的，可按企业标准执行。必要时要留存样品，留存样品时要求双方签字盖章封存。对于商品标准约定不明确的，将来可能吃哑巴亏却诉苦无门。例如，中国南方某机械厂曾经与G国签订了一份机床销售合同，谈判之时，这种产品在国际市场上十分走俏，所以经过轻松的谈判就顺利地签订了合同，合同当中关于机床的噪音问题，G国商人提出以不刺耳为标准，中方人员未及多思就在合同上签了字。产品生产出来发往G国后，中方左等右等都不见对方付款，于是派代表去G国谈判，G国商人提出拒付货款的原因在于产品噪音太大，超过了“不刺耳”的标准。众所周知，噪音应以分贝来计算。所谓不刺耳是个不科学的概念，所以中方只能单方面负责经济损失了。

(2)措辞不周

合同所涉及的商品名称、数量、质量、货款支付以及履行的时间、地点和方式等内容都要严密，否则会造成不可挽回的损失。例如，湖南某公司派人到广东购买黄花苗，共签订了价值达30余万元的协议。黄花苗运到后种了1200亩，但是长出来的却是一种不能食用的红花植物，此时28万元的巨款已付出。工商部门在处理这件纠纷时查清楚，这种红花植物在当地就叫黄花苗，而且发货与协议的标准物相符，因此责任不在供货方而在需求方。这个例子是由于需求方对于标的物的名称规定不严密而造成的经济损失。因此，拟定商务谈判协议和合同，要求条理清晰、措词准确。合同起草时要做到字斟句酌，反复推敲，尤其要注意一些关键字，应避免出现“原则上”、“尽量”等不确定词，更不能将“定金”写成“订金”、“保证金”、“押金”或“定约金”。除了要求措词准确之外，还要看合同的条款有没有重复和自相矛盾的地方，以免不小心被对方钻了空子。例如，广东某单位和港商签订了一份出售废矿渣的合同。矿渣是广东这家工厂的生产废料，在院中堆积如山，苦于无法处理，港商来购自是欣喜无比，所以未经细酌即在合同上面签了字，合同上写明港方每天来拉一车，共拉十天，最后交付货款。广东方面没想到港方第一天来的是小翻斗车，第二天是小卡车，第三天是大卡车，至此广东方面才发现吃了亏，赶快去交涉，港方强调并未违背合同，广东方面只有哑巴吃黄连有苦难言了。

国际货物买卖中签订合同一般用中、英文书写，要注明两者具有同等效力，但最好能进一步规定，如果两种文字在理解上出现歧义的话，以中文解释为准。因为合同文字效力直接关系到合同的理解和履行，所以绝不能掉以轻心。

(3)双方的义务与违约责任约定不明确

合同围绕谈判各方的目的组织条款，内容应具体、明确。签订合同后，因为常有违约的情况发生，所以当合同当事人一方不履约或履约不符合约定时，为了体现平等互利、等价有偿，违约方就应当承担继续履约、采取补救措施或赔偿损失等违约责任。因此，谈判双方必须明确规定双方的权利义务，特别是应承担的义务和违约的责任条款应当全面、详细、对等，否则易引起纠纷。如果考虑到对方违约可能大时，还要尽量约定违约金数额或计算标准，其数额甚至可以超过合同标的数额。

4. 不重视签字仪式

大型商务谈判特别是跨国谈判，一般都要举行签字仪式。签字仪式是非常重要的一个谈判环节，可以为谈判协议的执行增加砝码。因此，应努力争取在己方所在地举行合同的缔约或签字仪式，因为签约地点往往与合同履行地相联系，在合同中应表明。仪式准备如下：

①确定参加人。举行签约仪式，双方签字人由各方确定，但身份应大体相当。同时，出席签字仪式的人员应基本上是参加会谈或谈判的全体人员，当然，不少国家与企业为了表示对签字仪式的重视，往往由更高级别或更多的领导人出席签字仪式也是可以的。但应注意双方人数最好大体相等。②签字人正式签署合同文本时应注意：A. 签字人座次。双方的助签人员分别站立于签字人员的外侧，协助翻揭文本及指明签字处。其他人员分主方、客方按身份顺序站立于后排，客方人员按身份由高到低从中向右边排，主方人员按身份高低由中向左边排。B. 加盖的公章。生效合同尽量要求对方加盖"法人公章"，尽量避免对方单位使用"财务专用章"和"合同专用章"。C. 签字人交换有关各方正式签署的合同文本后，各方签字人应热烈握手，互致祝贺，并可相互交换各自方才使用过的签字笔，以示纪念。全场人员应鼓掌，表示祝贺。③为了保障合同的有效性，合同签署后要提交有关方面公证，确保正式生效。

禁忌 13.3　合同履行的禁忌

禁忌 13.3.1　合同的履行原则

当事人在履行合同时应遵循一定的准则。除《合同法》基本原则：如诚信、公平、平等外还须遵守下列原则：

1. 实际履行原则

实际履行也叫实物履行，就是当事人必须严格按照合同所规定的标的来履行。如果供方未能履行协议，必须按合同规定承担其全部责任，向需方支付违约金和赔偿金。但此时，违约方仍然要执行实际履行的义务。原则上罚款不能代替标的履行。除非不具备实际履行的情况，才允许不实际履行。这种情况包括：①以特定物为标的协议，当特定物灭失时，实际履行协议的标的已不可能。②由于债务人延迟履行标的，标的交付对债权人已失去实际意义，如供方到期不交付原材料，需方为免于停工待料，设法从其他地方取得原材料。此时，如再供货，对需方已无实际意义。③法律或协议本身明确规定，不履行协议，只负赔偿责任。如货物运输原则一般均规定，货物在运输过程中丢失时，只由承运方承担赔偿损失的责任，不要求做实际履行。

2. 适当履行原则

合同的适当履行，就是当事人按照合同规定的标的，按质量、数量、期限、地点、方式、价格和包装要求等，用适当的方法全面履行合同。适当履行原则要求当事人在订立协议时，尽量做到具体明确，以便双方遵照执行。

3. 协作履行原则

协作履行原则，是指当事人双方要团结协作，互相帮助来完成合同规定的任务。在合同履行中，协作履行的具体要求如下：①一方当事人履行合同义务，另一方当事人应尽量为其履行创造必要的方便条件；②一方当事人因客观情况发生变化需变更合同时，应及时通知对方，对方也应及时答复，共同协商妥善的变更办法；③一方当事人确实不能履行合同时，应及时向对方说明情况，对方接到通知后应积极采取补救措施，尽量减少或挽回损失；④一方当事人因过错违约时，对方应尽快协助纠正，并设法防止或减少损失；⑤合同履行过程中发生争议，双方应本着实事求是的态度，及时协商解决。

禁忌 13.3.2 合同履行的注意事项

1. 履行合同时要注意时效性，防止和规避违约

合同的时间是较易被忽略的问题，但时间条款却是容易引发合同纠纷的条款；完善的合同应当包括约定的时间概念。适当的时间条款将有助于合同的顺利履行。

(1)合同有效期

A 公司与 B 公司签订了长期购销协议，双方约定产品价格为成本价加 20%，具体供货数量以 A 公司生产能力为限；合同没有约定有效期，也没有约定相关的解除条件。若干年后，A 公司产品在市场上已经滞销，但 A 公司仍然不断向 B 公司供货；B 公司欲解除合同又缺乏法律依据。

当合同不是一次性交易，就需要约定一个合同有效期。而实践中确实有不少企业经营者只考虑签约当时的顺利交易情况，不设定合同有效期，甚至希望合同成为无限制的长期合同。而一旦合同履行外部环境发生变化时，将给企业带来巨大的法律风险。

(2)履行时间

合同双方当事人在合同中通常都有若干的权利义务，各项义务之间有时存在顺序问题，有时一些义务必须限定履行时间，否则将给其义务履行造成障碍。而具体义务的履行时间经常没有受到足够的重视，尤其是合同的次要义务更容易被当事人忽略。甚至在实践中，一些合同约定了迟延履行的违约责任，但却没有具体约定应该履行的时间，违约的追究就困难了。禁忌未明确交易的程序，各方履约顺序不明确。

(3)履行期限

在合同中履行相应义务，除了明确时间外，还应给当事人一定的期限，如通常付款会规定在几日内完成。一些以特定行为完成为合同有效期的合同，直接规定合同有效期确实不便，若因此不限定履行期限，产生的法律风险不容忽略。为避免法律风险，约定对方完成特定行为的最长履行期限是一种较好的选择，一旦对方迟延履行，则可以解除合同。

2. 保证对方亲自履行

企业在选择交易对方时，通常会根据交易需要衡量对方，只有对方亲自履行合同才能够有效保证合同顺利履行。当合同出现代为履行约定时，则可能给企业带来意想不到的法律风险，特别是在代为履行缺乏相应限制时，法律风险值将更高。在设计合同、加工承揽合同等对当事人能力有特殊需要的合同中，缺乏代为履行禁止条款就要承担法律风险。

3. 注意证据的搜集

合同履行要求全面彻底，但当事人在履约过程中享有不安抗辩权，应注意证据的搜集和管理。包括：①已经履行的凭证；②催促对方履行的证据（诉讼时效）③履行中牵涉到变更合同内容、主体的，签订的书面协议；④货物的签收；⑤对方履约不符合约定的证据。

4. 加强验收手续

忌验收时间不明，责任不清。无论是货、服务均应有书面验收资料。忌验收条款不明确；

忌验收和付款节点不衔接。

5. 其他注意事项

合同生效，要及时交合同管理与履行部门执行。忌对方将不可抗力作为一切免责的借口。

6. 后合同义务

后合同义务，是指合同关系消灭后，缔约双方当事人依诚实信用原则依法应负有某种作为或不作为义务，以维护给付效果，或协助对方处理合同终了的善后事务的合同附随义务。我国《合同法》第九十二条对后合同义务进行了规定："合同终止后，当事人应当遵循诚实信用的原则，根据交易习惯履行通知、协助、保密等义务。"

拓展性阅读

【拓展性阅读1】

考察交易条件中尚余留的分歧

首先，从数量上看，如果双方已达成一致的交易条件占据大多数，所剩的分歧数量仅占极小部分，就可以判定谈判进入终结阶段。因为量变会导致质变。当达到共识的问题数量已经大大超过分歧数量时，谈判性质已经从磋商阶段转变为终结阶段，或者说成交阶段。其次，从质量上看，如果交易条件中最关键最重要的问题都已达成一致，仅余留一些非实质性的无关大局的分歧点，就可以判断谈判已进入终结阶段。谈判中关键问题常常会起决定作用，也常常会耗费大量的时间和精力，谈判是否即将成功，主要看关键问题是否达成共识。如果仅仅在一些次要问题上达成共识，而关键问题还存在很大差异，是不能判定谈判进入终结阶段的。

【拓展性阅读2】

考察谈判对手交易条件是否进入己方成交线

成交线是指己方可以接受的最低交易条件，是达成协议的下限。如果对方认同的交易条件已经进入己方成交线范围之内，谈判自然进入终结阶段。因为双方已经出现在最低限度达成交易的可能性，只有紧紧抓住这个机会，继续努力维护或改善这种状态，才能实现谈判的成功。当然己方还想争取到更好的一些交易条件，但是己方已经看到可以接受的结果，这无疑是值得珍惜的宝贵成果，是不能轻易放弃的。如果能得到更优惠的条件当然更好，但是考虑到各方面的因素，此时决不可强求最佳成果而重新形成双方对立的局面，使有利的时机丢掉。因此，谈判交易条件已进入己方成交线时，就意味着终结阶段的开始。

复习思考题

一、情景模拟题

记得上个月，公司准备发行一套印刷品，已经签了几家大企业的团购单。大家正在按部就班地工作。

这个时候，有一家做商务宣传卡的公司找上我们，希望能通过我们的发行渠道，贴上他们的商务卡。

这送上门的好事我自然是偷着乐，心里想，反正不增加成本，收个两三万块钱也挺好。

但我一直记得商务谈判课程里老师教授过关于谈判的开篇就要大胆报价的策略，于是我报了9万元。

对方负责人显得很惊讶。

他说:"不好意思,王总,这让我很为难,我很想跟您合作,不过这个价格太高,我不太好跟老板交待。"

我说:"张总,我知道贵公司这部分事务一直是您全权负责,只要您拍板同意的话,我们的合作一定没问题。"

他果然笑了笑说:"不瞒您说,我的权限只有4万元,不过您的报价实在是太高了啊。"

呵呵,胜利一半了!我心里说,比我预想的两三万已经高了不少。

这笔生意最后以5万元成交!高出了我预期的2~3倍。

签合同的那一瞬间,我想起一句经典的商务谈判名言:"世界上赚钱速度最快的,就是谈判!"

问题:

1. 请你分析案例中谈判双方各犯了哪些错误;

2. 对王总的报价,假设你是张总,你会采用什么策略应对?请阐述具体做法。

二、简答题

1. 从哪些方面判定谈判进入收尾阶段了?

2. 合同的主要条款有哪些?

3. 合同担保的主要形式有哪些?

4. 合同履行应遵循什么原则?

三、分析题

某国公司以CIF鹿特丹出口食品1000箱,即期信用证付款,货物装运后,凭已装船清洁提单和已投保一切险及战争险的保险单,向银行收妥货款,货到目的港后经进口人复验发现下列情况:(1)该批货物共有10个批号,抽查20箱,发现其中2个批号涉及200箱内含沙门氏细菌超过进口国的标准;(2)收货人只实收998箱,短少2箱。(3)有15箱货物外表情况良好,但箱内货物共短少60公斤。

试分析以上情况,进口人应分别向谁索赔,并说明理由是什么?

四、实训题

我飞达服装公司从韩国某厂商进口该厂生产的飞燕牌服装5000套,交货期为2001年12月底,该厂无存货。8月份,工厂准备生产,因资金一时困难,未购进生产服装必需的新的流水线,9月份工厂工人开始要求增加工资,随后罢工达2个月。按该厂的生产能力,在余下的时间里显然不能生产5000套服装。

试问:(1)韩方不能按时完成交货应负什么责任?

(2)我方应如何处理合同?

参考文献

References

1. 陈文汉. 商务谈判实务(第 2 版)[M]. 北京:电子工业出版社,2009.
2. 卞桂英,刘金波. 国际商务谈判[M]. 北京:中国农业大学出版社,北京大学出版社,2008.
3. 刘向丽. 国际商务谈判[M]. 北京:机械工业出版社,2005.
4. 孙绍年. 商务谈判理论与实务[M]. 北京:清华大学出版社,北京交通大学出版社,2007.
5. 孙玉太,于忠荣. 商务谈判制胜艺术[M]. 济南:山东人民出版社,1997.
6. Herminia Ibarra & Deborah M. Kolb. 谈判(哈佛商学案例精选集商务基础系列)[M]. 北京:中国人民大学出版社,2003.
7. 麦迪. 谈判的 101 个误区[M]. 北京:企业管理出版社, 2003.
8. 石永恒. 商务谈判精华[M]. 北京:团结出版社,2003.
9. 陈坤. 商务谈判[M]. 北京:中国劳动社会保障出版社,2006.
10. 丁建中. 国际商务谈判[M]. 北京:中信出版社,1996.
11. 王海云. 商务谈判[M]. 北京:北京航空航天大学出版社,2003.
12. 周中兴. 商务谈判原理与技巧[M]. 南京:东南大学出版社,2003.
13. 杨丽苹. 公共关系原理[M]. 北京:高等教育出版社,2005.
14. 金正昆. 公关礼仪[M]. 北京:北京大学出版社,2004.
15. 戴军. 物流管理基础[M]. 天津:南开大学出版社,2010.
16. 冯华亚. 商务谈判[M]. 北京:清华大学出版社,2006.
17. 戴军. 企业连锁经营管理[M]. 西安:西安交通大学出版社,2010.
18. 荷伯科恩. 谈判天下[M]. 深圳:海天出版社,2006.
19. 王淑贤. 商务谈判理论与实务[M]. 北京:经济管理出版社,2005.
20. 戴军. 市场营销实训教程[M]. 北京:清华大学出版社,2010.
21. 毛国涛. 商务谈判[M]. 北京:北京理工大学出版社,2006.

图书在版编目(CIP)数据

商务谈判——原理·策略·禁忌/戴军主编. —西安：西安交通大学出版社，2011.8
ISBN 978-7-5605-3962-1

Ⅰ.①商… Ⅱ.①戴… Ⅲ.①商务谈判 Ⅳ.①F715.4

中国版本图书馆 CIP 数据核字(2011)第 130282 号

书　　名 商务谈判——原理·策略·禁忌
主　　编 戴　军
责任编辑 李升元　袁　娟

出版发行 西安交通大学出版社
（西安市兴庆南路 10 号　邮政编码 710049）
网　　址 http://www.xjtupress.com
电　　话 (029)82668357　82667874(发行中心)
(029)82668315　82669096(总编办)
传　　真 (029)82668280
印　　刷 西安明瑞印务有限公司

开　　本 787mm×1092mm　1/16　**印张** 13.125　**字数** 312 千字
版次印次 2011 年 8 月第 1 版　2011 年 8 月第 1 次印刷
书　　号 ISBN 978-7-5605-3962-1/F·277
定　　价 24.80 元

读者购书、书店添货，如发现印装质量问题，请与本社发行中心联系、调换。
订购热线：(029)82665248　(029)82665249
投稿热线：(029)82668133
读者信箱：xj_rwjg@126.com